U0905433

珍藏本
纪念版

汉译世界学术名著丛书

傅立叶选集

第一卷

赵俊欣　吴模信
徐知勉　汪文漪　译

2017年·北京

ŒUVRES COMPLÈTES

DE

CHARLES FOURIER

Tome Ⅰ

Éditions Anthropos

据昂特罗波出版社版《傅立叶全集》第一卷译出

青年时代的傅立叶

汉译世界学术名著丛书
（120年纪念版·珍藏本）
出 版 说 明

2017年2月11日，商务印书馆迎来120岁的生日。120年前，商务印书馆前贤怀揣文化救国的理想，抱持“昌明教育，开启民智”的使命，立足本土，放眼寰宇，以出版为津梁，沟通中西，为中国、为世界提供最富智慧的思想文化成果。无论世事白云苍狗，潮流左右激荡，甚至战火硝烟弥漫，始终践行学术报国之志，无改初心。

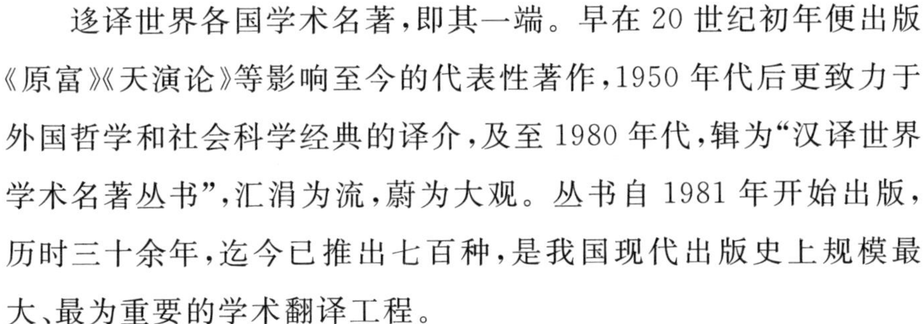

逐译世界各国学术名著，即其一端。早在20世纪初年便出版《原富》《天演论》等影响至今的代表性著作，1950年代后更致力于外国哲学和社会科学经典的译介，及至1980年代，辑为“汉译世界学术名著丛书”，汇涓为流，蔚为大观。丛书自1981年开始出版，历时三十余年，迄今已推出七百种，是我国现代出版史上规模最大、最为重要的学术翻译工程。

丛书所选之书，立场观点不囿于一派，学科领域不限于一门，皆为文明开启以来，各时代、各国家、各民族的思想与文化精粹，代表着人类已经到达过的精神境界。丛书系统译介世界学术经典，引领时代思想，为本土原创学术的发展提供丰富的文化滋养，为推动中国现代学术和现代化进程做出了突出的贡献。

为纪念商务印书馆成立120周年，我们整体推出“汉译世界学术名著丛书”120年纪念版的珍藏本，寄望既利于文化积累，又便于研读查考，同时向长期支持丛书出版的译者、编者和读者致以敬意。

两甲子后的今天，商务印书馆又站在了一个新的历史时间节点上。我们不仅要铭记先辈的身影和足迹，更须让我们的步伐充满新的时代精神。这是商务人代代相传的事业，更是与国家和民族的命运始终紧密相连的事业。我们责无旁贷，必须做好我们这代人的传承与创造，让我们的努力和成果不仅凝聚成民族文化的记忆，还能成为后来人可以接续的事业。唯此，才能不负前贤，无愧来者。

商务印书馆编辑部

2017年10月

三大空想社会主义者选集总序

法国思想家圣西门、傅立叶和英国思想家欧文，是十九世纪初空想社会主义著名的代表。他们的学说，总的说来是空想的、无法实现的，但是其中却包含着十分可贵的无数真理的天才预测，他们堪称自己时代的“真正的文化英雄”（列宁）。因此，科学社会主义的导师们尽管对他们的空想总是严格地批判，但始终对他们怀着极大的敬意，并且教育进步人类特别是工人阶级，要对这份历史遗产，对这些“文化英雄”们的著作“给以特别的注意”。

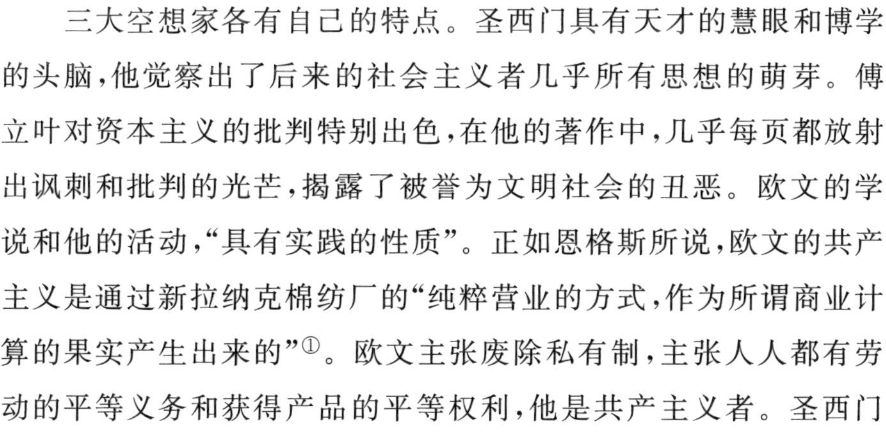

三大空想家各有自己的特点。圣西门具有天才的慧眼和博学的头脑，他觉察出了后来的社会主义者几乎所有思想的萌芽。傅立叶对资本主义的批判特别出色，在他的著作中，几乎每页都放射出讽刺和批判的光芒，揭露了被誉为文明社会的丑恶。欧文的学说和他的活动，“具有实践的性质”。正如恩格斯所说，欧文的共产主义是通过新拉纳克棉纺厂的“纯粹营业的方式，作为所谓商业计算的果实产生出来的”[①]。欧文主张废除私有制，主张人人都有劳动的平等义务和获得产品的平等权利，他是共产主义者。圣西门

---

① 恩格斯：《反杜林论》，见《马克思恩格斯选集》第3卷，人民出版社1972年版，第303页。

和傅立叶则与欧文不同，他们是社会主义者①。圣西门“除无产阶级的倾向外，资产阶级的倾向还有一定的影响”（恩格斯）；傅立叶主张废除资本主义制度，但在他设计的“法郎吉”中，还保存着一定的私有财产。欧文后期曾接近过工人运动，求助于工人阶级实现其梦想，在英国工人中进行了多年的活动。三大空想家虽然有所不同，但他们是属于同一时代、同一类型的思想家，是在社会主义和共产主义思想史上占有非常重要地位的十九世纪初期的伟大空想社会主义者。他们的贡献，主要有以下三个方面：

第一，对于资本主义制度的尖锐批判，是三大空想家的著作中最有生命力的部分。马克思和恩格斯曾因此把他们的学说叫作“批判的空想的社会主义和共产主义”。在资本主义制度刚刚胜利之后，他们就洞察出了这个制度的几乎一切的弊病，虽然他们没能做出科学的结论，却对它进行了机智有力的批判。傅立叶把革命前资产阶级思想家的约言和革命后资产阶级文化奴仆的颂词，同资本主义社会的物质的和精神的贫困现实相对照。一方面，揭穿了资产阶级学者的冠冕堂皇的约言、华美词句的空虚；另一方面，暴露了资本主义社会的惊人矛盾——文明运行于“罪恶的循环”之中，贫困是由富裕本身所产生。傅立叶描述资本主义是一种“每个人对全体和全体对每个人的战争”的制度；圣西门指出资本主义“是一个是非颠倒的世界”。在这个世界里，同剥削阶级的极端豪

① 马克思说：“在政治经济学上的李嘉图时期，同时也出现了〔资产阶级政治经济学的〕反对派——共产主义（欧文）和社会主义（傅立叶、圣西门）（社会主义还只是处在它的发展的最初阶段）。”见《剩余价值理论》，《马克思恩格斯全集》第26卷第3册，人民出版社1974年版，第260页。

华相反，劳动群众普遍遭受奴役和贫困。傅立叶说，资产阶级文明就是“复活的奴隶制”，雇佣劳动就是奴隶劳动，工厂就是“温和的苦役场所”。欧文用营业会计的数字，说明劳动者阶级手创的宏伟生产力，只替少数人发财致富，而自己反而贫困和被奴役。圣西门尖锐抨击当时的法国政府丝毫不关心改善人民的悲惨境遇。他们不仅揭露了资本主义的罪恶，而且力图找出资本主义罪恶的祸根。圣西门认为资本主义社会产生灾难的原因是：“社会有两个值得同样畏惧和仇视的敌人——无政府状态和专横霸道。”傅立叶却从生产的无政府状态中看到了“一切灾难的主要原因是生产的分散性或不协调的劳动”；生产的无政府状态引起了竞争，竞争中产生“工业封建主义”即垄断。他从无政府状态中推论出在资本主义制度下危机是不可避免的，他把最初一次危机（1825 年）就称为“多血症的危机”，即由过剩而引起的危机。欧文更进一步指出，私有制是社会上存在经济不平等、劳动群众受苦和犯罪的原因。他说：“私有制使人变成魔鬼，使全世界变成地狱。”他们虽然都没有看出资本主义的基本矛盾是社会性的生产和资本主义的私人占有的矛盾，而这个矛盾表现为无产阶级和资产阶级的对抗；但是，欧文已经“猜到了文明世界根本缺陷的存在”（马克思）。另外，傅立叶还特别出色地鞭笞了资本主义的商业。他十分熟悉资本主义商业的内幕，历数其重重罪恶。他指出资本主义商业是撒谎和欺骗的场所，是全体人民的陷阱；商人是一帮抢劫犯、强盗和海寇，“经纪人就是兜售他人谎言并添上自己谎言的人”。他讽刺当时法国盛极一时的商业骗术和小商人习气，达到了令人发噱的程度。傅立叶还精辟地评述了资本主义社会的两性关系和妇女地位问题。他

说，妇女是商品，“正像在文法中两个否定构成一个肯定一样，在婚姻交易中也是两个卖淫构成一桩德行”。在每一社会中，“妇女解放的程度是衡量普遍解放的标准”。总之，三大空想家的著作，抨击资本主义社会的全部基础，提供了启发工人觉悟和科学地研究资本主义的宝贵材料，为科学社会主义的产生准备了条件。

第二，在他们那夹杂着晦涩语句和神秘色彩的著作中，天才地预示了一些社会真理，这些真理后来被马克思和恩格斯科学地论证了其正确性。例如，他们提出了历史发展有规律的思想。以前法国的启蒙学者，常常把人类历史看作是幸运造成的偶然性，而圣西门首先在历史中寻找规律性。他认为关于人类社会的科学应该成为像自然科学一样严格的科学。圣西门又在论述社会发展阶段时，指出新的社会形式比前一个社会形式是前进了一步。以前，十八世纪的空想社会主义者认为原始社会是人类的黄金时代，进入私有制社会是人类不自觉的迷误、人性的堕落。他们的理想就是复归原始的平均共产主义。圣西门却把未来社会放在大工业的基础上，看作是社会进一步前进的结果。他说：“在盲目的传说中到现在为止看作是属于过去的黄金时代，现在正摆在我们的面前。”又如，他理解到法国第一次资产阶级革命不仅是贵族和资产阶级之间的阶级斗争，而且是贵族、资产阶级和无财产者之间的阶级斗争。恩格斯说：这在 1802 年是极为天才的发现。

在傅立叶关于社会发展的观点也有不少辩证法的因素和部分的唯物主义成分。例如，他对社会发展阶段的表解，说明社会发展是从低级到高级的辩证运动。就是在罪恶中循环的资本主义阶段，也是暂时的灾难。他说：“任何社会在它本身即具有孕育下一个社会的能力。当这个社会达到它本身主要特征的高峰时，它也就达到了分娩的阵痛时期。”每个历史时代，都各有其上升线和下降线。并且，他还首先以工业的发展即以经济因素作为说明各社会发展阶段的特征。恩格斯对傅立叶的社会历史观估价很高，说他的伟大，最显著的表现在这上面。

第三，在他们关于未来社会的预测和幻想性的描绘中，除了有一些像海水变柠檬汁、行星交配等等的奇谈怪论以外，还有许多积极的结论。例如，圣西门提出了：“人人应当劳动”的原则，以有计划有组织的生产代替生产的无政府状态的要求；对人的政治管理，应当变为对物的管理和生产过程的指导，即消灭国家的思想。傅立叶提出了劳动将由痛苦和谋生手段变成人们的乐生要素，以及协作和竞赛的问题。傅立叶和欧文都提出了消灭旧的分工制度和城乡对立的方案，儿童公共教育的要求和教育与劳动结合的原理。欧文及其门徒的合作工厂和合作村社的实验，在实践上证明了没有资本家工人可以进行现代生产、劳动者集体经营大规模农业是可能的，以及其他等等。

尽管他们有许多天才的思想，但是，他们的整个学说却只是一种空想，好像是一面用真理和虚玄的线混合织成的网。他们虽然批判过资本主义，咒骂它，梦想消灭它，但是终未发现资本主义雇佣奴隶制的本质和发展规律，没有找到成为新社会创造者的社会力量。他们把希望寄托在“一切和空无”上面，就是说，他们笼统的向整个社会呼吁，甚至主要是向统治阶级呼吁，所以结果一切落空。他们根本不了解无产阶级的伟大历史作用，在他们的心目中无产阶级只是一个贫苦、屈辱的阶级。他们否定阶级斗争，他们的社会主义是“非政治的社会主义”，“没有斗争的社会主义”，他们没有估计到无产阶级革命和无产阶级专政，而幻想用社会主义和平地改造资本主义。因此，随着无产阶级反对资产阶级斗争的尖锐化，他们学派日益起着阻碍工人运动的作用。正如马克思和恩格斯所说，批判的空想的社会主义的意义是与历史发展进程成反比例的。这些学说的创始人在历史上起过进步作用，而他们的门徒，却成了反动的宗派分子。他们的学说，只是在他们的时代，就是在无产阶级尚未走上独立革命斗争以前，在理论上代表着无产阶级；当无产阶级革命斗争已发展起来，当科学社会主义出现以后，空想社会主义就从无产阶级退到小资产阶级或资产阶级方面，起着反动的或保守的作用。例如，圣西门派关于银行和信用制度的幻想，就受到历史的嘲弄，在拿破仑第三的时代，表现为空前未有的大投机。因此，马克思很感慨地说：“圣西门是巴黎交易所的守护天使，是骗子的预言家，是普遍贪污行贿的救世主！除了圣鞠斯特化身为‘中庸’之士基佐先生而拿破仑化身为路易·波拿巴以外，历史上再没有更冷酷的讽刺了。”（马克思：《法兰西“动产抵押银行”》）傅立叶派，和圣西门派一样，用各种空想实验的无谓号召，引诱无产阶级离开同资产阶级进行的革命斗争。他们都拼命攻击一切工人政治运动。例如，在法国，傅立叶派攻击和《改革报》联系着的工人政治斗争和工人革命家；在英国，欧文派敌视宪章运动，这些欧文的门徒们对旧制度异常驯服，他们只依靠争取社会舆论，对改变旧制度的其他途径，一概否定。

三大空想社会主义的形成，有其社会根源和思想根源。他们的学说产生于十九世纪初期，这是法国第一次资产阶级革命胜利和英国进行产业革命的时期。在这个时期，英法资产阶级已经取得了政治上和经济上的统治地位，随着这种统治而来的，开始暴露出资本主义社会的固有矛盾。贫富的对立更加尖锐。产业革命造成的巨大生产力的成果，都落到资本家的手里，而亲手创造这种生产力的劳动者反受奴役。这就表明，资本主义并不是一个理想的社会制度。正如恩格斯所说，它和启蒙学者的美好约言相对照，"理性王国"乃是一幅令人极度失望的讽刺画。以拯救人类自命的思想家圣西门、傅立叶和欧文，便出而陈述人们对资本主义的失望和拟定拯救人类的社会主义真理。可是，当时资本主义生产方式还很不发展，资本主义社会的生产力和生产关系的矛盾只是开始露头，这就使空想家们不能看出资本主义的基本矛盾和发展规律。同时，无产阶级才刚刚从一般没有财产的群众中分离出来，还处在现代无产阶级的萌芽时期，无力进行独立的政治行动，尚未显示出它是创造新社会的力量。既然解决这一社会问题的物质条件和社会力量，尚在不发展的经济关系中隐藏着，空想家们就不得不从头脑中来创造社会主义的真理，这就决定了他们的学说不能不陷于空想。总之，当时的社会关系，一方面，虽然没有发展到能够产生科学社会主义的程度，但另一方面，却已经发展到能够使这些关怀劳苦群众的伟大思想家们猜出这些关系的发展趋向，创造出混合着天才预测和玄虚幻想的社会主义学说。不成熟的理论适应着不成熟的资本主义关系，三大空想社会主义者的学说正是适应着无产阶级同资产阶级间的斗争尚未发展的最初时期的状况。这就是十九世纪空想社会主义产生的社会根源。

这种学说的产生，还有其思想根源。三大空想社会主义者是从旧唯物主义学说出发的。尽管他们喜欢向唯心主义甚至宗教频送秋波，但仍不失为旧唯物主义的产儿。在《神圣家族》中，马克思阐述了这个问题。他说："并不需要多大的聪明就可以看出，关于人性本善和人们智力平等，关于经验、习惯、教育的万能，关于外部环境对人的影响，关于工业的重大意义，关于享乐的合理性等等的唯物主义学说，同共产主义和社会主义之间有着必然的联系。"既然他们的学说以旧唯物主义为基础，自然也有旧唯物主义的局限性，就是唯心史观和形而上学。这些创造新社会原理的思想家们，却沿袭着旧时启蒙学者和旧唯物主义者的思想方法。他们和启蒙学者一样，要为全体人类建立合乎理性或人性的社会。当然他们心目中的"理性王国"是与启蒙学者追求的资产阶级理想化的国家根本不同，在他们看来，合乎理性的是社会主义或者共产主义。但他们把社会主义同样看作是理性的表现，看作是思想的产物。这种合乎理性的社会所以还没有出现，在他们看来，只是由于真正的理性尚未被天才发现出来，尚未被人们正确认识，而不是因为社会发展的客观过程性的缘故。只有他们才凭借自己的天才头脑，偶然侥幸找到了社会主义真理，制定了合乎理性的社会计划。所以，实现社会主义，就是按照他们的思想去构造现实。他们也用形而上学的观点，来对待社会主义，把社会主义的产生看作是无条件的、与人类历史发展无关的事情。他们以抽象的人性为准绳，按照"是——是，否——否"的公式判断社会现象。私有制或者符合人性，或者不符合人性；一夫一妻制家庭或者符合人性，或者不符合人性；等等。他们斥责资本主义制度违背人性，是人类的迷误，不承认资本主义的存在和灭亡对于各该历史时期来说都是合理的。

由于他们认为人性是不变的，所以就有理由指望，在许多可能有的社会制度中，有一种比其他一切制度更符合人性的制度，空想家们都认为自己找到了这种制度，都拿出了自己的“乌托邦”。

尽管三大空想社会主义者的学说很不现实，尽管他们的时代已成过去，但是，我们现在来阅读和研究这三位伟大空想社会主义者的著作，仍然会得到许多好处。第一，可以加深理解科学社会主义。科学社会主义是人类全部历史痛苦经验的产物。人类只是在经历了许多艰难困苦之后，才找到了社会主义；社会主义者又只是在乌托邦荒野上盲目徘徊很久之后，才探索出社会生活的客观法则，从而科学地论证了社会主义。从这一方面说，科学社会主义也是已往全部社会主义和共产主义思想，特别是十九世纪三大空想社会主义思想的科学总结。在三大空想社会主义者的学说中，包含有科学社会主义的萌芽，科学社会主义的创始人批判地利用了他们学说中的一切有价值的东西。恩格斯说，德国的社会主义永远不会忘记它是站在圣西门、傅立叶和欧文肩上的。他们的思想是科学社会主义的来源之一。研究他们的思想，自然会加深对科学社会主义的理解。第二，三大空想社会主义学说中有一些好东西，我们还可以利用。他们对于资本主义社会全部基础的批判，至今还不失为有价值的思想资料。他们关于社会主义和共产主义的种种积极结论，有些已被或者将被社会主义国家实现。在过去是理应受到嘲笑的幻想，如通过合作社和公社实现社会主义和共产主义，在无产阶级专政的条件下，却日益变成了现实的事物。第三，他们的著作还可以帮助我们了解空想社会主义同科学社会主义的根本区别，了解空想社会主义的错误，了解他们走上错误道路

的原因，特别是思想方法方面的原因，可以避免重复他们的错误。

只要我们能够用马克思列宁主义的立场、观点、方法读他们的著作，只要我们从革命和建设的实际出发，以科学社会主义经典作家论空想社会主义的思想为指导，那么，从三大空想社会主义者的著作中，无疑地会得到许多对我们有益的东西。

商务印书馆编辑部

1959年8月写，1978年12月重印

目　　次

四种运动和普遍命运的理论

第一部分　关于普遍命运的几个方面的说明

经济的新世界或符合本性的协作的行为方式

第一编　情欲引力的分析

第二编　试验性法郎吉的种种措施

对第一部分的补充

四种运动和普遍命运的理论

“然而，多么深沉的黑暗，还笼罩着大自然啊！”（伏尔泰）

前　言

文明民族的轻率：这些民族忘却或者轻视能导致命运理论的两个研究项目，即农业协会与情欲引力。

这种轻率带来的不幸后果是徒然延长了两千三百年以来所存在的社会混乱，也就是延长了并不是人类命运注定要有的那种既野蛮又残暴的文明社会的寿命。

如果注意到文明，特别是十八世纪的文明产生了如此之多的睿智之士的话，人们就会以为这些学者早已洞悉了自然界的全部底蕴，因而不再希望还会有什么伟大的发现，甚至连对会不会有平凡的发现也不再抱什么希望了。

这种偏见即将消除，人们将会懂得，人类已知之物只勉强达到尚待努力去认识的未知之物的四分之一，而通过“普遍命运”的学说就会完全掌握这些知识。“普遍命运”的学说对人类智慧的力所能及的发明创造来说是一把钥匙，掌握了这把钥匙，就会在一刹那间进入知识的宝库，而按照目前的办法，就需要花费一万年的研究时间才能做到。

这种理论能保证人们认识自己的命运，单就这一点而言，一提出这种理论首先就会引起人们的怀疑。因此，有必要说明我之所以走上这条道路的种种缘由。通过这一说明，可以证实我的发现并不需要任何科学上的努力，而只需具备一个必要条件，即抛弃成见。如果这样去做的话，即使是蹩脚的学者也早会在我之前就做到了。正是在这一点上，我具有哲学家们所缺少的那种探索命运的能力，他们假装反对成见，其实他们却是成见的支持者和宣扬者。

所谓“哲学家”，我这里指的是非精确科学的作者们，指的是政治学家、道德学家、经济学家等等。他们的学说不符合经验，而他们的规律只不过是自己的臆造之物。请记住，每当我提到“哲学家”的时候，我指的只是非精确范畴的哲学家，而不是指精确科学的作者们来说的。

一、导致上述发现的征象和方法

我决不想研究命运，我同意下列一般看法：把命运看成不可捉摸的东西，把有关这个问题的研究列入星相家、占卜家的幻觉领域。我所从事的研究不超出经济和政治问题的范围。这里，我谈一谈这些问题的概念。

自从“哲学家”们在法国大革命中初显身手就表现出自己的低能以后，大家一致认为他们的学术是人类精神上的迷误。政治上和道德上的光辉的洪流，只不过是幻想的洪流而已。唉！这些博学之士花了二十五个世纪的时间来使他们的理论臻于完善，并汇集了古今所有智慧之大成，可是一开始，他们所产生的祸害就不比他们所许诺的幸福来得少些，并且使文明社会堕落到野蛮状态。除此以外，在他们的著作中还能看到什么别的东西呢？

以上就是法国经受“哲学理论”考验的头五年的结果。

自 1793 年大灾难以后，种种幻想都一一破灭了，政治科学和道德科学都无可挽救地受到了贬斥和摒弃。从此人们可以依稀地看到不能期待从已有的认识中得到任何幸福，而应该在某种新的科学里面寻求社会幸福，应该为政治才能开辟新的道路。显而易见，不论是哲学家或是他们的竞争者都没有医治社会疾苦的灵丹妙药。在前者或后者的教条的影响下，所看到的不外是连绵不绝的诸如贫穷之类的可耻的灾难。

以上的思考首先使我想到有一种尚未被认识到的新科学，并鼓励我想方设法去发现它。我并不担心自己的才疏学浅，我想，如果能认识到二十五个世纪以来没有能发现的东西，这才是莫大的光荣。

理智上彷徨失措的种种迹象，特别是社会经济所遭遇的悲惨情景，如贫穷、失业、欺诈成风、海盗行为、商业垄断、骗人为奴，还有我不能列举的其他种种不幸。这一切不禁使人们提出一个疑问：文明化的产业经济是不是上帝为了惩罚人类而制造出来的一种祸害？这一切都促使我从事我的研究。

由此我就设想，这样的产业经济颠倒了自然秩序，它的运用也许违反上帝的意旨。这许多持久性的灾难之所以产生，可能是由于缺少一种安排，这种安排是符合上帝意旨的，可是学者们竟对它茫然无知。最后，我想，按照孟德斯鸠的见解，人类社会确是患了“萎靡症、隐疾、肿毒症”，但是可以找到补救之法，只要不走非精确科学所走的老路就行了。非精确科学的存在已有不少世纪了，但总是找不到这个救世妙方。因此，我在研究中所采用的准则，是“绝对怀疑”与“绝对排斥”。应该对这两种方法加以说明，因为在我以前还没有一个人采用过这两种方法。

1. 绝对怀疑　笛卡儿曾想到过这个问题，可是，他尽管赞扬和推崇“怀疑”，却只是局部地和不恰当地运用它。他提出的是一些荒唐的怀疑，他甚至怀疑自身的存在，他忙于利用古人诡辩论故弄玄虚，而不是寻求有用的真理。

笛卡儿的后继者比笛卡儿本人更少应用怀疑论。他们只是把怀疑应用到自己所不喜欢的事物上，例如他们提出宗教有无必要的问题，因为他们反对传教士。可是，他们绝不会提出作为他们生活来源的政治学与伦理学有无必要的问题。现在这些科学在强有力的政权下公认为是无用的东西，而在脆弱的政权下却又被认为是十分危险的东西。

由于我同任何学术派别没有关系，我决心一视同仁地对各家论点都持同样怀疑的态度，即使对公认的原则，也不例外。文明就是一个例子，它是所有哲学派别崇拜的偶像。它们总认为在“文明制度”一词中找到了尽善尽美的化身。可是，还有什么比带来千万种祸害的“文明制度”更糟糕的东西呢？文明社会只不过是社会长河中的一段，这难道还不很清楚吗？如果说在它之前存在过蒙昧、宗法、野蛮三个时期，难道就可以因此得出结论，说它是第四个时期也必然是最后一个时期吗？难道就不能产生其他的时期，就不能看到第五、第六、第七个社会制度（它们也许比文明制度幸运一些，但仍属未知数，因为一直没有人去发现它们）的出现吗？因此，必须怀疑文明制度，怀疑它的必要性、它的完善性以及它的持久性。这些都是哲学家们不敢向自己提出的问题，因为怀疑文明制度就会怀疑到他们的理论是否有效。这些理论都建筑在文明制度上，一旦发现能够代替文明制度的更好的社会制度，这些理论就会与文明制度同归于尽。

因此，哲学家只局限于“部分的怀疑”，因为他们需要维护本集团的书籍和偏见。由于深恐损害本集团的著作和派别利益，他们总是回避重要的问题。我没有什么派别要支持，所以就可以采用“绝对怀疑”，并首先把它用来对文明制度及其根深蒂固的偏见上。

2.“绝对排斥” 我在前面已提到过，要做到有效发现，最可靠的办法是在各方面都离开非精确科学所走的老路。这些科学对社会集体没有创造过丝毫有益的新东西。尽管工业上有了伟大的发展，而这些科学却连预防贫穷这一点都做不到。因此，我的任务是经常同非精确科学对抗。鉴于它的作者们为数众多，我假定他们对研究过的所有主题都已经谈深谈透，因此，我决定只探索他们当中还没有一个人谈过的问题。

我有意避免对有关王位及祭坛的问题进行任何研究，因为哲学家们自从建立他们的学说以来，一直不停地探讨这些问题，他们总是在宗教革新与行政革新这两方面寻求社会幸福。恰恰相反，我要努力做到的，只是在同政教没有任何关系、而单单同产业与家庭方面的措施有关的各种活动中寻求幸福。这些活动不违反任何政府制度，也不需要政府出面干预。

我遵循这两个指导原则，即对一切偏见绝对怀疑，对所有已知的理论绝对排斥，这就能够给自己开创新事业，如果真的有什么新事业的话。但我决不想研究命运，我决不好高骛远。首先，我只研究一些十分普通的问题，其中两个主要的问题是“农业协会”和“对岛民商业垄断的间接抵制”。我之所以讲这两个问题，是因为它们互相有联系，一个问题解决了，另一个问题也就迎刃而解。没有“农业协会”的活动，就不可能间接打击岛国垄断，反过来也是一样。一找到建立农业协会的方法，就可以不费一兵一卒消灭岛国垄断、海盗行为、证券投机、破产以及转嫁于工业本身的其他灾害。

我急于要提出这些成果，目的是在引起对农业协会这个问题的注意。这个问题看来平淡无奇，以致博学之士向来对它都不屑一顾。

请读者记住前面提到过的一件事，即我之所以认为有必要展示我的研究，是因为这些研究为我的发现铺平了道路。因此，我在下面讨论一个看来同命运无关的主题，即“农业协会”。我自己在开始研究这个题目的时候，丝毫也没有想到这样一个微不足道的研究竟能导致命运理论的发现。可是，既然这个问题起了关键作用，那就必须费点篇幅来谈谈它。

二、关于农业协会

这样一个为人轻视的问题如能得到解决，就能导致一切政治问题也得到解决。人们知道，有时候一件小东西可以起大作用：一根金属针可以驾驭雷电，指引航船穿过风暴。正是用类似的简易办法，可以消除所有的社会灾难。当文明制度沉浸在血泊之中以满足拜金欲时，人们一定会十分关注地倾听这个消息：有一种产业活动，它不需要任何战斗，就可以永远消除灾难，而且由于“农业协会”的作用，那一个至今令人生畏的海上强国即将降低到无足轻重的地位。

在古代，由于庄稼人处于奴隶地位，因此农业协会这项安排是不能实现的。古希腊人和古罗马人像出售牲畜似的出售庄稼人，而哲学家们竟然加以赞许，从未指责过这种罪恶行为。这些学者先生们习惯于把自己未见到过的东西认为是不可能有的事。他们认为，解放奴隶必然会推翻社会秩序。可是，人们已经解放了奴隶，而社会秩序反而更加完善。哲学家们对农业协会仍旧抱着过去像对奴隶制度的那种偏见，他们认为这是不可能的事，因为从来没有见过什么农业协会。看到农户一向分散劳动，他们就认为不可能把农户组织起来，至少他们装出一副这样想的样子。因为，在这一点上，正如在其他方面一样，他们由于利害关系，总是把他们无法解决的问题看成是不可能解决的问题。

可是，人们不止一次地看到，如果能把每个集镇的居民组成产业社会，把耕种一个郡的土地、财产不等的两三百户，按照资本和经营能力组织起来，那么，对于工作的改进和经济的节约都有无法估量的好处。

由于有人激烈反对这种组合，势必造成重重的障碍，上面的想法，乍看来似乎过于庞大而难以实现。加上这些障碍难以逐步解决，因而也就特别令人望而生畏。人们不可能把二十、三十、四十，甚至五十个人组成农业协会，至少要有八百人才能组成一个“与自然相适应的和具有吸引力”的协会。所谓“与自然相适应的和具有吸引力”的协会，是指其会员由于受竞争心、自尊心以及与利害关系并行不悖的其他动力的激励而从事劳动的那种会社。这种制度会促使人们热爱农业，而现时农业是如此令人厌恶，人们只是在唯恐饿死的迫不得已的情况下才从事农耕。

我暂且不提对“与自然相适应的协会”进行研究的细节问题。

这是同我们的惯例截然相反的一种制度，我不想急急忙忙地加以阐述。如果我不先谈一谈这种制度将带来的极大好处，使读者心中有数，就冒冒失失地把它描绘一番，那未免有点滑稽可笑。

如果农业协会会员达到一千人左右，它将对整个经济产生巨大利益。看到这样巨大的利益，就难以解释现代的人为什么会对这个问题如此漠不关心。可是，事实上确有这样一类学者，即经济学家，他们专心致志于改进产业方面的研究的工作，却对组织协会的途径的研究工作视而不见。特别令人费解的是，他们自己也指出过协会将带来多种好处，例如他们承认（每个人都会同他们一样地承认），组织起来的三百户村民不再需要三百个建筑得乱七八糟的谷仓，而只要有一个整洁美观的谷仓就够了；也不再需要三百个大多数极不干净的水池，而只需要一个水池就行了；他们在各种情况下，特别是在夏天，只需要三四个大炉灶就行了，而不需要三百个小炉灶；只需要派一个送奶人把一大桶牛奶装在有弹簧的马车上送往城里就行了，这可以节省一百个送奶人搬运一百个奶罐所花费的一百个半天的工作时间。以上就是一些观察家约略看到的种种节约，可是，他们还没有看出将由农业协会带来的好处的二十分之一。

人们总以为不可能有农业协会，其理由是，人们不知道如何组成农业协会的方法。难道就可以因此而得出结论，说人们不会发现也不应该去寻找建立农业协会的方法吗？如果想到农业协会将把全部经营利润增加三倍（常常是十倍），那就会相信上帝早已考虑到如何建立农业协会的途径了，因为上帝首先会负有筹建作为人类社会枢纽的产业机构的责任。

喜欢争辩的人们在这一方面会提出各种各样反对的意见："怎么能把贫富不均的家庭（其中有的腰缠十万镑，有的身无分文）联合在一起呢？怎样克服那许多不同的利害冲突呢？怎样调和那许多相互矛盾的意愿呢？怎样把这一切觊觎角逐之心兼收并蓄而熔于一炉呢？"我对这个问题的答复是，用财富和乐趣来作诱饵。庄稼人和城里人一样，他们最大的欲望是有利可图。当他们看到一个组成农业协会的郡，在同等的机会下得到了比只有个体农户的郡多三倍、四倍（五倍、七倍）的收益，并且保证了每个社员都能得到各种各样的享乐，他们就会把一切事端置之脑后而急于去建立协会；协会不需要通过任何法律就会推广到一切区域。因为无论在什么地方，人们总是热心追求财富和享乐的。

总之，农业协会的理论将会改变人类的命运，迎合人人的共同欲望，它用收益及快乐作为诱饵来吸引人。这就保证它会在蒙昧人、野蛮人以及文明人那里取得成功，因为情欲在所有的社会里都一样存在。

暂且别忙着阐明这种新制度。我把这种新制度称之为"进步谢利叶"或"小组谢利叶"、"情欲谢利叶"。

我用这些词来表达从事于同一种产业或同一种情欲的各部门活动的几个小组的组合。关于这个问题，可参看卷末附注 A，在附注 A 中我说明进步谢利叶制度在组织上的一些概念，这当然远远不够，但可以避免对这个机构可能产生的一些误解。这些误解之所以产生，是因为人们在重复我讲过的各种细节时，总是难免歪曲它们的意思。

情欲谢利叶或进步谢利叶的理论并不像社会理论那样是任意

杜撰出来的。这些谢利叶的安排，在各个方面，都类似几何级数的安排，并具有其全部特性，如级数两极群同中间群的对抗平衡就是一例。这在附注 A 中有比较详细的说明。

人们总认为情欲是协作的敌人，因而写了上万卷书，对它大张挞伐，而这些书都将化为乌有，不值一文。我说，情欲只能趋向协作，趋向社会的统一，尽管一般人都认为这二者是根本对立的。但是情欲是能在进步谢利叶或小组谢利叶中得到正常发展的，也只是在这种前提下，它才能和谐前进。不然的话，情欲只能是一匹脱缰之马和一个猜不透的谜。正因为如此，哲学家们才大声疾呼“应该压制情欲”。这种见解，可谓是双重的荒谬。荒谬之一，在于人们不能压制情欲；荒谬之二，在于如果人人压制情欲，文明社会势必迅速衰退，并回到游牧状态中去。而在游牧状态中，情欲正如目前我们所看到的一样猖獗泛滥，因为我不相信牧民们的道德会超过牧民辩护者的道德。

即将代替一盘散沙似的文明制度的那种协作制度，它不需要克制，也不需要平等以及哲学家们的任何其他观点。协作制度需要的是，既热烈而又精细的多种情欲。协会一经成立，各种情欲越炽烈，越多，也就越趋于协调一致。

这并不是说新制度会改变情欲，改变情欲是不可能的，上帝办不到，人也办不到。但是人们能够改变情欲的进程，而丝毫不触动它的本质。例如，一个没有家产的人憎恨婚姻，但如果有人向他介绍一位有十万镑年金作为陪嫁的贵妇人，他就会乐于缔结这一门姻缘，尽管他在前一天还不愿意结婚。是不是因此他就改变了情欲呢？当然不是，但他的主要情欲，即爱财欲却改变了步伐。为了达到目的，它走上前一天不愿意走的道路，但它并不因此改变了性质，而仅仅是改变了进程而已。

我说在协作制度下，人们的爱好将不同于目前的爱好，他们宁愿住在乡村而不愿住在城市，但不应该因此就认为他们改变了爱好，也就是改变了情欲，人们始终是受爱财贪乐这个原则所驱使的。

为了避免某些冥顽不灵的人可能提出荒唐的指责，我必须坚持上面这点意见。当他们一听到协作制度会使人的爱好和习俗发生改变时，便立即大喊大叫："你们要改变情欲！"我们的回答是，不，完全不是这么回事，但这种爱好和习俗上的改变却替情欲创造了新机会，而这种新机会能保证情欲获得比在目前我们所处的分散制度下大到三倍或四倍的发展。因此，在那时候，将会看到文明制度的人对他们现在所乐意接受的习惯，如家庭生活等感到深恶痛绝；那时候，他们将觉察到，孩子们在家里向来总是一味叫嚷、破坏、吵架并拒绝干活，而这些孩子们一进入进步谢利叶或小组谢利叶，就无须别人激励而专心从事生产活动，努力竞赛，兴致勃勃地学习农工与科艺，他们以参加生产、增添收益为乐事。父亲们在新制度中将发现他们的孩子在进入谢利叶制度的生活以后十分可爱，而在分散的家庭制度中却很可憎。他们还会看到，在一个法郎吉（指耕种一个郡的土地的协会）所在地，谢利叶制度仅用家庭中所费三分之一的价格，就可以准备好精美的饮食，它比家里做的饮食要丰富鲜美三倍，也就是用三分之一的花费赢得三倍的营养，况且还能省去购买和烹饪方面的麻烦。他们还会看到在谢利叶制度的彼此关系中，没有欺骗行为。文明制度中的伪君子和凡夫俗子

们在谢利叶制度中将都变得真诚爽直，彬彬有礼。当他们看到以上这一切的时候，他们必然会厌恶家庭、城市和文明制度，而这些东西都是他们现时的心爱之物；他们必然会加入由谢利叶制度组成的一个法郎吉，并住在公共房屋里。是不是因为他们鄙视今天所爱好的习俗与兴趣，他们的情欲就会改变了呢？不是的，虽然他们的情欲改变了进程，但是并没有改变其目的和性质。因此不应该相信进步的谢利叶制度（它已不是文明制度）会促使情欲发生任何的改变。不论过去或未来，情欲都是一成不变的，只不过它们在进步谢利叶制度以外产生了分裂和贫穷，而在协作制度以内则产生了协作与富裕。协作制度是我们命里注定要有的制度，只要它在一个郡里建成，那就会自发地在全国范围内群起仿效，原因是这个制度不分贫富，保证人人都能得到无限的利益和无穷的享受，这就是它的唯一的诱饵。

现在我要从科学方面讲一讲这个发现所带来的成果。

三、情欲引力及其与精确科学的关系

学者们是不是由于轻视，由于漫不经心或是由于患得患失才忽略了对协会问题的研究呢？动机倒无关紧要，总之，他们忽视了这个问题。我是这个问题的第一个研究者，也是唯一的研究者。因此可以说，如果直至今日还无人知晓的协会理论能够导致其他发现，如果说协会是某些新科学的钥匙，那么，这些新发现、新科学就要归功于我一个人，因为研究并发现这个理论的只有我一人。

由于协会的发现，就打开了多种新科学的大门，在这些新科学中，我只讲两门主要的科学。详细的情节，对广大读者是没有兴趣的，所以我尽可能叙述得简略一些。

我所发现的第一种科学是情欲引力论。

当我认识到进步谢利叶可以保证男女老幼和不同阶级的人的情欲得到充分发展时，认识到在新制度下情欲越多，人们所获得的力量与财产也就随之增多时，我就由此推测到，上帝给予情欲引力的力量是那么多，而给予情欲引力的敌人（理性）的力量却那么少，这正是为了要把我们引导到进步谢利叶制度上去，因为进步谢利叶制度，无论在哪一方面都能够满足引力的需要。因此，我就认为备受哲学家们责难的引力，是上帝在社会制度方面的意旨的表达者。于是我便着手于情欲引力或斥力的分析和综合研究，而情欲引力和斥力在各个方面都通向农业协会。如果人们想对引力进行分析和综合，则无须寻求就会发现协会的规律。而在这个问题上竟然无人过问，甚至在这个到处推销分析法的十八世纪中，也没有人试图把分析法应用到引力上来。

情欲引力和斥力的理论是驳不倒的，并且全部适用于几何定理。它有广大的发展前途，能够成为思想家们的精神食粮，而这些思想家，目前正很难找到有益的出色主题来发挥他们的想象力。

让我继续谈谈新科学的归属问题。我很快就发现，情欲引力的规律在各个方面都符合由牛顿和莱布尼茨所阐明的物质引力规律。物质世界和精神世界在运动体系上具有统一性。

我想两个世界的这种类似之处，能够适用在普遍规律上，也能够推广适用在特殊规律上。因此，我想动物界、植物界、矿物界的引力和特性，也许能同人或星星的引力及特性那样协调起来，这正是我在作了必要的研究之后所深信不疑的事。这样，我就发现了一门新的精确科学："物质、有机体、动物、社会四种运动的类比"，或"物质变化同人类及动物情欲的数学理论的类比"。

这两种精确科学的发现揭示出了其他的科学。这里没有必要开列清单。它们的范围很广，直至包括文学艺术在内。它们在人类知识所有的领域内都将创立精确的方法。

自从掌握了"引力"和"四种运动的统一"这两种理论之后，我就开始探索宇宙之谜。宇宙的奥秘相继被识破了，我把被人们一再称为无法冲破的帷幕揭开。我进入了科学的新世界。我就这样逐渐着手探索宇宙的命运，也就是确定基本的体系，并且在这个基本体系上规划了现在、过去和未来一切运动的规律。

在这样的成就中，究竟是哪一种成就最值得我们惊奇的呢？是不是由于偶然的幸运，通过对起关键作用的"协会"的肤浅研究而突然发现了那么许多的新科学呢？还是二十五个世纪以来的学者们，尽管深入钻研了其他那么多的学科，竟然根本没有想到对"协会"进行研究的这种轻率行为呢？我相信人们会作出对我有利的抉择：最值得惊奇的，倒不是我的这种极其广泛的发现，而是多少世纪以来对这些发现竟茫然无知的轻率行为。

我已经安慰过不幸的学者们，告诉他们，名利双收人人有望。我发现的新科学比发现美洲时所找到的金矿还要丰富得多。可是，由于不具备发展这些科学的必要知识，我只选择了其中之一，即"社会运动科学"，而把其余的，留给各门博学之士用来建立各自的光辉灿烂的学科。

这些人是多么需要养料啊！各门的学者都到了走投无路、罗掘俱穷的地步。他们一再重弹旧调，把已知的科学仓库里最后一粒谷子的脂肪都榨干了,只剩下以诡辩反驳诡辩,用错误理论驳斥错误理论的办法来加倍地扩充篇幅。

从今天起,情况发生了变化。学者们从绝对匮乏走向极端丰富的境界。收获将是如此之大,这只能使他们大家为亲临其盛,扬名四海而深感荣幸,因为他们占有科学金矿最丰富的矿脉,也就是取得了优先开采权。他们当中的每个人,都能够从第二篇"论文"(我在第二篇论文中谈到动物与有机体的运动)起,找到自己力所能及的主题,用以编写精确科学的论著。我必须坚持使用精确科学这个名称,因为人们常常把它滥用于空洞的和捉摸不定的学科上,例如植物学,其中各个体系只不过是一些任意划定的分类表,这与自然界的正确方法毫无共同之处。自然界的方法,是把万事万物的所有形式与特性汇集成一个共同的典型,合并成人类多种情欲的数学体系。

我在前面已经指出过,一切科学总是要选择一个固定进程,采用一种持久不变的方法。自第二篇"论文"起,我将提出一些有关这种方法的概念。这种方法把一切都同情欲联系在一起,它在万事万物中描绘出情欲如何发挥作用的情景。这一类比对于像研究解剖学这样索然无味的科学,将提供比现时研究花卉还要多的魅力。

这个方法将给我们带来许多令人满意的成果,其中首先是发现了包治百病的灵丹妙药。任何疾病都有一种或几种从三个自然界(动物、植物、矿物)提取出来的解毒剂。可是医药界缺少正确的理论,以便对尚未知晓的有效药品进行研究,好多世纪甚至几千年以来,总是停滞在摸索阶段,直至有幸找到一副药方为止。因此,医药界还没有找到医治鼠疫、狂犬症及关节炎的自然疗剂。人们将会通过四种运动理论发现良药。医药学正如所有其他科学一样，即将脱离长期以来的幼稚状态，并通过对“反运动”的研究，上升到取得它长期以来所无法获得的种种认识。

四、由于非精确科学而产生的理智的迷误

荣誉与学问，无疑地都是人人所追求的对象，但若没有财产相伴，就会美中不足。智慧，功业以及其他的幻想都不能导致幸福，因为幸福首先在于拥有财富。在文明制度下，学者们之所以往往遭受不幸，正是因为他们贫穷的缘故。他们只有在替代文明制度的协作制度下，才能享有财富。在新的社会制度下，任何学者和艺术家，只要具有真才实学，就会拥有大量财富。在下面，我将指出这种真才实学是如何通过世界各地区一年一度对应该表扬的作品的民意表决而得到证实的。

但在向精确科学（和艺术）指明其光辉前景的时候，应该用什么语气来宣告即将向文明制度的旧偶像，即向非精确科学猛烈冲击的风暴呢？是不是应该穿起丧服，向政治学家和道德学家宣告他们的丧钟已经敲响，他们汗牛充栋的书库将全部化为乌有呢？还有柏拉图、塞涅卡①、卢梭、伏尔泰之辈，以及古今非精确科学的大师们都将从此默默无闻呢？（我不是指他们的文学作品而言，而仅仅是指他们的有关政治与道德的著作来说。）

① 塞涅卡（生于公元前6—前3年间，卒于公元65年），罗马政治家，作家，斯多葛派哲学家。——译注

如果说最有名的哲学家们已经离开人间，当然也就感受不到失败的耻辱的话，那么，这种作品和声誉上的败坏，并不构成对整个哲学界的侮辱。至于他们的仍然活着的徒子徒孙，只需想一想精确科学已经替他们准备好了的那份财富，想一想终于能够跨上自然界的圣坛就够了。而他们的鼻祖却始终没有能够打开这个圣坛之门。

唉！难道他们不早就预料到了正在威胁着他们的雷霆闪电吗？从苏格拉底起（苏格拉底希望光明总有一天会降临人世），一直到伏尔泰（伏尔泰急于要看到光明来临，曾大声疾呼："然而，多么深沉的黑暗，还笼罩着大自然啊！"），我早就在他们的声名显赫的作品中看到这种先见之明。他们都承认自己的学术无济于事，也承认他们立志要使之臻于完善的理智已陷入歧途，而终于异口同声地附和编纂大师巴泰勒米[①]的名言："这些被称为高级知识的宝库的图藏馆，只不过是一所充满矛盾与谬误的极其简陋的储藏室而已。"

这话说得太对了！自从有了政治与道德科学的二十五个世纪以来，这些科学对人类的幸福毫无贡献。随着经过革新的科学的日益完善，它们反而使人类变得格外狡黠。它们所做到的，只是使贫穷与欺诈持久化，并且使过去同样的一些灾害以各种形式重新出现。在经历了为改进社会秩序而进行的各种各样无效的尝试之后，哲学家们只是感到困惑和失望。公共幸福问题对它们来说是个不可克服的暗礁。只要看一看城市中充满赤贫的居民，难道这

① 巴泰勒米（1716—1795年），法国的修道院院长，文学家和古玩家。——译注

还不足以说明启蒙哲学的巨浪就是一股黑暗的洪流吗?

可是,大家都感到一种普遍的不安,这说明人类还没有到达大自然要引导他们去的目的地。这种不安似乎预示着即将发生某种可以改变人类命运的重大事件。一切民族,由于受到不幸的煎熬,都如饥似渴地追求着能向他们预示一线幸福之光的政治的或宗教的理想。这些民族酷似一个指望得到妙手回春的治疗的垂危病人。大自然似乎向人类窃窃私语,说幸福在等待着他们而他们却不认识幸福之路。它又对他们说,一种奇妙的发现会把文明制度的黑暗一举驱散。

不论理性如何夸耀自己的进步,只要它不能向人类提供人人需求的社会财富,它就对幸福毫无贡献可言。所谓"社会财富"的意思,是指能使穷人不虞匮乏的那种不同程度的富裕,它至少能保证人类享有通常称之为市民生活水平的那种极其平常的生活水平。人们说,财富对社会上的人来说,是仅次于健康的主要幸福源泉。如果说这句话确是言之有理,那么,没有能够给我们带来相对富裕或不同程度的福利的那个理性,就其夸夸其谈的理论来说,只不过是一番毫无目的的冗长的废话而已。我所宣告的发现,假使它只谈科学,永远只谈科学,而不给我们带来人人更需要的财富,那么,它就会同那些政治和道德的学说一样,只不过是理性的又一次出丑罢了。

命运理论可以满足各民族的要求,保证人人得到某种程度的富裕。这种富裕是共同希望的目标,它只有在进步的谢利叶制度下才能获得。至于我们即将摆脱的文明制度,我将证明它绝不是人类在经济上的命运,而只不过是大多数星球在存在初期所遭到的暂时性的灾难。它对人类来说，正如儿童出牙一样，是一种短暂的病痛。它之所以能多延续两千三百年之久，是由于不重视研究“协会”和“引力”的哲学家们的傲慢和疏忽的结果。总之，蒙昧社会、宗法社会、野蛮社会以及文明社会，只不过是为了上升到一个较好的社会制度，即进步谢利叶制度而经过的荆棘丛生的小径或阶段。而进步谢利叶制度则是人类的经济命运，离开了它，即使世上杰出的明君贤相竭尽全力也都不能拯救人民的不幸。

哲学家先生们，只要你们一天不能拔除社会不幸的老根（这里指的是同上帝意旨背道而驰的经济上的分散状态），那么，你们纵然为了追求幸福而著书立说，典册浩如烟海，也是枉费心机。你们埋怨大自然向你们关闭了洞察自然规律的大门，唉！既然直到今日你们还没有能够发现自然规律，那为什么还迟迟不承认自己在方法上有错误、不去寻找新的方法呢？二者必居其一，要么大自然不愿意人们得到幸福，要么你们的方法受到大自然的摒弃，因为这种方法没有能从大自然那里发掘出你们所追求的秘密。你们以为大自然敌视物理学家的努力也同敌视你们的努力一样吗？不然，物理学家是研究自然规律，而不是把规律强加给自然的，而你们所研究的只是如何压制大自然的声音，压制作为大自然代言人的引力论，因为引力论在条条道路上都通向建立进步谢利叶制度。看，你们的错误同精确科学的奇迹之间形成了何等鲜明的对照啊！每天你们总是新错加旧错，而每天物理学却在真理的道路上阔步前进，用其光明普照现代生活。这种光明同由于你们的幻觉而给十八世纪永远烙下的耻辱，彼此也形成了同样鲜明的正反对比。

我们将要亲眼看到在每个星球上只能出现一次的景象，即由

分散状态突然过渡到社会协调制度。这是宇宙中最辉煌的成果。这种希望可以安慰我们这一辈人的种种不幸。发生变化的每一年都将抵得上好几个世纪,并将提供为数众多的重大惊人事件。如果草率从事,贸然予以说明,那是不合适的。因此,我决定把"协调制度"和"进步谢利叶制度"的理论放在第三篇论文中去论述,而在目前只讲述它们的一般性的成果:例如,原始蒙昧人自发地从事产业活动;野蛮人赞同妇女和奴隶的解放(因为妇女和奴隶的自由是建立进步谢利叶制度所必需的前提);还有在全球建立统一,如语言、度量衡、印刷体的统一,以及其它种种关系上的统一。

至于谈到协作制度的特征以及它带给我们的种种享受,我要再次说明,应该要有分寸、有节制地向文明制度的人宣布这一切。由于受到生活在不幸之中的习惯以及哲学成见的束缚,文明制度的人总以为上帝注定他们要受苦受难,或者只能享有极其平凡的幸福,因此,他们不能突然适应幸福在等待着他们的这一想法;如果贸然地向他们展示不久即将享有的种种欢乐情景,他们在精神上是不能接受的。因为不到两年的工夫,就可以在每个郡建立协作制度,不到六年工夫就可以在全球范围内建立协作制度,而且这还是在时间上作出的最长的估计。这对他们来说,当然是难以置信的。

协调制度建立的时间越迟,它就会在建立之初越显得辉煌。古希腊在梭伦[①]时代就已经能够着手建立这个制度了,而当时的

① 梭伦(公元前 640—前 558 年),古雅典立法者,被称为希腊七圣之一。——译注

豪华已经达到足够建立这一组织的程度。但是现在的豪华与精致的程度至少超过雅典人时期的一倍(雅典人没有带弹簧的四轮马车,没有丝棉织品,没有糖,也没有美洲和东方的其他产品,如指南针、望远镜以及现代的其他科学发明)。因此,我说我们现在的奢侈和享乐资料至少超过往昔一倍,这并不夸张。在协调制度下,一开始就会光芒万丈。现在已经到了采集在十八世纪中阔步前进的物理科学的果实的时候了,而直到今天并没有充分利用这些成就。只要文明制度在延续,科学奇迹对于人类幸福总是害多于利。因为虽然增加了享乐的资料但同时也加倍扩大了绝大多数无衣无食的人的贫困。科学奇迹只能给大人先生们增添很少的乐趣(这是由于他们的消遣单调无味的缘故),却日益刺激人们贪婪的欲望,越来越加深腐败堕落之风。

直到现在,在奢侈上精益求精的科学所能做到的只是有利于狡猾之徒,因为在野蛮社会和文明社会中,这些人总是比诚实人更早地占有财富。这一咄咄怪事,必然促使我们在两种意见当中选择其一:或者上帝有罪,或者文明有罪。当然选择后者才是合理的,因为不可能设想上帝有罪。假使上帝有意罚我们永远在灾难重重的文明社会之中苟且偷生,那他才真是为恶不仁。

哲学家们不从这个观点来考虑问题,而是设法躲避由于人性狡猾而产生的问题。这个问题使我们或者怀疑文明,或者怀疑上帝。哲学家们接受了一种非驴非马的见解,即无神论。无神论认为上帝并不存在,因而使学者们可以不去探求上帝的意旨,并授权他们制订离奇古怪和矛盾百出的种种理论来作为善恶之准绳。对政治上和道德上十分无知的人来说,无神论是最方便不过的理论。

由于传播无神论因而被称为才智超群的那些人在这方面表现得异常无能。他们唯恐在探求上帝有关社会制度的意旨方面一无所获，就宁愿否定上帝的存在，并把被他们在背后嫌弃的文明制度公开奉为至宝。他们由于受到文明制度外表的迷惑，终于堕落到了怀疑神灵的地步。

在这个问题上，不单哲学家们有错。如果说不相信上帝是荒谬的，可是对上帝半信半疑，认为上帝对我们的保佑不能全部兑现，也不能满足我们最迫切的需要（如创造一个幸福社会制度的需要），那也同样是荒谬的。当人们看到工业上的种种奇迹，例如巨轮以及其他种种发明（如果考虑到我们政治上的幼稚，这些发明可以说是早熟的奇迹），难道可以设想那个对人类传播大量宝贵知识的上帝，竟会拒不传授组织社会的艺术的知识吗？何况，没有这一方面的知识，其他一切知识都将等于零呢！假使上帝传授给我们的宝贵知识，只能用来建立像文明制度那样邪恶多端、令人可憎的社会，那么，他给了我们这些宝贵知识岂不是自相矛盾，应该受到斥责吗？

五、文明制度的人们的一般偏见

当我指出，我的发现将使人类从蒙昧、野蛮、文明制度的混乱状态中解脱出来，保证人类享有的幸福比他们敢于想象的还要多，并向他们敞开宇宙之谜的大门（他们本以为永远被排斥在这座大门之外）；当我这样说的时候，绝大多数人一定会说我在卖狗皮膏药，而“明智之士”们则称我为幻想家，却还自以为是采取克制的态度呢！

我不想在任何发明家都会遭遇到的这种冷嘲热讽方面多浪费时间，现在我要做的是使读者持公正的态度。

为什么那些最著名的发明家，如伽利略、哥伦布，还有其他许多人，在他们的意见被人接受以前常常受到迫害或者至少是受到嘲笑呢？这里有两个主要原因："普遍的厄运"和"学究的傲慢"。

第一，普遍的厄运　如果一项发明向人们许诺幸福，而人们总是担心自己所盼望的是一件不能到手的财物，并且摒弃这样一种前景：它能唤起尚未完全熄灭的希望和因被过于美好的诺言而增加对现在贫困的感觉。因此，出乎意外地赢得财富或继承权的穷人，总是不相信第一个好消息，不欢迎第一个传递佳音的使者，并且指责他在挖苦穷小子。

以上所述，是当我向全人类宣布他们即将享有无限幸福生活的时候将要碰到的第一道障碍，因为生活在公认为无法摆脱的社会穷困之中长达五千年之久，人们早已对这种幸福不抱任何希望了。假使我宣布的是一种平常的福利，那就会比较容易被人接受。因此，我决心大大冲淡未来的幸福远景。当人们获悉幸福的全部内容时，就会感到奇怪：我竟然有这样的耐心迟迟不加宣布，竟然能够如此克制，而又用如此冷淡的语调来宣布这个使人人欢腾的事件！

第二，学究的傲慢　学究的傲慢是必须克服的第二道障碍。任何光辉灿烂的发明创造都会受到本来能够胜任这项工作的人的嫉妒。他们为一个无名小卒一举成名而感到愤慨。一个同时代的人竟然揭穿了人人能够在他之前能够揭穿的秘密，这是一件难以容忍的事。人们也不能容忍他一下子使已有的智慧之光黯然失色,并把最杰出的学者们远远抛在后边。这样的成功是对当今一代人的侮辱。人们忘记这一发现即将带来的幸福,而只想到它对未拥有这种发现的那个时代所引起的混乱,而且,每个人在进行推理以前,首先要替受了侮辱的自尊心报仇。因此,在没有研究和判断这个辉煌的发明以前,人们总是嘲笑和迫害发明者。

人们不会嫉妒牛顿,因为牛顿的研究如此出类拔萃,它使世俗学者望尘莫及。但是人们攻击、诋毁哥伦布,因为寻找一个新大陆是如此容易,可以说人人在他之前都能想到的。于是,人们就一致刁难发明者,阻止他去实验他的思想。

我现在举一个例子,就可以更清楚地说明文明制度的人对发明者所普遍存在的恶意。

当那愚昧无知的教皇对哥伦布在宗教上和舆论上施加雷霆万钧的压力的时候,难道这位教皇不是哥伦布计划圆满成功时的最切身的受益者吗?毫无疑问,答案是肯定的。因为美洲一发现,教皇就把他的权力扩大到这个新世界上,并且发觉从这一发现中是非常容易敛财的,而过去他一想到这点就会怒火万丈。前后自相矛盾的教皇也是和每个人一模一样的。偏见与自尊心迷住了教皇的眼睛,使他连自己的利益也看不清了。假使教皇事先进行推理,他就会懂得,教廷在当时是能够给这片尚未发现的土地以世俗的主权的,并且能使这片土地在宗教上服从教廷的领导。从各方面来说,鼓励寻找新大陆对教廷都是有利的,但是教皇及其御前会议由于自尊心太重,拒不进行推理。这是每个时代的人都具有的狭隘胸襟,这也是时常折磨发明者的一个不利因素。发明者应该想到他的发现越辉煌,他受到的迫害就越残酷,特别是他如果是个默默无闻的人，在他偶然受到启发而掌握了知识以前没有出过一本书，那他所受到的迫害就更要残酷了。

假使我是同一个公平时代打交道，同一个力求打破宇宙之谜的时代打交道的话，那就会很容易向它证明，牛顿这类的科学家仅仅把他们所探讨的那个部门的运动规律（即天体运动的规律）解释了一半。

因为，如果向他们问起星体分布系统怎么样，他们就会哑口无言。……这些人对分布论毫无概念，他们对天体运动规律的大部分是无知的，尽管他们自以为曾解释过这些规律而洋洋得意。

而我呢，从 1814 年的发现开始，就恰如其分地解答了所有的问题，这难道不是完成了牛顿派所草拟但却未曾完成的任务吗？

对天体理论的全部认识还只不过涉及宇宙运动规律的一个分支，还有别的分支需要解释，其中如社会运动或情欲运动。而人类的统一组织，人类的社会命运之发现，则有赖于社会运动或情欲运动。要发现这类运动，只有对运动的全部规律都加以研究才行，而牛顿派只掌握了一个对幸福毫无裨益的片断。

在创立运动的一般理论时，必须给它一个响亮的名称，以保证它能够经得起审查与考验。假使是牛顿或是他的对手，或是他的继承者之一，如莱布尼茨·拉普拉斯①宣布情欲引力论，那就会万事顺利。每个人都会由此看到这是物质引力发现后的自然引申，这是宇宙统一论的必然结果。根据宇宙统一论，任何物质和谐原

① 拉普拉斯（1749—1827 年），法国的著名的数学家、天文学家和物理学家。——译注

理都应该适用于社会或情欲的理论方面。因此，如果是一个牛顿派或其他有威信的人物宣布这个消息，所有批评者都早就会交口称赞发明者了。人们会在发明者进入竞技场以前就欢呼他的胜利。可是，如果发明者是一个无名小卒，一个“乡下佬”或科学界的贱民，一个像皮隆[①]那样犯了连院士也当不上的错误的不速之客，他就要成为群起而攻之的对象，我所举出的克里斯托夫·哥伦布就是一个例证。由于宣告了有个新大陆，他一连七年受到嘲讽和侮辱，并被逐出教门。那么，当我宣布一个新的社会世界时，岂不也要遭到同样的不幸吗？

触犯别人意见的人不会不受到惩罚。在十九世纪中占据统治地位的哲学为了反对我而凭借的偏见，超过了宗教迷信在十四世纪反对哥伦布时所依据的偏见。但是，既然哥伦布能找到像费迪南和伊莎贝尔这样比当时所有的才智之士都更少偏见，而且也更正确的国君，难道我就不能像他那样指望得到一个比同代人都更开明的君主的支持吗？十九世纪的诡辩家同十四世纪的诡辩家一样，喋喋不休地叫嚷再也没有什么新东西可以发现的了。难道不能有某个君主愿意进行一下像昔日卡斯蒂[②]的君主们所做过的那种实验呢？卡斯蒂的君主们不冒什么风险，他们仅仅派了一只船去寻觅新世界，并在那里建立了一个帝国。十九世纪的君主也可以这样说：“在一方块土地上试建农业协会。为了把人类从社会混乱中拯救出来，为了登上宇宙统一的宝座，并且把全世界的王笏千

① 皮隆(1680—1773 年)，法国的讽刺诗诗人，他由于写过讽刺诗而没有选入学士院。——译注

② 西班牙王国的名称。——译注

秋万代地传下去而进行试探，这谈不上冒什么风险。”

前面讲过，“普遍的厄运”以及“学究的傲慢”用种种偏见来反对我。我的目的是借此提醒读者，要预防那些不懂装懂的群氓的冷嘲热讽，这些人用文字游戏来对待推理，而这种文字游戏癖已经传染到了一般老百姓身上，因此到处散布戏谑的恶习。当我的发现已经证据确凿即将开花结果的时候，当人们就要看到宇宙统一将在野蛮制度与文明制度的废墟上建立起来的时候，批评家们将会突然从鄙视而转为狂喜，他们要把发明者抬高到半神的地位，他们又会极尽阿谀之能事而五体投地，正像他们现在用不恰当的讽刺而贬损自己的身份一样。

至于那些大公无私的人，他们只是极少数。他们的怀疑正中我的下怀，而且是我招致他们怀疑的，但请他们稍待片刻，请他们等到我研究进步谢利叶的机构时再下断语。头两篇论文不涉及这一方面，它们的目的只在铺路，以便使人类在精神上习惯于接受正在酝酿中的大量幸福。

第一部分

关于普遍命运的几个方面的说明

概　　述

我预见到有人会对第一部分提出指责，说它枯燥无味。现在我预先声明，第一卷是供勤学之士研读的，而绝不是为轻浮之徒编写的。听到过有关在协调制度下的种种享乐的一些叙述的人，总希望在这里找到一幅享乐图，看到进步谢利叶制度下的活动情况；总希望在图上看到的都是些有关下列事物的引人入胜的细节：家庭生活，宴会上的美酒佳肴，爱情上的波折，节日，戏剧，奇险，旅行等等，以及新制度对任何工作（即使对最索然无味的工作）所带来的那种雅而不俗的乐趣。

有些人迫不及待地要看到对于在文明社会中所看不到的那些快乐景象的描绘，他们急于要洞悉全景。但在谈到这些细节之前，首先要讲明我们这个行星上的普遍命运，这样做才合乎常轨。

因此，我要谈一谈包括地球上整个植物界生命历程的那个八万年时期。我将谈到各种新创造活动，它们将要接替已发挥作用的现有创造活动。这些新创造活动，最近的也要在四个世纪以后才开始产生。我将说明地球在八万年植物生命期应该经历的种种物质变化，人们在其间的七万年中，将会看到北极由于光圈或北极光轮的作用而遍地生长庄稼。这种光圈或北极光轮在协调制度建立两个世纪以后就会出现。

我已说过，这将会在一开始就发生麻烦。但是，我如果为了满足好奇心而在叙述上不注意方法，那就会处处成为抨击的对象。这里谈的虽然是不带理论性的一般概述，但在接触到有关个人命运的问题时，即使是概述也应该谈谈地球上总的情况。

在本书的正文和附录里，读者们可以找到各种图表。表中用的术语可能并不妥切，甚至选得不好，因为我的法语并不高明。但是应多注意些思想，而少注意一些词汇。对于词的选择，我承认自己有不足之处。在这方面一等到发现更妥帖、更正确的词，我就采用它们。

例　外　论

我该从本章一开始就避免让读者提出无穷无尽的反对意见。

对于引力和社会运动的计算，仍会有八分之一或九分之一的例外。这种例外，即使我没有明文指出，也是不言而喻的。例如，总的来说，“文明时期的人非常不幸”，这句话指的是其中八分之七或九分之八的人陷入不幸和赤贫的状态，而仅有八分之一的人幸免堕入悲惨境地，并且享有值得人们羡慕的幸运。

又如我说文明制度下的极少数的人享有幸福而使绝大多数人的负担特别加重，这是因为财富的宠儿经常是一些最不应该享有财富的人，那么，在这句话里，也有八分之一或九分之一的例外。因为八次中总有一次，人们会看到财富占有者对所占有的财富是当之无愧的。这种公平的影子，只能用来证实在文明制度下命运一贯不公平而已。

可以得出以下的结论：我所有的论断的八分之一或九分之一的例外，只能有助于证实我的论断。因此，没有必要在每种命题上都指出例外，读者们也没有必要提出这种论证，因为这种论证反而对我提出的论断有利。我将不厌其烦地一再重复这点意见，不然的话，人们会很容易把它忘记的。

关于命运的一般概念

［下面的头五章至少要读两遍。如果为了深刻理解以下各章的话，读三遍比读两遍更好。只要领会头五章，下面各章就可迎刃而解了。］

一、定义和划分

命运是上帝为宇宙运动所制定的数学规律在现在、过去和未来的成果。

宇宙运动分成四个主要部门：社会运动、动物运动、有机运动与物质运动。

第一，社会运动　社会运动的理论应该要解释的是，上帝在各个有居民的星球上规划不同社会机构的程序及其先后接替时所依据的规律。

第二，动物运动　其理论应该说明的是，上帝把情欲和本能分配给各个星球上过去和现在的所有造物时所依据的规律。

第三，有机运动　其理论应该说明的是，上帝在给不同星球上已经创造或有待创造的实体分配特性、形式、色彩、味道等等时所依据的规律。

第四，物质运动　其理论已由现代几何学家加以阐释，它说明上帝在为各个星球调节物质引力时所依据的规律。

没有任何一种运动的作用能超出这四种运动的范围。四种运动的总和形成了宇宙运动。现在我们只知道其中的第四项，即物质运动这一项，而且人们连这一项也还是一知半解。因为几何学家在指出星际现有秩序的规律时，对十万年前星云旋转曾经有过什么变化，以及在一万年以后将要发生什么变化均茫然无知。总之，他们不懂得如何确定宇宙中过去和未来的演变。这篇论文将使人人都能看懂。它构成物质运动理论的一部分，由此也可以看出物质运动的理论在过去并未全部为人所知道。

二、四种运动的等级

关于这个问题应另列一章。由于这个问题不大容易为广大读者所理解，我仅限于在下面的附注① 中稍加说明。读者们可以不

① 四种运动具有两个依存性：

第一个依存性：四种运动的规律都按照数学而配合起来的。没有这种依存性，大自然就不会有协调，上帝也就谈不上公正。因为大自然是由三个永恒的、自生的、不可毁灭的原则组成的：

㈠上帝或神意　即积极的、作为动力的原则。

㈡物质　消极被动的原则。

㈢正义或数学　即调节运动的原则。

为了在这三个原则之间建立协调关系，那就需要上帝在推动物质与改变物质的时候按数学规律行事。否则上帝在他自己心目中或在我们的心目中都未免太武断了，因为他不是按照确实可靠的，而且不以其意志为转移的正义行事。但是如果上帝服从连他也不能加以改变的数学规则，他就一定能从其中得到光荣和利益。其所以光荣，是因为他能向人类证明他是公平而不是武断地治理宇宙，他是按照固定不变的规律推动万物。其所以有利，是因为按照数学规律行事，就能够在所有运动中掌握事半功倍的手段。

人们已经知道物质的和有机的这两种运动是同几何学相符合的，也知道所有的有生命的物体与无生命的物体都是按照几何定律而产生、推移和改变的。因此，四种运动当中有两种是和不以上帝意旨为转移的自然正义相协调的。

读它，因为读这个附注对理解后面所述的内容并无必要，而且只有极少数的人才对它发生兴趣。

三、社会运动

前面已说过，社会运动的理论应该确定能在所有星球上组织

现在只剩下其他两种运动有待我们去了解，即动物运动与社会运动。它们是按照同一规律而进行的情欲活动。我们还要知道，任何情欲，甚至是肮脏不堪的情欲，在人或动物身上只不过是上帝根据几何学加以安排的结果而已。例如：

友谊的性能是按照圆形的特性而模拟出来的，

爱情的性能则是按照椭圆形的特性而模拟出来的，

父道的性能是按照抛物线的特性模拟出来的，

虚荣心的性能则是仿效双曲线的特性而模拟出来的，

而这四种情欲的总性能则是按照摆线的特性模拟出来的。

由此可见，几何学上的每个定理都是成为人或动物的某种情欲的模型，而这种情欲也就必然同据以产生的那个几何学定理保持联系。在附注 A 中已经看出，情欲谢利叶或小组谢利叶是以几何级数的排列和属性作为模型的。

第二个依存性：社会运动是其他三种运动的模型，即动物运动、有机运动与物质运动的模型。这三种运动同社会运动互相配合，而社会运动位居第一，也就是说，动物、植物、矿物，甚至旋转的星群都是人的情欲在社会制度中所产生的某种后果，而且宇宙万物，从原子到星星都显示着人类情欲的特性。例如

银河系星群代表虚荣心的特性，

太阳系星群代表爱情的特性，

行星的卫星群代表父道的特性，

太阳或恒星群代表友谊的特性。

由此可见，人类的情欲虽然一再为哲学家们所贬低和鄙视，可是它在宇宙运动方面却发挥了仅次于上帝所发挥的作用。情欲是仅次于上帝的最可宝贵的东西，因为上帝要整个宇宙都仿效情欲在社会运动方面所产生的后果而进行安排。

由此可以得出结论：如果任何一个星球能认识社会运动的规律，它也就能同时发现其他种种运动的规律，因为其他种种运动无论在哪一方面都是第一种运动（社会运动）的象形文字。假使我们还不知道由现代几何学家所确定的物质运动规律，那么，今天通过同社会运动规律的类比，就会发现这些规律。这些社会运动的规律已经由我识破，它给了我们一把打开其他三种运动整个体系的钥匙。对全人类来说，遗憾的是，学者们本末倒置，他们在应该结束的地方开始他们的研究，即从物质运动的规律开始，而物质运动的规律是最难确定的，它又不能为认识其他三种规律开辟道路。

当然，这个附注很不充分，它仅仅是个草图，在这里加入冗长的细节是不适宜的。

起来的各种社会机构的程序和接替过程;前面也说过,社会运动的理论应该包括现在、过去与未来。

这给爱开玩笑的人提供了一个可以挖苦的好主题。他们会说:“莫非您要告诉我们在别的星球上,在太阳、月亮、木星、天狼星、银河和一切天体上所发生的事情吗?”是的,确实如此。此外,你们还会知道过去和未来几百年中在这些星球上发生过的事情和将要发生的事情。因为人们不能仅仅部分地领会命运的意义,如果不能掌握那揭示一切世界、一切星球的命运的研究,那也就不能确定一个世界的命运。

这种对其他星球的命运的认识,并不像你们所想象的那样是同你们漠不相关的。通过社会运动的规律可以得到证明:你们的心灵将永远环绕这些星球旋转,你们由于宗教的启发因而向往的永恒幸福,是同其他星球上的幸福分不开来的。在这个我们共同居住的星球上度过八万年之后,你们的心灵所萦怀的东西在其他星球上还是要实现的。

那么,你们将会认识在各个星球上占统治地位的社会机构及其居民可能遇到的幸运的或不幸的变革。你们会知道,我们这个小小地球五六千年以来是处在某个世界所能遇到的最不幸的地位。但是我的研究向你们展示别的星球上所享有的幸福,这就同时使你们有可能把同最幸运的星球上所享有的幸福十分类似的福利,引进到你们的星球上来。

下面是我们所住的星球将要经历的社会演变的一览表。

四、名叫地球的第三颗行星上的社会制度的几个阶段和时期

在这里，人们即将懂得一个最重要的真理：即幸福时代的长度将超过不幸的时代（例如几千年来我们所处的不幸时代）六倍之多。

如果想到我们已经饱尝辛酸，未来的事情似乎是无足轻重。但社会运动的理论会向你们证明：你们的灵魂会在未来的世纪里，以某种方式分享那时活着的人的命运；在七万年期间，你们将分享地球上正在酝酿着的幸福。正是从这个角度考虑，你们应该关心社会运动在地球上将要遭遇的种种变革的图景。

人类存在的时期，大概会长达八万年之久。正像与社会运动有关的其他估计一样，这个数字估计会有八分之一的误差。

社会的历程——估计大约八万年之久——可以分为四个阶段，再细分为三十二个时期。下面我将要用图表加以说明。必须对这些图表加以研究，才能够掌握全局并且牢牢记住它们。

阶　段

有 { 波动上升或循序渐进的两个阶段。
　 { 波动下降或逐步衰退的两个阶段。

波动上升

第一阶段：童年期或分散的上升阶段	1/16	5000 年
第二阶段：成长期或协调的上升阶段	7/16	35000 年

波动下降

第三阶段：衰退期或协调的下降阶段	7/16	35000 年

第四阶段:没落期或分散的下降阶段	1/16	5000 年
总计		80000 年

两个分散性阶段或社会失调阶段包括不幸时期在内。

两个协调性阶段或社会统一阶段代表幸福时代,其时间的长度将超过不幸时期的六倍。

由这张图表可以看出,正如个人的历程一样,在整个人类的历程中苦难时期在头尾。

我们现在处在第一阶段,处在进入“命运”以前的分散性上升时期,因此,自从有史可载的五六千年以来,我们都非常不幸。人类仅仅度过七千年左右,而在这个时期中,我们总是由苦难走向苦难。

只有在知道非常的幸福正等待我们的时候,才能体会到我们现在所遭受的苦难是何等深重! 而通过运动规律的发现,我们即将毫不迟延地进入这种非常幸福的境界。于是我们进入第二阶段,即协调的上升阶段。

以上两个分散性阶段,虽然为期甚短,而每个阶段又包含七个社会时期,总计十四个分散性时期。

两个协调性阶段,虽然为时很长,每个阶段也只不过包括九个社会时期,总共有十八个协调性时期。

以上总数为三十二个社会时期。

这就是三十二个时期的图表,把它牢记在心头似乎负担过重,但不经过事前的仔细研究,怎能占有知识呢? 难道有关命运的探讨可以例外地不遇到困难吗?

为了避免一提到各个时期和阶段就要查阅这张图表,那么多读它几遍就很有必要了。

那些连一刻钟也不愿意花在研究图表上的人，连一刻钟也不愿意花在研究四个阶段或三十二个社会变形的比较上或花在研究十八种创造以及北极光轮的各个时代上的人，应该把书本合起来，不必继续为那些时时会出现困难的晦涩读物去伤脑筋，但对研究过社会运动各种图表的人来说，这些读物是完全可以理解的。

在阅览图表时，首先令人吃惊的是，我们发现哲学家的观点是何等狭隘。他们想说服我们，文明制度是社会命运的终结，而事实上，文明制度只不过是三十二个可能的社会制度中的第五个，并且是十个不幸的时期当中最不幸的时期之一。这十个不幸的时期是童年阶段中第二、第三、第四、第五、第六时期，还有没落阶段中第三十一、第三十、第二十九、第二十八、第二十七时期。

我之称这些时期为不幸时期，是因为只有在社会机构成为小组谢利叶制度而不是分散的家庭经济的那些社会时期，才有幸福可言。

第一和第三十二个时期，第七和第二十六个时期形成谢利叶制度，但仍属于混合品种。第七与第二十六个时期是小组谢利叶制度的胚胎，这两个时期是在人类还没有对协会进行研究而仅仅发现协会的幼芽的情况下组织起来的。这些混合品种谢利叶制度已经是够幸运的了。我将在讨论“进步的家务管理”的第二部里提出有关这方面的一些概念。

人类就要上升到第八个社会时期（简单的组合谢利叶制度）。这个时期将在全球确立，至少将延续四百年才转入第九个时期，而第九个时期只能借助于我在后面将要提到的新创造活动以及北极光轮的作用才能建立起来。

在第一阶段的过程中，社会运动宛如一个退后几步以便一跃跳过鸿沟的人的形象一样，这正是我在图表中用“退”、“冲”、“跳”这些词来表达的事物。从幸运的第一时期降到非常不幸的第四时期，这是“退”。但是由此获得新力量，即大规模的农业和工业经济，而正是这种新力量在第五、第六、第七“冲”的时期中不断壮大，因而向人类提供了由混乱转入和谐的手段。

不应该把三十二个社会时期算作十六个，尽管这些社会在后两个阶段中以颠倒的方式复活过来。因为它们在复活时已发生了很大的变化。例如文明制度，当它在世界衰退中重新复活的时候将是非常平静的，正如它在人类青春旺盛的今日躁动不安一样。由于认识到幸福一去不复还，由于不能再组成进步谢利叶而感到苦痛，因此，最后的一个文明制度就比较平和。进步谢利叶之所以不能再组成，是由于其机构受到第十八个也是最后一个创造活动的阻挠、肢解因而归于消灭。这最后一个创造活动为害之大不亚于我们目前所看到的创造活动。

童年期或第一个阶段是唯一在时间上不确定、过程上无规则的阶段。它本该不超过五千年，但上帝给了我们随意从事之权，因此也就防止不了某些星球由于受到非精确科学以及由其散布的反自然、反引力的偏见的影响而陷入歧途。这些醉心于哲学的星球可能长期执迷不悟，在社会艺术上可能自以为是，尽管他们所懂得的仅仅是制造革命、贫穷、欺诈与屠杀而已。只要你一意骄横，只要理性不能战胜假道学先生，那么混乱长期存在下去就不足为奇了。难道人们会发现有比地球上猖獗横行的骚乱更加可怕的东西吗？地球的一半被凶残的野兽或原始蒙昧人所霸占，这两者是一回事，没有任何的区别。而地球种上了庄稼的另一半，其中四分之三的地方由生番或野蛮人所占领。他们奴役庄稼人和妇女，处处都表现出对理性的欺凌。剩下来还有八分之一的地方留给狡黠之徒或文明制度的人。这些人自己吹嘘自己是至善至美，而所干的勾当却是使贫穷与腐败达于极点。难道在任何别的星球上还可以看到比这种现象更加丑恶的东西吗？当人们看到各个民族竟然接受像这样制造政治混乱的哲学时，那么对以下的事实，即人类在其社会历程中落后几千年之久，还有人类在童年期度过七千年，而童年期本该是不满五千年，对这些事实又有什么值得惊奇呢？此外，看到人类仅仅到达七个社会童年时期的第五个时期，还没有到达第六个时期（在第六个时期已经可以看到一点幸福的影子），也就没有什么可以奇怪的了。

社会运动在即将开始的为期大约七万年之久的协调上升和协调下降两个时期中有规则地进行着。在这个漫长的幸福时期内，十六种社会变态或时代变更是由循序接替的新创造活动所确定的。这些新创造活动分别给予动物界、植物界、矿物界以新品种，并引起社会关系上的相应的变化。但是，这些变化只能是各种各样的享乐，而绝不是不幸的革命。唯一的例外是从第二十四到第二十五个时期的过渡，这一过渡将引起迅速的衰退并宣告地球灭亡的来临。

此外，正和六七岁的儿童不必为在八十岁左右时会患疾病感到不安一样，我们只需想到即将到来的幸福，亦即全球从来没有像现在这样迫切需要的幸福就行了。

五、关于前颠覆性创造活动简介

（前颠覆性创造活动供第一阶段以及开辟第二阶段的第八时期使用）

…………

六、北极光轮

…………

七、上升性第一颠覆时期(混沌谢利叶制度)，以及由这个时期凭借地上乐园的传说所遗留下来的回忆

上帝创造了十六个人种，九个人种住在旧大陆，七个人种住在美洲。关于他们之间的差异的细节是无关紧要的。

面貌平整、面貌凸起、面貌扁凹的三个种族分布在纬度三十到三十五度之间的北温带(我只讲旧大陆)。正是在这些纬度以内建立起原始社会，即混沌谢利叶。这种社会制度大约只延续了三个世纪。我已预先告知读者，只在谈到第八时期的时候，我才会对这个制度加以说明，因为在这一时期中将建立起比这里所谈到的原始谢利叶要有趣得多的另一种谢利叶。

从上帝手中创造出来的最初的人是幸福的，因为他们能够组织一种谢利叶的社会，而所有这一类社会或多或少总是幸福的。其所以幸福，是因为这一类社会能够发展各种情欲。

大部分猛兽和爬虫产生在赤道附近。其余的如狼，则生在高纬度一带，而且在分布到纬度三十到三十五度地带以前，这些野兽

并未骚扰过居住在那里的种族。这些种族有的面孔平整，有的凸起或凹进。他们能大量地找到造物主所创造的最好的动植物，甚至能找到我们从未见过的动植物，例如古巨象(这种巨象的骨骼现在已经被发掘出来)，由于它不具备防御武器，终于不得不和原始社会同归于尽，而这种巨象对原始社会曾作过很大的贡献。

这三个人种起初并没有社会组织。他们不单单是靠本能的冲动，而是受到现在不存在的五个条件的激励才组成谢利叶的。这五个条件是：

1. 没有偏见　因此就产生了恋爱自由，而恋爱自由在分散性社会中是不允许存在的，在这种社会中人们是按照家庭或分散的家庭经济组织起来的。

2. 人烟稀少　因此物产丰富：兽群、水果、鱼类、野禽等等可以说用之不尽，取之不竭。上帝把原始人群分布在彼此相距遥远的地方。经过很长时间以后，他们才由于人数众多而划分土地。

3. 财富没有表面性的标志　人们不具备机械工艺方面的本领，不具备任何含有固定价值的宝贵的东西(如蒙昧人的武器及装饰品)。但他们有的是大量的易腐食品和不能长久保存的财富。由于难以积累和贮藏这类东西，于是就想到预支报酬的办法，而这个办法是有利于谢利叶制度的种种“关系”的。

4. 没有猛兽　由于远离猛兽，就有助于在习俗上维护善良敦厚的感情，防止杀伤性的发明创造与好战精神，因而就能保持如古巨象这些已经绝迹的动物。

5. 生物最初形态的美　如果以为在创世纪的时候动植物就像我们现在所看到的这样粗野的样子，那就大错而特错了。野牛或野羊绝不是牛和羊的始祖,而是它们的退化的品种。上帝所创造的兽群比瑞士最美的牛、西班牙最美的羊还要漂亮得多。花卉和水果也是一样。卢梭说过:“从造物主手中创造出来的一切都是美好的。”这是他脱口而出和未加证实的真理。而在下一行他接着又说:“到了人的手里一切都退化了。”这句话反而冲淡了前一真理。不是人使动植物退化到我们现在所看到的那种野生或饲养的状态,而是由于分散状态瓦解了谢利叶,使各种产品退化,也包括人在内。就面孔平整的人种来说,人的原始身材是七十四又三分之二英寸或六呎二又三分之二巴黎时。当时这种人种很容易活到一百二十八岁的高龄(也就是八乘十六)。当时所有的生物都是生气勃勃的。创世纪时期的玫瑰比现在花坛上的玫瑰要美丽得多。这种普遍的完美状态始终保存在第一社会整个时期中,而第一社会时期则是借助于上述的五个条件而组织起来的。

和平之所以在第一社会时期占统治地位,这不是由于普遍繁荣的缘故,而是由于谢利叶固有的特性。这一特性就是系统地发展并联结各种情欲,而离开了进步谢利叶,这些情欲就互相冲突,酿成战争及种种纠纷。

不要相信在原始制度下有什么平等,存在什么团体概念。我已经说过,这些哲学幻想是同进步谢利叶互不相容的。相反的,进步谢利叶所要求的是向不平等逐步推进。这种逐步推进从一开始就出现,虽然没有成文记载来证实和分清每个社员的利益。我现在要说明的是,用何种方法来划分和满足各种不同的要求。

当时的情欲比现在的还要强烈得多。人身上没有一点诗人作品中所歌颂的那种牧歌式的纯朴。他们骄傲、富于色情感，并且是自己怪癖的奴隶。妇女、儿童也是一样。那些所谓恶习是协调的保证，并且一旦在谢利叶重新建立起来时，它们仍然是社会协调的保证。

八、谢利叶的瓦解

由于出现同前述五个创造性条件不符合的事件，谢利叶不得不陷于瓦解。不久，由于蛮荒部族人数激增，便产生了贫困。同时从赤道（或从北方）来的猛兽遍布四方，因而引起杀伤性武器的发现。掠夺抢劫之风则更容易蔓延滋长，因为农业的幼稚状态及其所遭到的困难不可能供应谢利叶机构所必需的丰富食品。由此便产生由于分散的家庭经济而引起的分裂，还有婚姻制，以及向蒙昧制度、宗法制度及野蛮制度的过渡。

在原始谢利叶存在的整个时期，同蒙昧制度及宗法制度下的人的遭遇相比，人类享有幸福的命运。因此，在看到谢利叶制度解体时，他们陷入绝望之中。孩子们是这个制度的最后支柱。当父亲们已经发生分歧，并准备接受排他性婚姻制（贫困的日益增长使人想到了这是个办法）的时候，孩子们仍然掩护谢利叶在政治上的退却，并长期相互保持和衷共济的状态。贫困越增加，各部族的首领们就越对建立婚姻制感兴趣，因此婚姻制终于盛行起来。

在到达这一极端的地步以前，为了维护原始制度，人们曾采取过各种措施。但这些措施或多或少总是无济于事。当人们终于认识到不可能恢复这一美好的社会制度时，部族首领们也已发现缅怀过去的幸福会使人民产生疲沓不振和厌恶劳动的心情，于是竭力冲淡那对一去不复返的幸福的回忆，因为追叙这种幸福，只能破坏接替原始制度的那个社会制度。

因此，所有的首领们一致同意要歪曲传说，但只要有见证人存在，就不可能使传说丧失。可是愚弄没有见过产业谢利叶制度的那些人，却是件很容易办到的事。人们故意传播相互矛盾的说法，借以引起人们的怀疑。因此，在整个东方竟然流传着一些多少有点荒唐无稽的寓言，说什么有个地上乐园，人就是从那里被放逐出来的，等等。

由此也产生了其他许多想入非非的故事，目的在于篡改部族首领们存心加以掩盖的那些真传说。所有这些故事就成为古代宗教的基础，其实是一个伟大真理的残骸。那就是在现有社会建立之前，曾经存在过一个更加幸福的秩序，这个回忆仍然依稀地保存在曾享受过这种秩序的快乐的东方人民心中。

歪曲颠倒真理有许多江湖手法，其中必须辨别古代东方传教士所采用过的神秘的神托或密喻的习惯。可以说，毫无疑问，他们的奥秘之处，起初只不过是关于原始制度的传说。但是，由于厄运的不断增加，就势必要求加倍小心地向人民隐瞒这种令人懊丧的秘密，那就不得不把这一秘密的传授局限在极少数的人中，并且故弄玄虚地来欺骗那些参加宗教集会并受好奇心所驱使的下属人员。由于总是把传说集中起来，那么它的流传就只能局限在极少数的门徒之中。结果是秘密的真正占有者可能在战争或其他事件中身亡，而众多的僧侣还是照旧传授密喻。可是，这些密喻已经没有任何内容了，充其量只不过是装饰僧侣门面的把戏而已。

不错,伊吉达[①]教和婆罗门[②]教的僧侣们已经这样无知,他们竟对原始制度毫无概念。总之,这些概念想必很快就受到了歪曲,因为在还没有发明书写的蛮荒时代,每个口述者对听到过的故事都不免任意加以增添。东方人说故事的本领并不亚于加龙河两岸的居民,我估计经过三百年,这里所谈的传统会被各种附加的寓言歪曲得不成样子,即使真正的入门者也无从领会它了。遗留下来的只有一条基本真理:过去的幸福已一去不复返了。因此,僧侣们就大谈其"上帝的忿怒"、"被撵出乐园",以及便于威胁大众和按照教会的意旨来驾驭大众的其他故事。

我们之所以对原始社会的风俗习惯茫然无知,其原因我想已经作过充分的说明。这种无知即将消灭。社会运动的理论将澄清这一问题,并将极其详细地指出什么是原始社会的机构。大家知道,接替它的是蒙昧社会、宗法社会以及野蛮社会。

九、论组成分散的家庭的五个时期——第二、第三、第四、第五、第六时期

在这一章中,我将谈谈五个社会时期。如果对每个时期的特殊细节都加以阐明,那就会过分冗长,就会超出概述的范围,而这一概述甚至谈不上是一个通常的简介。

姑且不谈第二时期或蒙昧时期,因为它对我们来说是无关紧要的。我现在讲一讲宗法时期或第三时期。这是一个几乎无人知

① 古埃及最受崇敬的一位女神。——译注

② 婆罗门是印度古代和现代宗教的最高的神。——译注

晓的社会。这个制度，虽然被人认为是原始的制度，其实初期它并没有在任何民族中占过统治地位。一切种族在有生之初并无偏见，也绝不会想到把自由恋爱称之为犯罪行为。他们精力充沛，寿命长，这就使他们采取相反的做法，即放浪形骸，近亲杂交，纵情声色。一般来说当人们可以活到一百二十八岁，也就是在足足一百年中可以谈情说爱，那么，在这种情况下，你怎么能像说服文明制度的伪君子那样去说服他们，在这一百年内只应该同一个妇女谈恋爱而不能再爱上另外一个女人呢？

要经过很长的时间，才能产生终于不得不限制自由恋爱的那些情况。必须等到一个人种失去了它大部分的原始精力，它才会接受同壮健体魄的利益相反的那些规定。但是，由于谢利叶制度一解体，眼看人的精力也随之衰退，因此，谢利叶制度的衰落必然会打开在爱情上实行强迫命令的大门，也就是打开通向蒙昧社会以及宗法社会等等的大门。

正如对原始社会一样，我们对宗法社会也是一无所知的。人们所描绘的亚伯拉罕和雅各并非有德之士。他们是道道地地的凶恶与不义的暴君。按照野蛮制度的惯例，他们有许多妻妾和奴隶。他们是在一平方法里以内为非作歹的巴夏[①]或暴君。亚伯拉罕把阿格尔和她的儿子伊斯迈尔送往沙漠地带活活饿死，其原因只不过是对玩够了的妇女已不再感兴趣罢了。难道世上还有比这种丑行更恶劣、更不义的事吗？

这就是他把这个妇女和年轻的孩子置于死地的动机；这就是

① 奥斯曼帝国最高官员的称号。——译注

宗法道德的全部美德，而你们在宗法社会首领的所有行为中只能找到同样丑恶的东西。

可是哲学家们要把我们带回到宗法社会的人情风俗中去。哲学家雷纳尔[①]在他所写的《东西印度史》中，一开始就对中国人大肆吹捧，把中国人说成是最完美的民族，因为他们保持了宗法社会的人情风俗……………………………………………………

……………………………………………………………………

我现在回到本题，仅限于指出文明制度的人对属于分散性上升的第三时期的联合宗法制度是何等无知！

联合宗法制（或组合宗法制）是按鞑靼人的方式，是由邻近的、自由的、结盟的家庭通过代表大会组成的。在这种情况下，宗法家庭关心改进正房的命运，逐步扩大她们的特权和民权，一直到使她们具有目前所具有的半自由地位。对宗法制度下的人们来说，这一措施是跨出第三时期的门槛，是通向第五时期即文明制度的大门。文明制度不可能从蒙昧制度或野蛮制度中产生出来。从来没有看到过蒙昧制度的人和野蛮制度的人自发地接受我们的社会习惯。美国人，不论他们如何竭尽诱惑和耍弄花招之能事，还是没有能够把任何一个游牧人群引进文明制度中来。按照运动的自然趋势，文明制度只能从联合宗法制度或者从像古代东方人那种大大改进了的野蛮制度中产生出来。这种大大改进了的野蛮制度在各个方面都类似联合宗法制度。

至于像亚伯拉罕和雅各的宗法制度的那样“简单”的宗法制

① 雷纳尔（1713—1796 年）是法国的历史学家和哲学家。——译注

度，则是一个只能导致野蛮制度的制度。在这个制度下，每个父亲都成为一个州长，把自己的爱好提高到美德的地位，在自己的家庭中施行难以忍受的暴政，并完全仿效亚伯拉罕和雅各的所作所为。而亚伯拉罕和雅各，其邪恶不义的行为并不亚于阿尔及尔与突尼斯王位上所看到过的任何暴君。

我们对蒙昧制度、野蛮制度、文明制度的了解，也并不见得比对宗法制度更清楚些。当我在谈论到每个时期的阶段和本质时，我将证明我们的哲学家对文明制度，以及对如何脱离文明制度而进入第六时期的方法和手段的学识，同样都是自欺欺人的。

这第六时期，即保证制度，本应由哲学家们来发现的。因为第六时期距离文明习俗不远，还保持着“家庭经济”、“婚姻制”以及哲学体系的主要特性，但已经大大减少了贫穷与革命。此外，不管发现第六时期是如何容易的一件事，可是哲学家们连如何把人类提高到文明制度都不懂，也就是说对从蒙昧制度、野蛮制度过渡到文明制度这件事都茫然无知，他们又怎能把人类提高到比文明制度更高一层的境界呢？他们甚至不知道如何促使文明制度前进。当我把文明制度分成四个阶段的时候，我将指出，这个制度所以达到第三阶段是完全出于偶然的机会，而哲学家们对他们所珍视的文明制度的进展却从来没有发挥过任何作用。他们是延误而不是加速了文明制度的到来。正好像那些糊涂的妈妈一样，由于宠爱孩子而使孩子身心疲乏，染上了有害的怪癖以及种下了病根，她们自以为是疼孩子，实际上却是害了孩子。哲学家们沉溺于文明制度，其所作所为也是同糊涂的妈妈一样。他们总是把文明制度搞糟，还自以为在改进文明制度。他们向占支配地位的幻想提供养料，

散布错误思想，而不是去寻求真理的康庄大道。到今天，我们还看到他们十分迷信重商精神，而他们只要有一点羞耻心，本应该对这种思想展开斗争的，因为他们在整整两千年期间，总是在嘲笑商业。

总之，假使单靠哲学家们，那么，文明制度仍然会停留在第一阶段，并保持着野蛮制度的习惯，例如被希腊、罗马学者所赞赏的奴隶制，也许会仍然保存下来。

人们对文明机构可以说是普遍无知，我想就这一方面再提供一个证据。这个证据是从那些袭击我们每一代人而又预见不到的灾难中提取出来的。最近的一次灾难是政治俱乐部或与世隔绝的雅各宾党人式的灾难。在 1789 年，人们对这种灾难还一无所知，尽管他们对文明制度已经作过不少学术性的分析。此外，还有对相继发生的其他灾难，哲学家们也丝毫没有预见到，如商业封建制的丑恶程度绝不会亚于政治俱乐部的统治。商业封建制将是商业精神日益对社会制度发生影响的产物。它的侵袭就会产生文明制度的人所预料不到的非常可怕的变革。用不着害怕这一预测，因为这个预测不会引起恐惧，而只能引起欢乐。由于借助社会运动的理论，人们即将获得能够预见得到并且又可避免一切政治风暴的手段。

十、进步谢利叶社会同分散性家庭制度社会之间的经常对立

形成谢利叶的第一和第七社会同按家庭组织起来的第二、第三、第四、第五社会在各个方面都经常处于对立的地位（第六社会

是例外，不在此限）。

在后四个时期，公众的福利同个人的情欲互相对立，以致政府在为谋求公众福利而有所作为时，就不得不使用压力，而这种情况在谢利叶社会里是不会发生的。因为在谢利叶社会里，公众幸福同个人情欲相符合，行政机关只限于把公众所同意的措施，如赋税、徭役等等，通知公民就行了。一切都是按照谢利叶指定的日期，以简单通知书的方式来缴纳和履行的。但是在四个分散性的社会中，即使对显然有益而绝不会劳民伤财的措施，也必须强制执行。度量衡的统一就是一例。假使是处在第七时期（或第六时期）的话，政府只需把完成工作和下一次寄出样品的时间通知人民就行了。样品在到达每省每郡以后，无须发布任何命令就立即加以使用。

第二、第三、第四和第五社会对公共有利的措施的这种抵抗，在行会中也同在个人身上一样地表现出来。例如，在土耳其，职业团体也和人民一样拒绝军事训练，虽然他们也感觉到军事训练的必要性。

第二、第三、第四、第五社会，由于容易遭受贫穷、革命、婚姻制、欺诈等等祸害之故，都具有排斥的特性，也就是说，彼此尽管互相认识，互通声气，但没有一个愿意仿效另一个。我们认识野蛮社会，但不愿采用其风俗习惯，野蛮社会看到我们的风俗习惯也不愿仿效。由分散性家庭组成的四种社会的情况也是一样。这四种社会犹如作恶为害的动物一样，都具有互不相容的属性。假定所有这四种社会同时存在（而且相互接壤），那就没有一个社会愿意和四个社会当中的其他任何一个社会同化在一起。第六社会会微微地吸引着第五社会。

第一社会到第七社会,正像进步谢利叶的其他社会一样,都具有普遍的吸引性。唯一的例外是第一社会,它仅微微地吸引着第四、第五、第六社会的富有阶级。

第七社会强有力地吸引着所有富有阶级与中产阶级,尽管它仅仅不过朝着只有在第八社会才开始享有的真正幸福的方向开始前进。可是第七社会和文明制度相比,已经是够幸运的了。如果这个社会突然组成的话,很多体弱善感的人猝然看到这样多没有享受过而本该早就享受到的幸福来临时,就会感悔交集,支持不住。

谈到即将出现的第八社会,为了说明它的吸引力,我借用一位作家的话:“假使人们能够看到上帝身上的全部光辉时,他们或许会因为过度的赞叹而送命。”什么是上帝的光辉呢?不是别的,只能是即将建立的、作为上帝最美妙的设计品的协调制度而已。假使我们突然看到上帝的作品“协调制度”在充分发挥作用(就像我在《2200 年的对话》一文中所描绘的那样充分发挥作用),毫无疑问,很多文明制度的人就会由于惊喜过度而死亡。仅仅给第八社会描写一番,就能使其中若干人,特别是使妇女引起狂喜,就能使他们对现时的娱乐无动于衷,对文明制度下的工作适应不了。

正是为了冲淡、减少他们可能发生的惊奇,所以我才早早就说出这种情况,并且把协调制度的图景和协调制度下的种种乐趣同文明制度的人遭受到的身心痛苦的比较留待第三篇论文中再说。这一比较,如果在叙述时不加以节制、借以减弱其效果的话,就一定会刺激和挫伤他们中间的最不幸者。正是为了达到这个目的,我才故意在头几篇论文中，采用冷淡的语气，并且就运动的一般演变以及文明制度的人的谬论方面，作了枯燥无味的概述。现在让我来继续谈谈这个问题。

由分散性家庭组成的第二、第三、第四、第五、第六社会的共同属性激起对农业劳动、手工业劳动，以及对科学、艺术的厌恶之感。在这五种社会制度下，孩子们不愿意从事生产活动，也不愿意学习。一旦他们能够组成自己爱好的自由团体或集体时，他们就养成了破坏的习惯。孩子们在大人让其放任自流的时候，他们总的倾向就是破坏，这是人类中一个奇怪的特点。而在谢利叶社会中，孩子们则具有相反的特点。他们孜孜不倦地工作，作出无数贡献，自觉自动地做现在三十岁的人才能做的一切日常工作。此外，他们在情欲谢利叶中获得了“自然教育”。他们在学习上不需要任何人鼓励或监督。孩子们从刚会走路的那一天起，大人就听任他们自由行事，唯一嘱咐他们的事，是让他们和同伴们在一起，高兴怎么玩就怎么玩。单靠谢利叶所给予的推动力或竞赛心，就能够使十六岁的孩子获得有关科学、艺术各部门的概念，有关本郡农田和工厂的实际知识，而且这些知识的获得并不费一文钱。相反，孩子们倒有一份小财产，这是他们在童年时代由于竞赛心而完成的许多工作的果实。由于引力作用，他们认为这不是工作，而是同一群最有劳动经验的孩子们在玩耍呢(请看下面有关情欲引力的等级的附注)！

在情欲谢利叶以外不可能有任何自然教育。每个儿童在杂乱无章的社会制度下所受到的教育，完全根据教师们或父亲们的异想天开而变化无常，这和大自然的观点毫无共同之处。大自然要把儿童训练成能适应几乎瞬息万变的种种工作。因此，儿童在协调制度下，精力充沛，动作灵敏，对这些工作能胜任愉快，因为他们总是处在持续而又变化多端的运动之中，因而不感到劳累。

离开协调制度，孩子们就变得忧郁、笨拙、脆弱、粗暴，这就是在原始社会解体以后不满五十年之内人类就开始退化的原因。但是协作制度一经恢复，人的身材就会高大起来。我不提成人，只讲在协作制度下成长起来的儿童。就男人来说，人的身材每代增长两英寸到三英寸，直到八十四英寸或七英尺的平均身高为止。经过九代就达到这一平均高度。精力与寿命也按不同程度而相应增长，一直到第十六代为止。那时候生命的"满龄"将是一百四十四岁，体力也相应增加。

智力的发展还要来得快。我想只需十二年的时间，就可以把称为农民的那些有生命的机器人变成真正的人。这些农民粗鲁不堪，与其说近似人类，不如说更像动物。

在协调制度下，出生于农业法郎吉的最贫穷的人，即最单纯的耕种者，也将掌握各种知识。这种普遍的完美情况并不足为奇，因为，正如我在第二篇论文中所讲过的，协调制度势必推动人们热情地从事于能开辟富源的科学和艺术的研究。

第一、第二、第三社会并不具有大规模的农业和工业。只是在第四社会，即野蛮社会中，才开始产生这样的工农业。假使大规模的产业在第一社会就可能产生的话，人类就会避免第二、第三、第四、第五、第六这五个不幸时期的厄运，就会立即从第一社会一步上升到第七社会，也就是从混沌的谢利叶跳到结构明确的谢利叶。太阳系星球和有光轮的行星（如土星）上的居民却享有这种优越条件。他们不会遭受到沦为蒙昧人、野蛮人、文明人的灾祸。他们在其社会经历的整个过程中，始终保持着谢利叶的组织。他们的这一幸遇，应归功于上帝在创世时向他们提供的丰富物产。

上帝创世对各个星球的命运的影响是巨大的。就我们的星球来说，它受惠不多，因此不能长期向混沌谢利叶提供适合于劳动的全部养料。混沌谢利叶需要多种多样的工作，因此，它不能在赤道附近形成。上帝在赤道附近创造了几个种族，由于猛兽、毒蛇、害虫的集结，使产业活动瘫痪，这些种族首先受到了阻碍。要在南北美洲建立混沌谢利叶也同样不可能，因为那里缺少主要的劳动资料，没有马、牛、羊、猪，也没有家禽。植物和矿物也贫乏得很，因为美洲人（在他们所在的各个地方）都缺少铁和铜。

在后期，谢利叶未能在塔希提[①]岛建成，尽管那里，由于在一定程度上承认恋爱自由，已经具有协调制度的萌芽。假使这个岛具有旧大陆上的重要的动物、植物、矿物，那么人们就会在发现此岛的时候早就看到现存的混沌谢利叶制度了。岛上的人也就会平均身高七十四又三分之二英寸，这也是人类的原始身高。在一个重新组成的第一或第七社会的国家中，经过几代以后，人类又会再一次到达这个高度。我说过，在第八社会，人的身材将达到八十四寸，这将更有利于人类及为人类服务的牲畜的身心之发展。

在第四社会即野蛮社会里，人们才开始创立大生产。在第五社会或文明制度下，创立了科学艺术，从此就具备了组织进步谢利叶，并把这些谢利叶提高到极繁华的程度的一切必要条件。第六

① 塔希提是大洋洲中社会群岛的主岛。——译注

社会只不过是通往产业谢利叶的道路，而产业谢利叶将在第七社会部分形成。

第二社会（蒙昧社会）与第四社会（野蛮社会）停滞不前，它们不想进入更高的制度。蒙昧制度的人决不想上升到高于蒙昧制度的野蛮制度。谈到生产方面，野蛮制度的人固执地拒绝上升到文明制度。这两种社会，蒙昧社会与野蛮社会，死守着他们的不论是好的还是坏的习惯。

第三、第五、第六社会或多或少都在争取进步，文明制度就是一个例证。文明制度在各个方面都是为了改善现状而进行活动。君主们每天都设法革新行政，而哲学家们则每天都提出新的政治和道德体系。因此，文明制度在理论上或在实践上都努力谋求进入第六社会，但始终未能如愿以偿；我再说一遍，其原因在于这种改变必须依赖于生产活动和家庭活动，而不是依赖于哲学家们专心致志的行政体制。哲学家们从来不愿意思考家庭和社会制度方面的任何革新的问题。

这里不妨指出在如何运用诚实方面的一个对照。诚实盛行于建成谢利叶的任何一个社会中，而虚伪则在建成分散性家庭制度的社会中占统治地位。

在第一种社会中，诚实的实践比谎言的实践能保证每个人得到更多的利益。从此，任何人，不论善人或恶人，都喜欢作为发财致富的途径的诚实，并且加以实践。因此，在二十四个社会（包括保证制度在内）的整个过程中，人们总是看到辉煌的诚实在一切经济关系方面占据统治地位。

在八个分散性家庭制度的社会中，则发生相反的情况。在这类社会中,只有依靠狡黠欺诈才能发财致富。因此,诈骗就在这十个时期的全部过程中占据上风;因此,人们看到在由家庭组成的社会之一的文明社会中,除了几个十分罕见的例外,只有依靠诈骗才能获得成功。但是,这些例外是如此罕见,更足以证明规则的正确性。

在第二社会(蒙昧制度)和第六社会(保证制度)中,说谎就不如在文明社会那样方便。可是,同由辉煌的诚实占统治地位的进步谢利叶组成的二十四个社会相比,这两个社会还是欺诈行为的老巢。

由此可以得出结论(这个结论看来滑稽可笑,但毕竟会得到严肃的证实),那就是在协调制度的十八个社会里,真理之所以能够胜利的最基本条件是"人人爱财"。那些在文明制度下干尽了一切能够想得出来的欺骗勾当的人,在协调制度下都将成为最诚实的君子。因为像这样的人,并不是为了把骗人当作一种乐趣而进行欺骗,而仅仅是为了发财致富。如果在一件交易上向他指出欺骗可获利一千埃古[1],而诚实却获利三千埃古,那么不论他如何狡诈,也一定愿意成为一个诚实的人。这就是为什么在诚实能迅速导致获得厚利的制度下,最狡猾的人也会热爱诚实,因为在这种制度下,说谎只能导致不可避免的破产。

因此,没有比使诚实在全球获胜更容易的事了。为此只需脱离第二、第三、第四、第五,甚至第六社会而进入由谢利叶制度组成的社会。这将是一个不会引起任何骚动的变革,因为这种变革仅

① 埃古,法国旧的钱币。——译注

仅涉及同行政制度毫无关系的家庭方面和产业方面的措施。

协调制度的所有措施都将形成和我们目前的习俗截然相反的经常性对照，并将迫使我们保护那些被称为“邪恶”的行为，如好食与好色等。到那时候，这些所谓邪恶最盛行的州郡，也就是产业最兴旺发达的州郡，那里的可以转让的股票将成为投资的热门货。

以上所说不管看来如何离奇荒诞，但我愿一再加以重复。我的目的是要使读者的注意力集中在一个伟大的真理上，那就是上帝创造我们的性格，为的是要使它适合于将延续七万年之久的协调制度，而不是适合于只该延续一万年的分散制度。在估计协调制度的需要时，会看出情欲本身并非邪恶。现在姑且拿一个极其平常的性格即家庭妇女的性格来举例说明。

文明制度要求所有的妇女爱好家务活动，因为她们注定要结婚，注定要操持松松垮垮的家政。可是如果注意到少女们的兴趣，那就一定会看出，具有好的家庭妇女性格的人不满四分之一，其余四分之三对家务劳动是不感兴趣的，而对装饰、谈情说爱与娱乐却是极其爱好的。你们因此会得出结论，说少女中四分之三的品德是恶劣的。可是，实际上则是你们的社会机构恶劣。事实上假使像你们所希望的那样，所有的少女们都热爱家务活动，那么就将有四分之三的女人不能适应可延续七万年之久的协调制度。因为在协调制度下，家务劳动由于协会的建立而变得简单化了，这种劳动还要不了现在所要的妇女人数的四分之一就能胜任愉快。因此，只需要妇女总数中的四分之一或六分之一充当家庭妇女就足够了。上帝一定按照这个比例创造出适合于七万幸福年的家庭妇女的人数，而不是创造出适合于我们所处的五千不幸年的妇女的人数。如果竟以八百之数的妇女来承担一百个妇女就可以胜任的工作,那么她们怎样能在协调制度下协调一致呢?在这种情况下,必然的结果是,她们会放弃由她们所承担的其他工作。那时候,人人会叫喊:上帝不讲道理,家庭妇女本该限制在妇女总数的四分之一的,而他竟赋予了所有妇女以家庭妇女的性格!

妇女就是妇女,这就是我们的结论。妇女中的四分之三有理由轻视家务劳动。只有文明制度和哲学才是邪恶的,因为它们同情欲的本能以及上帝的意旨互相抵触,我将在《引力论》中用较大的篇幅来说明这一点。

这一论证同样适用于通常称为邪恶的每一种情欲。通过协调制度的理论,你们将认识到我们所有的性格都是善良的,而且恰如其分地分配在每一个人身上。你们将认识到应该发展天性,而不是矫正天性。有人认为,一个孩子沾染了恶习,是因为他贪吃,好斗,有怪癖,捣乱成性,傲慢自大,不可驯服。但这孩子是至善至美的孩子,是在协调制度下最爱劳动的孩子。自十岁起,他就会被提升到本州郡内最卓越的儿童谢利叶中,而在检阅与劳动时领导儿童谢利叶的这种光荣,使他干起最繁重的工作好像是游戏一样。

至于现在,应该承认这个孩子的行为是无法忍受的,而且对一切孩子的行为都可以这么说。但我不认为他们当中任何一个孩子有什么恶习。他们的所谓恶习来自于自然。贪食,捣乱,这些你们要在儿童身上加以压制的爱好,都是上帝在经过慎重考虑、并且在制订了性格分配计划之后赋予每个儿童的。我重复说一遍,邪恶就在文明制度本身,因为文明制度既不同意发展又不同意利用上帝所赋予的性格。邪恶也在哲学方面,因为哲学不愿意承认文明制度同上帝的意旨背道而驰。而二者之所以背道而驰，原因是在文明制度下必然要窒息儿童们最广泛的爱好，例如年轻的男孩子们爱吃爱喝，喜欢任性；少女们爱好打扮和炫耀；其他年龄的人也有类似的嗜好或情趣。这些都是上帝为了迎合协调制度而认为有必要赋予的东西，因为协调制度本身就是引力的综合和发展。现在必须对引力分析讲几句话，因为这是人们从来没有想到过要做的一件事。

十一、通过情欲引力来研究自然

如果把我们无限的情欲同满足情欲的极少数手段进行比较的话，似乎上帝的行为考虑不周。他赋予我们贪图享受的情欲，其目的似乎是要唤起成千种强烈的欲望（这些欲望在整个文明制度阶段连十分之一也不能得到满足）来刺激我们，使我们疲于奔命。

正是出于这样的考虑，道德学家们企图矫正上帝的造物，降低并压抑他们所不能满足的、甚至连知道都不知道的情欲。因为在作为心灵主要动力的十二种情欲中，他们只知道九种。即使在这九种之中，他们对那主要的四种的概念还是模糊不清的。

这九种已知的情欲是，对每个人或多或少有支配力的五种感官情欲。另外，还有四种简单的心灵情欲，这就是：

第六　友谊

第七　爱情

第八　父子关系或家庭

第九　名利心或社团

道德学家们要替这九种情欲安排一个违反自然意旨的进程。

两千年中他们喋喋不休地叫嚷了多少次,说什么要克制和改变五种感官情欲,想说服我们相信钻石只不过是块毫不可取的石头,金子是无用的金属,砂糖和香料是值得鄙视的东西,而茅屋、粗糙的自然界则胜过皇宫!道德学家就是这样来扼杀感官情欲的,他们对心灵情欲也毫不放松。他们有多少次咒骂名利心啊!如果听从他们的话,只应该追求收入微薄的平凡职位。如果一个职位的薪饷是十万镑,那么为了取悦道德,便只能接受六千镑收入。在爱情问题上,他们的意见更可笑了。他们要在爱情问题上讲究有恒和忠实,可是有恒和忠实同自然的意旨却是如此的不相容,对两性来说是如此的厌烦,以致当人们能有充分自由的时候,决没有一个人会遵守这种清规戒律的。

所有这些被称为义务的哲学上的奇思异想,是同自然毫不相干的。义务来自于人,引力来自于上帝。如果要领会上帝的意旨,那就一定要研究引力,必须只研究自然天性,而自然本身并不包括义务的任何含义。义务因每个世纪、每个地区而变化,而情欲的天性在所有的民族中,不论过去或未来都是一成不变的。

在这方面,可以举个例子。我是从父子的关系上引出这个例子来的。

道德学家们总想建立父子之情的平等关系。在这个问题上,他们规定了自然天性所决不能接受的神圣义务。为了体会自然的意旨,必须忘却应该怎样做,忘却什么是属于义务。而应该分析事实是什么。我们要承认父亲对子女的爱大约超过子女对父亲的爱的两倍,或者说子女对父亲的爱是父亲对子女的爱的三分之一。两者之间的悬殊如此之大,其过错在子女方面。但是不论这种悬殊如何不道德，如何不公平，这在分析“是什么”而不“应该是什么”的研究中是无关宏旨的。

如果不是去矫正情欲，而是去找自然之所以赋予情欲一个不同于义务进程的动机，人们就会很快发现，所谓神圣义务同正义是毫不相干的。我们现在所讲的父子之爱比例不相称就可以说明问题。这种不平等是建立在有说服力的动机上的。如果子女只以父母之爱的三分之一来报答双亲，那是有三个理由：

1. 子女在长大成人以前，不知道父亲或生育者的长处是什么；他们不能评价父亲这个称呼，也不会明白这个称呼的意义。在子女对父母之爱形成的童年时期，人们精心向他们掩盖产生父子关系的那个行为的本质。因此，在这个时期，子女对父母只能有同情的爱，而不能有子女的爱。人们不能要求子女为了报答父母教养之恩而必须爱戴父母。这种感恩思想超出了孩子的精神能力。向一个没有判断能力的人要求深思熟虑的爱，这就简直比孩子还不如了。此外，这种感恩是友谊的表现，而绝不是子爱的表现，因为在童年时期，孩子们对什么是子爱，既缺乏理性认识，也缺乏感性认识。

2. 孩子在七岁到十四岁的少年时期，由于受到父母的责骂而心烦意乱。在平民家庭中，责骂还夹杂着粗暴的对待。由于孩子所具有的理性还不能够认识到何以要对他施加压制的必然性，所以在这种情况下，他对别人的爱是同他所受到的优待成正比例的。因此，经常看到一个孩子爱祖父母，爱邻居，爱仆役胜过爱他的生命的缔造者，而做父母的却没有任何权利来抱怨。假使父亲多少有点自知之明，他就会知道孩子（由于上面说到的动机）只能有同情的爱，并且这种爱是根据父亲在行使父权时所表现出来的温和与谅解而培养起来的。

3. 当孩子到达青年期，懂得父母之所以为父母究竟是怎么一回事的时候，他就看出父母爱他的缘故在哪里。这些缘故是：在父母身上留下来的因为他的降生而感到快乐的印象；孩子的出生对实现父母的虚荣心以及弥补他们的缺陷所提供的希望；孩子在成为父母空闲时候消遣取乐的宠儿的童年时期给父母所带来的欢乐。根据孩子在理性年龄中所获得的这些知识，他就不再会相信欠了父母什么情，因为他已经向父母提供了那许多自己分享不到的乐趣（何况父母还要在他的黄金时代中剥夺他的这种乐趣）。这些认识促使他冲淡，而不是加深他对父母的热爱。他会发现父母之所以生他，是由于追求快乐，而不是为了爱他本人。也许父母本来就不愿意生他，他之所以出生，或者由于父母粗心大意偶尔在孩子本来已经很多的家庭中又添了一个孩子，或者他们是为了想生一个异性的孩子。总之，在少年时期，子爱之情开始滋长，可是千百种考虑削弱了父亲的威信，甚至把父子关系所具有的那种意义看成是可笑的事情。因此，如果父母不懂得争取子女的敬爱，他们就不会在子女身上看到有任何的子爱，甚至连自然所确定的子女应归还父母的那三分之一的爱也看不到。子女报答三分之一的爱似乎已足够了，因为在全球即将进入的、也是我们所热烈追求的那种协调制度下，子女教育并不需要父亲们的操心。

至于目前，如果说子女教育的重担似乎给了父亲们要求子女对他爱戴的无限权利，那是人们从未考虑过上面所说的三个可以减少子爱的理由：

1. 孩子们在幼年期对于父亲这个称呼的含义一无所知；

2. 孩子们在少年时期由于父亲滥用或不当地行使父权而产生的对父权的反感；

3. 孩子们在青年时期发现了父亲的过分要求同它所凭借的虚构的功劳之间存在矛盾。

如果再加上其他种种次要的原因(如孩子有理由对父亲偏爱某个孩子而感到气愤)，那么就可以理解，为什么孩子们一般爱父母的程度只及父母爱他们的程度的三分之一。如果超过三分之一，这便是由于同情心的关系，而不是由于血缘的关系。因此，常常可以看到孩子对父母中的某一个的爱戴超过了对另一个的爱戴的一两倍，而另一个在孩子的心目中虽然具有同样的地位，可就是在性格上不合孩子的意。

文明制度的人对以上这些真理既不愿意承认，也不愿意把它们作为研究社会的基础。由于缺少乐趣，他们就想入非非，竟把得到“最弱者的爱”视为自己特有的“权利”。如果他们是六十多岁的丈夫，他们就要二十岁的妻子一心一意地爱他们。人们不知道他们的奢求究竟有多大程度的根据！如果他们是父亲，他们就以神自居，自视为孩子们心目中的典范。如果只得到他们应得到的那份爱，他们就大叫忘恩负义。由于并不存在真正的爱恋，他们就沉溺于幻想的情景。他们喜欢小说和戏剧展示出来的那种无限的孝心和夫妻间相互的忠实，而在家庭的现实生活中，却找不到这些东西的一点影子。靠道德幻想作为养料的文明制度的人，不可能研究大自然的普遍规律。他们只通过一时的爱好和专横的要求来对待自然规律，他们指责自然不公正，而不愿意探讨自然所作的一切安排的目的性。

要发现这种目的性，就必须对情欲引力进行分析和综合，而不要停留在有关义务的种种想法上。情欲引力看起来好像是邪恶的东西，就在于我们不知道它的目的是什么。可是，不论它是否邪恶，情欲引力从来还没有得到过系统的分析。

为了提醒读者辨别引力和义务，也为了摆脱有关义务的一切偏见来研究引力，我在第三篇论文中对这个问题专门写了新的一章，也就是《复合的反运动》这一章。在这一章中，还可以看到引力是不可压抑的，虽然它同义务相互矛盾，但最后必然要向这个雪丽娜[①]屈膝投降，并研究其规律，而不是把我们的规律强加在它身上。引力永远在不断愚弄我们所强加于它的规律，其目的是为了使上帝获胜，同时也是为了搅乱我们的那个动荡不定的制度。

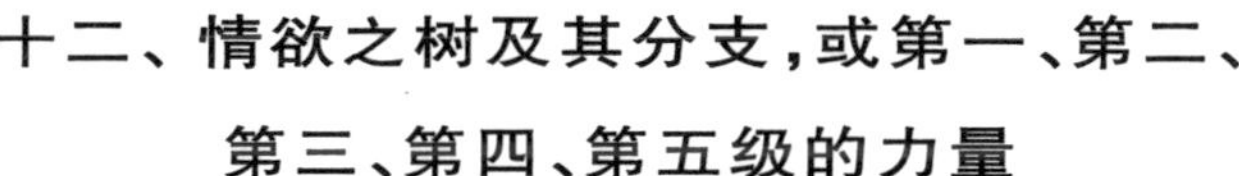

十二、情欲之树及其分支，或第一、第二、第三、第四、第五级的力量

现在从第一级开始，它分成三个分支。后面我将讲到作为一切情欲源泉的主干或统一欲。第一级有三种情欲，第二级有十二种情欲……

在主干和茎的第一级或第一部分有三个情欲小策源地或引力中心，不论任何地位、任何年龄的人都受到这三个中心的吸引。这三种情欲是：

1. 奢侈主义或奢侈欲；

---

① 希腊和罗马神话中以歌喉引诱人的半人半鱼的女妖。——译注

2.合群主义或合群欲；

3.谢利叶主义或谢利叶欲。

让我们来研究一下这三种情欲，并按照它们在下一阶段，即第二级力量所提供的情欲的数目来进行更仔细的分类。这下一阶段提供十二个分支，共同组成类似音阶的情欲阶梯。

第一小策源地——奢侈　奢侈产生并指挥五个称为感性情欲或感官情欲的次要情欲。

奢侈既是内在的，也是外在的。健康属于内在奢侈，它保证我们的每一种感官都能发挥充分而直接的作用。当然，没有财富的帮助，就不能使用感官的功能。如果连吃饭所需要的一文钱也没有，那纵使有健全的胃和极好的胃口，也是枉然。凡是身无一文的人注定要挨饿，注定要间接地阻塞感官的通路。因此，没有钱作为中介物，感官就不能充分发挥作用。而在文明社会中，一切都听从钱的指挥。

其他四种感官也和味觉感官一样，不论其中哪一种感官，要是没有财富的支持，便只能发挥最低限度的作用。单有灵敏的听力有什么用呢？如果没有钱，你就进不了歌剧院或音乐会的大门，而你会看到腰里有钱而听觉不灵的那些凡夫俗子倒走了进去。因此单靠内在奢侈即健康是不能享受到幸福的。我们还要外在奢侈即财富，只有它才能保证感官充分自由地发挥作用，而内在奢侈只保证在一定条件下发挥作用。

例外本身正是证实了原则。一个少女找到一个满面胡须的老头，因为老头能保证她过幸福的生活，保证她能充分享受她本来缺少的某些感官的快乐，如佳肴、首饰等等。在这种情况下，五种感官之一，即第五种感官（性触觉），依靠财富来保证其他四种感官发挥外在作用。因为其他四种感官只能发挥内在或健康的作用，只不过是一种不能有所作为的潜在能力，没有这位胡子老头儿提供的经济援助，就会一切无所施展，也许连性触觉也不能发挥作用。因为穷人很少有办法在爱情上找到自己的意中人。

由此可以得出结论，奢侈是复合的，而不是单纯的。它既是内在的，也是外在的。这个重要原则必须确立，以便证实物理科学在有关运动统一性的所有问题上是何等模糊不清。在这方面，关于光的单纯性或复合性的争论就是一例。假定光是单纯体，那么，根据自然的统一性来说，奢侈也一定会是单纯的。奢侈是情欲引力的第一个目的，正如光轴或阳光是物质引力的第一个目标一样。可是，如刚才所说的那样，奢侈是复合的，那么光也是复合的，除非自然体系在物质运动和情欲运动的偶合性上具有两重性。

第二小策源地——小组　这个分支产生四个被称为情谊的次要情欲。

高级
1. 荣誉小组或行会
2. 友谊小组

低级
1. 爱情小组
2. 家庭小组或亲属小组

我们的立法者要把社会制度隶属于四个小组中的最后一个小组，即家庭小组，而上帝却把家庭小组几乎完全排斥在能影响社会和谐的势力范围之外。因为家庭小组依靠物质的或强制性的联系，而不是基于情欲的、可以任意解散的自由结合。

只有对那些在一切打算上都违反自然的人来说，把四个小组中影响最小(因为它没有自由)的那个小组作为社会机构的轴心才是一桩很自然的事。因此,在和谐的制度下,第四小组只有在被其他三个小组所吸收,并依照其他三个小组的精神而活动的条件下,才能积极发挥作用。

任何强制都会产生虚伪,由于既不自由又不能解散的家庭小组的影响,就必然会产生虚伪。因此,再没有比家庭小组占支配地位的文明社会和宗法社会更虚伪的了。野蛮社会比我们所处的社会更具有血腥味,更富于压迫性,但虚伪毕竟要少一些,因为它很少受家庭小组的影响,而家庭小组是在运动系统中的最大的虚伪的渊源之一。由于它是一种无法解散的联系,家庭小组从上帝的慧眼看来,是件杂乱无章的东西,因为上帝只通过引力或自由联系及自由动机来管理宇宙。

第三小策源地——谢利叶制度,或小组谢利叶并具有与几何级数同样属性的各小组的联合。这第三个分支提供十二种次要情欲中的三种情欲。这三种被称为分配性的情欲致力于建立一个在文明制度下从未见过的家庭的和社会的机构。可是这种机构在原始社会中是众所周知的:这就是应该重新获得的那种已经失去的幸福的秘密。因此,要研究情欲和谐,就应该首先注意研究如何形成并配备小组谢利叶的那种艺术。

假使学者们的确相信他们喋喋不休地讲过的宇宙统一论,那么,他们就会说出下面的意见:如果整个宇宙和一切造物都是按照谢利叶配置的话,那么为了服从统一性,就应该在社会情欲与家庭情欲的活动中也建立类似的秩序。

可是他们不愿意接受这个类比,也不愿意由此肯定下面的必要性:即应该对我已指出其中秘密的情欲谢利叶怎样形成的问题进行研究。

在本卷中,我暂且不说出这个问题的秘密,因为本卷只在附注A和第二部概述(二)中肤浅地谈到谢利叶。我认为没有必要说明形成谢利叶的那三种情欲。如果不描写人们应该如何把这三种新动力应用在社会和家庭机构方面去,而单把这三种新动力描写一番,那又有什么用处呢?

我们常常有机会注意到,十二种次要情欲又分成五种肉体欲或感官欲,七种精神欲或来自心灵的情欲(也就是四种爱恋欲,三种分配欲),也注意到它们的总策源地或情欲主干,即统一欲。所谓统一欲,就是包括三种首要分枝的情欲,也是这三个分支协调活动的结果。

统一欲是每个人要把自己的幸福同周围的一切以及全人类的幸福协调起来的意向,尽管今天人类是如此的可恨。统一欲是无限的博爱,是宇宙的善举,只能当人类全体按照三个情欲小策源地,即奢侈、小组与谢利叶的要求相适应而变得富足、自由、公正的时候,这种博爱和善举才会发展起来。这三种情欲小策源地要求:

在第一次高涨中,五种感官逐步丰富;

在第二次高涨中,四个小组绝对自由;

在第三次高涨中,分配性情欲有公平的分配。

统一欲包括三种首要情欲,也包括附属于三种首要情欲的十二种次要情欲。既然如此,把统一欲和包含阳光的七种颜色的白光相比是否正确呢?应该知道,这白光还含有我们看不到的也没有觉察出来的其他五种颜色,即玫瑰色、褐色、栗色、暗绿色和紫色

（我只对玫瑰色和褐色感到有把握）。因此，白光实际上含有十二种光线，但只显出七种，如同音乐上的第八度音程含有十二个音而只有七个音发音一样。由此可见，把统一欲看作七种称为爱恋性与分配性的心灵情欲的结合是不正确的，因为这种结合还必须具有高度发展的五种感官情欲，因而也就必须具有高度发展的十二种次要情欲。

在这个纲要中，没有对统一欲或情欲根源下个定义，但统一欲或情欲根源在文明制度下没有得到发扬，因此，在文明制度下，只要把注意力集中在“反情欲”或自私心上就够了。自私心是那样普遍地占统治地位，以至于“无限完善化的能力”的体系或意识形态把自私心或“自我”奉为一切盘算的基础。在研究文明制度的人的时候，在他们身上只能看到破坏性、颠覆性的情欲，这是不足为奇的。这些颠覆性情欲也具有类似和谐情欲阶梯的那种阶梯。

我们的道学先生们不懂得统一欲或无边的博爱。他们看到的不是统一欲，而是统一欲的“颠覆性跃进”或“反跃进”，即把一切都从属于个人方便的那种癖性。这个丑恶的倾向在学术界中有各种名称。道德学家称之为利己主义，思想家称之为“自我”。“自我”这个新词毫无新的内容，只不过是利己主义毫无用处的变相说法罢了，而利己主义则是人们责备文明制度的人时的常用词。这个词用得对，因为在使虚伪与压迫占支配地位的同时，文明制度的人的社会状态要把十二种情欲都从属于利己主义。从此，利己主义就成为颠覆性的策源地，进而取代统一欲与和谐的中心情欲。

幸福，作为我们的共同目标，是囊括一切情欲高潮的统一欲高潮。为了使我们的研究简单化，应该把高潮的主题固定在三种首要的情欲上，即奢侈欲、小组欲和谢利叶欲，或者至多推广到三种首要情欲的分支，即十二种次要情欲上去。

无须过早地细述三十二种第三性情欲，更谈不上要细述一百三十四种第四性情欲，依此类推……因为三种首要情欲的充分发扬，就保证了三十二种第三性情欲，一百三十四种第四性情欲，以及四百零四种第五性情欲等等的发扬。

因此，在本纲要中，探讨称为小策源地的三种首要情欲之发扬，以及称为“第八度音程或情欲音阶的根本情欲”的十二个次要情欲之发扬就足够了。

我们深知那趋向奢侈的五种感官情欲，以及趋向小组的四种爱恋性情欲。剩下来还需知道的是三种分配性情欲。这些情欲的联合发扬就会产生谢利叶制度。这是一种社会方法，其秘密从原始人起就已失传，因为原始人只把谢利叶制度维持到三百年左右。这一机构，连同为了把它应用到大规模生产方面时所需要采取的一切措施，终于重新被发现了。

我们的任务，用最简单的话来说，就是确立谢利叶主义或第三种首要情欲的作用。这个任务使其他两种情欲，即奢侈欲和小组欲保持平衡。如果没有谢利叶主义的干预，两者之间便会经常失调。

三者之间的协调就会产生幸福，并保证统一欲（即种种情欲的干和根）的高涨。这种发扬会产生各个级别的全部分枝。

我已经介绍过情欲的分类或其力量的阶梯。我重复一遍，从统一欲而产生的树干，它是我们还未知晓的情欲，并且与利己主义背道而驰。它产生一级的力量三种，二级的力量十二种，三级的力量三十二种,四级的力量一百三十四种,五级的力量四百零四种,还要加上在运动上从来没有计算过的轴心。

性格和气质按同样顺序而排列(少数变化除外)。第二级的气质四种,另加中心(策源地)。第四级可以是三十到三十二种,变化不等。其他级依此类推。

可以进一步对情欲、性格、气质进行分析,把它们分成第六、第七、第八级力量。但在初期,第五级力量已足够满足我们的好奇心了,因为第五级力量已经描画出协调制度的法郎吉或家庭命运的全貌。在《概论》中,我将作进一步的阐述。

按照物质世界和情欲世界两者之间的统一,引力体系在天体机构上忠实地被描绘出来,并得到了贯彻。在那里,可以看到宇宙这架琴上的三十二个乐键或行星,凭借星云旋转和统一欲居于中心的星际太空之间的平衡与协调,全部地受着统一欲的吸引。现在让我们讲一讲分支,首先讲受三个小策源地吸引的第一级分支。这三个小策源地(活动中心)是:

1. 奢侈或太阳轴;

2. 由四个傍月行星组成的四个小组;

3. 在太阳轴上,由四个小组同中介物结合而成的谢利叶。

现在转而概述一下第二级力量的第八度音程的十二种根本情欲。

十三、关于第八度音程的十二种根本情欲

我已经把这十二种情欲作过分类:五种感官情欲,四种爱恋情

欲，三种分配性情欲。最后的这三种情欲，文明制度的人几乎都不知道。人们只依稀看到它们的一线微光，而这已足够激起极端仇视快乐的道德学家们的忿怒了。这三种情欲的影响是如此微弱，又是如此罕见，因此人们没有对它们进行过明确的分类。我名之为连锁的情欲、多样化的情欲以及调整的情欲。但是我宁愿用10、11、12这些数字来代表它们。我暂时不给它们下定义，因为虽然上帝是无所不能的，但难以想象上帝能够创造一种社会秩序来填满这三个欲海。

七种爱恋性情欲和分配性情欲，其依赖精神的程度超过依赖物质。它们居于最主要的地位。由于它们的联合行动，就产生由七种情欲汇合而成的集体情欲，正如同白色阳光是由七种颜色汇合而成的一样。我称第十三种情欲为"和谐欲"（或统一欲）。和谐欲比我没有讲到的第十、第十一、第十二种情欲还更少为人知晓。但是，尽管无人知晓，我们还是可以对它的普遍影响进行推理，这正是我要做的事。

虽然第十、第十一、第十二、第十三种情欲全部受到文明制度习惯的压抑，可是它的萌芽还是存在我们的心灵之中。这个萌芽存在每个人身上，按照它活动的强度，纠缠我们，压迫我们。因此大多数人都在烦恼中度日，即使他们占有能够满足情欲的全部财富也是枉然。可以举恺撒为例，虽然他登上世界王位的宝座，却为位及至尊而感到空虚烦闷不能自释。恺撒的烦恼没有别的原因，只不过是由于那受到压抑的四种情欲在作祟，特别是第十三种情欲向他的心灵不断施加压力。从此，他就难以享受幸福，尤其因为位及至尊，就不会再有什么值得垂涎的东西能够为他解闷，或者为他驱散那纠缠不休的第十三种情欲。

文明社会中大人先生们也普遍遇到同样的不幸。他们的心灵深深地受到无从发展的四种情欲的干扰。毫不奇怪，人们常常看到村夫俗子对平庸的幸福比大人先生们对其豪华的享受更容易得到满足。经常受到赞扬的荣誉，例如王位、统治权等等，不论哲学家们怎样说法，无疑是真实的幸福。但是这些荣誉的共同特性是唤起而不是满足四个受到压抑的情欲。由此可知，中产阶级以较少的财富可以获得更大的满足，因为它的市民习惯仅仅唤起在文明制度下允许发展的九种首要欲望，相反，它不让三种分配性情欲，也不让和谐情欲有任何发展的机会。

总之，由于三种分配性情欲的影响，就会产生被人们指责为腐败的、称之为放浪淫佚……的这些性格。从第十三种情欲或"和谐情欲"产生了被称为"古怪人"的那些人物。这些人在这个世界上感到不自在，他们不能适应文明制度的习惯。

野蛮人没有这四种情欲，因为他们的社会情况决不会唤起这四种情欲。因为他们本着粗野的生活习惯比我们更容易得到满足。这些习惯以九种物质与精神情欲为本，这也是野蛮人所能具备的仅有的几种情欲。

总之，人类之所以只有在小组谢利叶或协调制度下才能有完美的幸福，那是因为小组谢利叶能保证十二种根本情欲的充分发展，因而也保证了作为七个主要情欲的组成部分的第十三种情欲得到充分发展。因此可以得出结论：在新社会制度下，最贫穷的人，不论男女，都会比现时最伟大的国王还要幸福，因为真正的幸福仅仅在于能满足自己的一切欲望。

十二种根本情欲又细分为无数大同小异的情欲，它们或多或少地支配着每一个人。因此，人的性格变化无穷，但可归纳为八百（一十）种主要性格。大自然随便地把它们分配在男女儿童身上。因此，不加选择地把八百（一十）个儿童聚在一起，可以发现人类精神可能达到的种种完美状态的萌芽。也就是说，其中每个儿童都具有堪与荷马、凯撒、牛顿那样有史以来最杰出人才相媲美所必需的天赋。所以，如果用八百（一十）来除现时法国的三千六百万人口这个数字，就会发现在我们的帝国中有四万五千个人能够同荷马媲美，有四万五千个人同戴莫斯德尼[①]相埒……条件是从三岁起就帮他们进行准备，并且使他们事先受到能够发展天赋的所有萌芽的“自然教育”。但是自然教育只有在进步谢利叶制度或协调制度下才可能出现。可以意识到在新制度下必然会人才辈出，因为单就法国人口来说，就会提供每种人才各四万五千名。因此，当全球组织起来、人口到达三十亿满额的时候，就会经常产生像荷马这样的诗人三千七百万人，产生相当于牛顿这样的几何学家三千七百万人，产生能同莫里哀媲美的戏剧家三千七百万人，依此类推，对所有想象中的天才也是如此（这里说的是大致的数目，〔而巴黎的报纸竟认为是确切数字〕）。

因此，认为自然在创造天才方面吝啬是个极大的错误。自然在这方面的慷慨好施，远远超过我们的希望和要求。但是，还必须知道如何发现和发展天赋的萌芽。在这一点上，你们的无知不亚于蒙昧人对于发现和开采矿藏的无知。你们对自然为什么创造

① 戴莫斯德尼（公元前 384—前 322 年），古代雅典政治家、演说家。——译注

人，它在人的心灵里又放进一些什么种子，对这些问题，你们毫无本领来识别，更谈不上掌握其中的试金石。这些种子受到文明制度的教育的践踏和窒息。一百万粒种子中，几乎没有一粒幸免。发现这些种子所必须具有的技巧，是进步谢利叶理论向你们提示的成千种奇迹之一。在进步谢利叶下，每个人都能把天赋才智的萌芽发展并改善到最完美的程度。

既然八百(一十)种性格随便地被分配给各个儿童，那么，看到父子之间经常在性格上发生对立，这就不足为奇了。因此产生了一句谚语："父亲吝啬，儿子浪费"。因此也产生了家业的不断兴衰。常常看到由父亲费尽九牛二虎之力才建立起来的产业，被兴趣截然相反的儿子浪费殆尽，甚至把产业卖光。这是父亲们永远咒骂大自然的主题。新社会制度为大自然的这些表面上的不义之行，甚至是极其令人愤慨的不义之行加以辩护。被人遗弃的穷人越需要援助，越需要工作，就越得不到保护，而一无所求的富人却享受不尽荣华富贵。在文明制度的各个领域中都表现出了这一种恶魔般的影响。在文明制度下，这种影响处处显露出它反对穷人，反对老实人或弱者的狰狞面目。到处不见神佑，到处都是魔鬼当道，有时虽然也闪烁了几点正义的火花，但这只不过是告诉我们，正义已从文明社会和野蛮社会中被驱逐出来：

"自古以来，我不知道是一种什么样的不义的暴力
让歹徒安然无恙，使无辜者受到迫害。
……我环顾四周，
只看到不幸者在谴责神灵。"

拉辛(《安德罗马克》)

当你们通过引力论，认识到文明制度的功能在于向相反的方向发展十二种根本情欲，并且不断产生不义与恶行，而按照正确方向的协调发展的方式，这十二种情欲就会产生同样多的正义与善举。当你们认识到这一切的时候，你们就会看出，这些暂时的混乱是最高智慧的安排。你们将会赞叹上帝经常不断地用这些灾难来折磨你们。只要你们现在或未来执迷不悟地生活在经济分散的状态下，那么上帝就总是用这些灾难来折磨你们。你们将会认识到，这些所谓情欲游戏的怪事，是建立在深谋远虑的基础上的。通过这种深谋远虑，上帝为你们在协调制度下铺平无限幸福的道路。你们将会懂得，被哲学家们指责为邪恶和腐败的情欲引力，是在上帝的所有造物之中最明智、最值得赞美的一部分。因为情欲引力无须采取强制的手段，而且除了以快乐作为诱饵以外，并不需要任何的支持，单靠情欲引力，就可以建立地球上的普遍的统一，并且在我们即将进入整个七万年存在社会协调制度的期间，消灭战争、革命、贫困和不义。让我现在继续谈谈我们现在所处的分散性社会。

十四、各个社会时期的特点、联结和阶段

各个社会时期都有一定数目的特点或属性。例如，“宗教宽容”是第六时期，而不是第五时期的特点，“王位继承”是第五时期，而不是第四时期的特点。依此类推……

说这些特点是七种主要情欲所起的作用，或者说特点的数目因各个时期而异，这无异要替七种主要情欲或根本情欲下个定义，而我是不愿意在这第一篇论文中谈论这个问题的。

仅仅就文明制度或第五时期来说，它有十六个特点，其中十四个是从七种主要情欲的正反作用中产生出来的，另外两个是由“和谐欲”的相反的发展产生的。

这个社会（文明制度）还多少掺杂着从高级时期或低级时期因袭下来的一些性格。例如法国人最后终于采用了经济和行政关系上的统一。这个方法，本来是第六时期的特点之一，但通过统一的度量衡制度以及拿破仑法典把它引进来了。统一的度量衡制度和拿破仑法典是两个违反文明制度的建制，因为在文明制度的特点之中，看到的是经济和行政关系上的分散。因此，在这一点上，我们背离了文明制度，而同第六时期衔接起来。我们还在其他几个方面，特别是通过“宗教宽容”同第六时期衔接起来。英国人表现出一种和十二世纪不相上下的排斥异教的特色，因此在这一方面，他们比我们更文明。德国人在法律、风俗习惯以及在经济关系上的分散也比我们文明。在德国每走一步路，就可以发现各种不同的措施、货币、法律和惯例，因此，外国人在那里比在只用一种措施、一种货币、一种法典的国家更容易受骗上当。各种关系的混乱有利于文明制度，因为文明制度的目的就在于把欺诈提升到最高位置，这正是用充分发展文明制度的十六种特有性格的办法可以实现的目标。

可是哲学家们说，“由于采用了宗教宽容和经济与行政上的统一，人们因此改进了文明制度”，这就错了。应该说，“人们改进了社会制度，但文明却衰落了”，因为假使人们接连采用第六时期的十二种性格，其结果必然是使文明制度全部被消灭。人们毁灭了文明制度，还以为在改进它。社会制度会组织得更好，可是那时候，人们处在第六时期，而不是第五时期了。这种在性格上的不同导致一个有趣的结论，就是在文明制度下，人们之所以能找到一点幸福，只不过是由于采取了违反文明制度的某些措施而已。

要使文明制度变得更糟，那只需再加上和文明制度十分相似的一些宗法制度的性格就行了。例如“商业自由”，也就是用假秤假尺的买卖自由，出卖假货的自由（如在包装的货物里掺石子）。所有这些欺诈行为都在中国获得合法的许可。在中国，所有商人都用假秤，都出售假货而不受到惩罚。你会在广州买一只外形很美观的火腿，把它切开的时候，你看到的只是一团用几片猪肉精心包裹起来的泥土。每个商人有三把秤，一把是用来欺骗买主的小秤，一把是用来欺骗卖主的大秤，一把是自己专用的标准秤。如果你受到这些欺骗，官府和公众都会嘲笑你。他们会告诉你，在中国有商业自由，并且说，尽管有这种所谓恶习，幅员辽阔的中华帝国已经比欧洲任何帝国都更好地生存了四千年。由此可以得出结论，宗法制度和文明制度与正义或真理毫无共同之处，这两种制度可以把正义或真理拒于门外，而本身却安然无恙。因为正义和真理之实行，是同这两种社会的性格水火不相容的。

虽然我没有指出各个时期的性格，但我已经示意，每个时期经常会具有高级时期或低级时期的性格特点。把低级时期的性格特点引进来，如从第三时期袭用“假秤的合法地位”，以及引进同第四时期或野蛮时期相衔接的作为自卫组织的政治俱乐部，这当然不是一桩好事。

采用高级时期的性格特点也不一定是桩好事。在一定情况下，这种性格特点可能由于政治变迁而引起变态作用，并产生不良效果。以自由离婚为例，自由离婚属第六时期性格特点，它在文明制度下引起不少混乱，人们终于不得不对它加以限制。可是自由离婚在第六时期却是个非常有益的习惯，并且对促进家庭的和谐将起重要的作用。那是因为在那个时候，自由离婚制将同文明制度下所不存在的其他性格特点结合在一起。由此可以看到，当人们把一个时期的性格特点引进到另一个时期，正如同把某种气候中的植物移植到另一种气候中一样，必须谨慎从事。认为宗教宽容可以毫无限制地适合于文明制度的人，那就想错了。长此下去，在宗教宽容方面，如果不把来自第四、第三、第二时期的习俗所维护的宗教，如回教、犹太教、偶像崇拜排除在外的话，它在农业国就会弊多利少。至于现在，允许这些宗教的存在是无关紧要的，因为文明制度已经接近末日了。

每个分散性社会或多或少都感到有采用高级时期的性格特点的必要，再没有比文明制度更迫切地感到有这种必要了。文明制度对自己的性格特点公开提出批评，如对于在爱情上盛行的虚伪风气就是一个例子。戏剧、小说、文坛和诗社到处对这个问题说出一些挖苦的笑话。这样的笑话，由于一再重复而变得单调乏味，可是每天仍然有人重弹旧调，仿佛是个崭新的题目一样。

这些笑话主要是攻击妇女，这是很不得体的，因为两性在爱情方面都争相欺骗。如果说男人似乎比较爽直，那是因为法律给男人以较大的活动范围。在男人身上被称为风流倜傥的东西到了妇女身上却成了滔天的罪行。有人提出反对意见，说什么两性之间不忠，其后果在男性与女性方面是迥然不同的。但是，假使妇女不能生育，或者她把孩子留在身边而不交给不同意接受孩子的男方时，那么，两性之间不忠的后果在男女两方面将是相同的。假使法律保证妇女们在这两种情况下自由恋爱，那么，爱情上的虚伪这个不公平的辛辣嘲笑的对象就会减少，人们也就会无拘无束地采用自由离婚制。因此，由于文明制度的人对妇女采取暴虐的态度，因而就没有能够过渡到第六时期，而我所提到的法律本来是会把他们带领到那里去的。

有一个很简单的办法可以使妇女和男人在恋爱问题上变得非常坦率，并通过一种纯经济的间接活动使社会全体过渡到恋爱自由。这个办法就是“进步的家务”或“由九组构成的特利巴”，这是第七社会时期的家庭生活制度，我将在第二部分中提到它。

每个时期都有一个成为机构轴心的性格特点，它的存在与否决定着一个时期的变化。这个性格特点总是从爱情引申出来的。第四时期的性格特点是“妇女处于绝对受奴役的地位”，第五时期是“排他性的婚姻制度”和“妻子的公民自由”，第六时期则是向妇女保证上述特权的“恋爱社团”。假使野蛮制度的人采用了排他性婚姻制，他们就会在很短的时期内，通过这一革新而变成文明制度的人。如果我们采用“禁闭妇女和买卖妇女的制度”，我们也会通过这一改革在很短的时期内变成野蛮制度的人。如果我们采用像在第六时期所建立起来的那种“爱情保障制”，凭此一举，我们就会替文明制度找到一条出路，并且也找到通向第六时期的入门。

总的来说，性格轴心总是从爱情方面的习惯引申出来的，并且由此产生所有的其他性格。但是，分支的性格却不能产生性格轴心，而只能慢慢地导致时期的变化。野蛮制度的人假使不具有文明社会的性格轴心，即独占性的妻子的公民自由，那么即使采用了文明社会十六种性格中的十二种，野蛮制度的人还是野蛮制度的人。

上帝之所以赋予爱情习俗以偌大的影响力，使其影响社会机构，影响社会机构可能发生的变化，那是因为上帝痛恨压迫和暴力的缘故。上帝的意旨是，要使人类社会的幸福与不幸同人类社会所许可的自由与强制互成比例。可是上帝所承认的自由，是同样适用于两性身上的自由，而不单是适用于一性身上的自由。因此，上帝要一切社会灾难的源泉，如蒙昧制、野蛮制、文明制，都只能有一个轴心即奴役妇女。而社会幸福之源泉，如第六、第七、第八时期的幸福源泉，除了逐步解放妇女以外，没有别的轴心，也没有别的指南针。

以上这些真理是不合文明制度的人的胃口的。他们正是根据妇女们当前的习俗，根据我们封闭妇女们走向自由道路的习惯，因而迫使她们采取虚伪的手段来判断妇女的。他们认为这种两面性是妇女固定不变的天生性格。可是，如果说我们注意到欧洲各个首都的妇女同回教后宫的嫔妃们（回教后宫的嫔妃自认为是专供男人寻欢作乐的机器人）之间的差别是何等巨大，那么现时欧洲各个首都的妇女同在女性获得完全解放以后的开明国家的妇女两者之间的差别还要巨大得多！自由在这样的妇女身上会发展一些什么性格呢？哲学家避免提出这个问题。他们在压迫妇女、仇恨妇女的心情驱使下，用些无聊的恭维话，使妇女们习以为常，因而飘飘然忘却自身的奴隶地位。他们窒息一切研究，连对在新制度下为了减轻妇女的锁链究竟要妇女采用什么习俗这个问题的研究也加以扼杀。

在社会运动三十二个时期中的每个时期都有四个阶段。因此，每个社会时期，如野蛮、文明或其他时期都可分成四代："童年"、"成长"、"衰退"和"没落"。在本论文第三部分，我将描绘出文明时期四个阶段的图表。文明制度目前正处在第三阶段即衰退阶段。现在把这个词的含义解释一下。

一个社会可以由于自身的发展而进入衰退阶段。桑威奇群岛[①]和俄亥俄的蒙昧制度的人，由于精通几种农业和工业的部门，无疑地改善了他们社会的情况。但是正因为如此，他们就脱离了蒙昧制度，因为蒙昧制度的特点之一就是厌恶农业。所以桑威奇群岛和俄亥俄的部族给我们描绘出一幅由于社会改善而趋于衰落的蒙昧制度的图景。

同样地，我们也可以说，土耳其人是处在衰退中的野蛮人，因为他们采用了文明制度的几种性格，例如王位继承以及其他一些习俗。这些都接近文明制度的习俗，因而促成野蛮制度的衰退。他们在推翻塞利姆[②]以前，就采用了文明制度特点之一的军事战术。可是，他们取消正规部队，也就改进了野蛮制度，因为实行正规部队编制，本身就是反野蛮制度的一种措施，也是同文明制度的一种结合。

以上几个例子足以说明我前面讲过的论点：即一个社会可以由于本身的进步而衰落下去。

第一、第二、第三社会趋于衰落是个损失，因为它们在衰落时

① 桑威奇群岛(Sandwich)是现时夏威夷群岛的旧称。——译注

② 塞利姆是奥斯曼帝国的苏丹(即君主)。——译注

接近第四社会，也就是所有社会之中最糟糕的野蛮社会。但是第四、第五、第六、第七社会的衰落反而会有所收获，因为它们在衰落时日益接近协调制度的大门，亦即第八社会。

四个阶段——童年、成长、衰退与没落——各有其特殊性。例如文明时期第一阶段的特殊性是排他性的婚姻制同耕种者处于奴隶状态相结合。古希腊人和罗马人时代所存在的制度就是这样，这只不过是文明制度的第一阶段。第二阶段、第三阶段也各有其属性。当我指出文明制度四个阶段的属性时，可以看出哲学家们在设法延迟文明制度，要使文明制度始终停留在童年阶段；也可以看出，由于偶然性，文明制度才由第一阶段进入第二阶段，再由第二阶段进入第三阶段。在这项进步实现以后，哲学家们便大显神通，把改善社会的光荣记在自己的功劳簿上。其实，在偶然性没有实现这些改善以前，哲学家们是从来没有想到过这个问题的。

在古希腊和古罗马时代，我们没有看到过有哪个哲学家曾为解放奴隶而提出过什么计划。我在注意到这个问题的时候，已经提出过证据。古希腊人和古罗马人从来没有关心过不幸者的命运。只要这些不幸者稍犯一点点错误，韦迪斯·波利翁[①]就拿他们活生生地去喂海鳗。当他们繁殖过多时，斯巴达人为了减少他们的人数，就成百成千地加以杀害，而雅典和罗马的慈善家们却从来不屑去理睬他们的命运，也从来不愿意为反对暴行挺身而出。在这个时期，他们认为文明制度没有奴隶就不能存在。他们总认

① 韦迪斯·波利翁(公元前1世纪后半叶)，古罗马贵族，是一个对奴隶极端残酷和爱吃精美食物的人。——译注

为社会科学已经到达顶峰，已知的最好的东西也是可能有的最好的东西。因此，看到文明制度优胜于野蛮制度与蒙昧制度，他们就得出结论，说文明制度是可能有的最好的社会，人们决不会再发现其他社会了。

介于各种社会之间，有一些混合性或新旧交错的社会，它们是几个时期的性格特点的混血儿。俄罗斯社会是第四时期和第五时期，也就是野蛮时期与文明时期的混合物。就混合这一点来说，中国社会是世上最奇怪的社会，因为它把宗法社会、野蛮社会与文明社会的各种性格特点熔合于一炉。因此，中国人既不是宗法社会的人，也不是野蛮社会的人或文明社会的人。

混合性社会，如俄罗斯社会和中国社会，具有像骡子那样混血动物的属性，也就是比诞生它们的原来社会具有更多的邪恶，但也具有更多的活力。

要找到一个未经任何改变、不因袭高级或低级时期的任何性格特点的纯粹社会，是非常困难的，而且几乎是不可能的。我注意到亚洲的野蛮人几乎全都采用王位世袭制，而王位世袭制是文明制度的性格，是野蛮制度的例外。而野蛮制度在阿尔及尔则比较纯粹，那里的王位在法律上属于第一个占有者。我曾经指出过，在我们当中也盛行多种文明制度以外的规则。关于这个论点，本来还需要对每个时期的特点加以系统的阐述，特别是对文明制度的十六种特点，以及对这一时期四个阶段中的每个阶段的特殊性加以叙述，不过，我还是谈到这里就结束吧。

前　言

为反对发现者而设置的重重障碍

有一种方法可以使劳动产品突然增加三倍，使所有的黑奴主决定相约解放黑人和奴隶，使所有的野蛮制度的人和蒙昧制度的人（哲学从来没有研究过这两种人）马上文明起来，使语言、计量、货币、活版印刷等方面都自愿建立起完全的统一，等等！！！文人才子们会说这种方法是江湖骗术。

作者本人应该预见到宏伟的诺言会引起的这种怀疑。如果他不是凭恃绰绰有余的证据，他就不会去冒让别人怀疑自己在要花招的这种风险。科学上的江湖骗子力图不去触犯舆论，他们摆出一副圆滑的、曲意逢迎的姿态。他们避免作难以置信的预言。但是，那个宣布真实的发现的人，如果他不反驳任何人，也就只是个江湖骗子而已，因为他不会提出任何新鲜的东西。因此，哥伦布、伽利略、哥白尼、牛顿、伽尔维、林奈就不得不对他们所处的时代进行迎头痛击，以便来反驳最根深蒂固的舆论。

然而，学院形式却反对人们对受到信任的科学进行反驳。如果你想钻进享有特权的诡辩家的行列，你就得按照通常的做法对大家阿谀奉承、顶礼膜拜。发现者的作用则完全不同。他并不抱着进科学院的奢望，并不一定要接受科学院定下的调子。他不能够对他要破除的偏见顶礼膜拜。希望发现者不背离已经公认的观念,就好像要求那作考察旅行归来的自然科学家不拿出任何一种新植物一样。那些从美洲给我们带回奎宁、烟草、土豆、可可、香子兰、靛蓝、骆马毛织物和洋红的人,难道他们对我们的贡献不比他们只带回大家已经知道的东西更大一些吗?

一个近代的人曾经讲得很有道理:最难被人宽恕的大错误,就是宣告新的真理(托马:《对笛卡儿的赞词》)。发现了很多新的极端有益的科学,这就是我的错误。最有价值的新事物在刚出现的时候都遭到过反对:土豆和咖啡曾经被议会下令禁止,疫苗、蒸汽机最初也同样遭到诽谤。抵制发现,并且侮辱发现者,这是文明制度的人固有的一种怪癖。各个阶级的自尊心都在这种蓄意破坏文化艺术的行径中得到好处。哲学家们倾向于扼杀会损害他们的体系的发现,笨蛋们自认为是文人才子。正如哥伦布时代一样,他们在某一种理论未被检验以前,就对它百般讥笑,因而产生了这样的情况:大家一致反对发现,甚至反对已经得到一半承认的新事物。当塞维涅说:"人们对咖啡会感到厌倦,正如会对拉辛的悲剧感到厌倦一样"的时候,大家便向她鼓掌喝彩。

人们以江湖骗子很多作为反对理由,来说明他们为什么不信任发现者和迫害发现者。这是学术界的罪过,因为学术界没有设立过任何从事研究的评审委员会。它现在的组织机构只便于搞阴谋诡计。请举出一个受过排斥的江湖骗子的例子来吧!请举出一个没有受过排斥的发现者的例子来吧!科学院为自己辩解,把过错推到那些蒙昧无知的时代身上。我们这个自命为颇有智慧、颇有文化的时代,难道没有拒绝过轮船和煤气照亮的发明者富尔敦和勒蓬①吗？在本书的跋中，大家将会读到一篇文章。在这篇文章里，法国的学者们以为替自己破坏文化艺术的行为进行了解释。他们假装谴责这种行为正是为了用它来反对那些没有靠山并且敢于用理论来触犯别人的自尊心的人。法国学者这样做，就暴露了本相，揭穿了自己。

我们以后再去进行这个讨论吧！更紧迫的是使读者了解我准备要他们专心研究的主题，即了解比文明制度更高级的社会制度的序列。这些社会制度的结构最后终于被我发现了。人类在它的社会历程中必须经过三十六个时期。我在这里提出一个前几个时期的一览表。这张表将足够概括本卷中的材料。

人类社会初期的序列

其余三个时代——请参看第五十四章

生产活动以前各个时期	K. 混沌时期，没有人类		C. 1
	1. 原始时期，被称为伊甸园的时期		C. 2
	2. 蒙昧时期，或无为时期		C. 3
分散的、欺诈的、令人厌恶的生产	3. 宗法制度	小规模生产	
	4. 野蛮制度	中等生产	
	5. 文明制度	大规模生产	
协作的、真实的、诱人的生产	6. 保障制度	半协作制度	
	7. 协作制度	简单协作制度	C. 4
	8. 和谐制度	复合协作制度	C. 5

注释：字母 C 指的是过去和未来的创造活动时间，这种创造活动将在第五十四章中说到。

我不提第九时期和以后的各个时期，因为目前我们只能上升

① 勒蓬(1769—1840年)，法国化学家，煤气照明的发明者。——译注

到第八时期，而这个时期和现存的四种社会制度比较起来，已经是无限幸福了。仅仅由于利益、娱乐，特别是劳动引力的影响，这个第八时期就会突然自发地扩大到全人类。这种劳动引力的影响目前还是我们的政治家和道德家不知道的一种结构。人们愈来愈感到需要这个时期。因为无法引导下列几种人参加农业劳动：

圣多明各的黑人（尽管用诱饵来引诱他们，给予他们自由、给予他们资料）

巴西的黑人（尽管某一个既善于判断、又慷慨大度的殖民者曾经做过一些试验）

美洲的蒙昧人（尽管自以为在协作和诱人的生产制度方面有所发现的欧文派做过一些尝试）

任何一帮人，任何黑奴主都不愿意采纳这个派别提出的与本性完全对立并且无利可图的体系。这个体系无利可图达到了这样的程度，以致连这个派别本身也不敢对这个体系的利益谈论一个字，因为它的利益的确太微不足道了。但是真正协作的、诱人的和符合本性的方式，从第一年起就使产品增加了三倍。欧文派距离这个结果，距离劳动引力多么遥远啊！

要创造这种引力，必须发现本书所阐明的、称为情欲谢利叶的方式。这种方式在上表第六、第七和第八时期内逐步建立。第六时期只创造半引力，还不能诱动蒙昧人。第七时期将开始吸引他们。第八时期，除此之外，还会使游手好闲的富人动心。由于创造了这种作为第八时期的结构的情欲谢利叶，将能越过第六和第七时期。

对社会命运序列的认识将会消除我们关于幸福的偏见。我们关于这个论题的有些概念错得太严重了，以致哲学给予我们三十种人们并不需要的诸如主权及其他毫无用处的虚伪人权等权利，却拒绝给予我们下列七种天赋的权利：

1. 狩猎
2. 捕鱼
3. 采集果实
4. 放牧
5. 内部联系
6. 无忧无虑
7. 外部偷窃

X. 逐步升级的最低限度生活

K. 实际的自由

只有在第八时期才能够充分得到这些自由或者人们更加喜爱的等同物。社会将越过第六、第七时期而进入这个时期。由于蒙昧主义的影响，发现和通过第六、第七时期将需要花费很多世纪。这种蒙昧主义是古代学者在把自然界描绘成针插不进、外面遮盖着青铜的帷幕的时候所留下的智力上的创伤。关于这一点让我们听听西塞罗是怎样说的吧："Latent ista omnia，crassis occultata et circumfusa tenebris，ita ut nulla acies humani ingenii tante sit，quae in coelum penetrare，in terram intrare possit"①这就是古代学者所制造的青铜的帷幕的幻象。现代人则走到另一个极端，吹

① 这句话的大意是："这一切仍然是我们无法理解的，因为人类的智慧不能敏锐到上穿天幕，下入地心。"——译注

嘘他们的知识源远流长。而这些知识所产生的只不过是贫困、欺诈、压迫和恶性循环而已。

某些谦逊的学者，诸如孟德斯鸠、伏尔泰以及其他我们所要引证的人物，愿意发表比较通情达理的意见，愿意发表象好些著名人物想过要发表的那样声明：当社会政治还在摇篮之中的时候，理性已经陷入迷宫。这些著名人物，从亚里士多德到蒙台涅[1]都说过："我知道的就是我什么都不知道"。这些温和的意见失败了，走极端的意见占了上风。特别在像克莱比庸[2]这样的骄傲自满的哲学家身上更是这样。克莱比庸认为，在他以后，人们再也不会发现任何悲剧题材了。

政治家、形而上学者、道德学家和经济学家就这样认为，或者装作认为，人们不会发现任何优于文明制度和野蛮制度的社会制度了，因为文明制度和野蛮制度是他们狭隘的眼光的最高境界。他们堕入文明制度还可以改进的这种幻想的深渊。他们迷恋巴黎微不足道的四十万法郎的预算。我在跋中证明，他们之中的每一个人在协作制度下将会依靠自己的劳动获得四十万法郎以上的收入。

但愿他们不要再为协作社的命运的发现而惊慌不安，因为惊慌不安是不能进行论证的。盲目的团体是不会后退的。要使这些团体大批改变信仰是不可能的。不过这并没有什么要紧。只消使它们之中的很小一部分人醒悟过来，只消用巨大的荣誉和财富做

① 蒙台涅(1533—1592 年)，文艺复兴时期的法国进步哲学家。——译注

② 克莱比庸(1707—1777 年)法国诗人，著有许多悲剧。——译注

诱饵来劝诱这一小部分人就行了。任何敢于首先起来揭露被称为政治、道德、经济的幻想的卓越作家应该得到保证能获得这种巨大的荣誉和财富。这些幻想是使人类的心智失明的真正的白内障。这些科学只是使各个民族脱离了沿着社会序列向前发展的道路。在这部著作中，人们将会看到，应用于一千八百个人的符合本性的或协作的结构的小规模试验就会使文明社会和野蛮社会到处都成为笑柄，并且将证明文明社会和野蛮社会绝对不是人类的命运。

那时，我们关于幸福、智慧、美德和博爱的无益的学术争论将告结束。那时，将会证明，真正的幸福在于享有巨大的财富以及无限的乐趣。而这正是我们的哲学家所否认的真理，因为他们的科学并不能把这种幸福给予任何人，甚至也不能给予骄奢淫逸的人和国王。凯撒获得世界王位之后，在王位上只不过找到空虚而已。他高喊："只不过就是这样！"门泰侬夫人说："我在多得难以想象的财富中忧郁得要死。只是因为有上帝的帮助，我才没有死去。这一点难道你们没有看到吗？"（如果这种帮助竟导致她死于忧郁，那么这种帮助就微乎其微了！）她还说："我为什么不能够使你们看到那种折磨达官贵人的苦闷和整天伴随着他们的那种痛楚呀！一切社会地位只留下可怕的空虚、不安、厌倦以及想尝尝别的东西的渴望！"贺拉斯[①]曾经用另外的话谈到过这一点："Post equitem sedet atra cura"[②]。因此，巴黎的骄奢淫逸之徒的生活是非常低贱的，是疲疲沓沓的。在协作制度下最没有钱、最不走运的人也将比巴黎

① 贺拉斯（公元前65—前8年），罗马伟大的诗人。——译注

② "骑士的背后暗伏着烦恼"。——译注

的骄奢淫逸之徒更幸福，因为他们将能够痛痛快快地满足自己的十二种情欲，而这十二种情欲互相配合的发展乃是完美的幸福的唯一保证。

当新灾旧难正沉重地压在文明制度的人的身上的时候，有人却说服他们相信他们正在朝着尽善尽美的境界飞奔。这些灾难中有二十四种已经在第四十八章中描述过，其中最突出的是国债这个祸害。国债日益增加，只要西方列强之间一旦爆发战争，它就会引起普遍破产以及随之而来的革命。

还有其他许多没有被人察觉的祸害：商业的侵犯就是其中的一种。这种祸害有到处泛滥淹没一切的危险。各国政府终于开始对它感到惊慌不安。只有协作的理论才能教给我们推倒这个政治巨人的方法。

我们的所谓复兴家的缺点就在于他们只谴责这种或者那种弊端，而不谴责整个文明制度，而这种制度却正好是各部分弊端的恶性循环。必须跳出这个深渊。我指出了跳出这个深渊的三十二条出路。

三千年以来，哲学没有能够发明出经济和社会政治方面的新秩序。无数哲学体系都是建立在按家庭分配，即按最小和最浪费的联合单位来分配的基础上。人类的才华多么贫乏啊！

最后，看看这里的新思想或者新理论吧！这些新思想或新理论不是用慈善的幻想——煽动者的真正的假面具——去骚扰政府，而是去迁就迎合政府的观点。任何一位部长都会欣赏这种方法。这种方法通过使实际收入增加三倍就能使捐税猛增一倍，同时从相对的意义上来说，会使被统治者的捐税负担减轻一半（他们仅从增加三倍的收入中比以前多交一倍。）

如果全世界——蒙昧世界、野蛮世界和文明世界——都这样办，便会产生更加辉煌的效果；通过在局限于一平方法里和一千八百个人的范围内进行的试验来改变整个世界的面貌。这同使一些帝国从上到下搞得天翻地覆、却不能确保取得良好效果、也不能使野蛮人和蒙昧人参与其事的哲学比较起来，形成了一个多么鲜明的对照啊！

可怜的文明制度为了一些微不足道的小事做了巨大的努力。为了解放也许只有希腊十分之一大的地方，要派遣陆军和海军；为了作出解放黑人的尝试，要进行革命和屠杀；为了帮助贫民，进行了毫无成果的尝试。所有这些侏儒们干的事都快完结了。人类将全部得到解放和拯救。一旦他们通过在一个乡的范围内进行的试验，了解到从诱人的生产中可以获得财富、欢乐和美德的奇迹，他们到处都会参加这种劳动。

在那里党派精神的幻想和狂热将宣告完结。每个人看到人的真正命运——情欲力学——时，便将会为文明制度的荒谬现象感到这样的惭愧，以致谁都会同意尽快把这些现象忘掉。

虽然我在这里不得不揭露商业及另外一些邪恶的行业，但是我并不责难那些从中牟利的人，因为过错在于文明制度的政治本身。这种政治促使人们为非作歹，它除了教人欺诈以外，并没有为人们开辟一条别的发财致富的道路。

必须经常重复已经讲过的东西，以便破除某些偏见和幻想。例如，企图在这种道高一尺魔高一丈的文明制度下达到完美的境界，企图通过分散生产（这种分散生产的产量，仅及协作制度生产量的四分之一，人口无限制增加的这个弊端，使这种产量成为虚幻的东西）来发财致富，想在发现劳动引力这种作为良好的风尚和公正的分配的唯一保证以前就树立起道德风尚，这些就都属于上述这类偏见和幻想。

现在，巴黎正在进行根除行乞现象的尝试。这只是一种尝试而已，并不是一种真正解决问题的办法。因为委员会不懂得在城市实行这一办法以前，必须先在乡村实行，必须在农业、工业、商业和家务等方面进行生产改造。不必再探索了，因为从现在起，通过进入第 31 页的一览表中的第二、第三和第四阶段，就能够选择用来根除，以及预防这种易染的恶疾的真正方法。

那样多作家正在寻找新题材，而这就是曾经提出过的最丰富的题材。我只能勉勉强强论述它的二十分之一。对我的合作者说来，猎获物将是丰富的。我应该通过导言来预示这件事。这篇导言将驳斥我们所谓的社会完美无缺的谬论。这所谓的完美无缺只不过是缺乏一切智慧、在政治和经济方面倒行逆施罢了；只不过是牵瞎子的瞎子的狂妄的奢望罢了。（《福音书》）

序　　言

第一篇论文　说明和预备概念

同富人结亲、继承遗产、谋得肥缺等等，使人一下子时来运转，收入倍增，世界上没有比这种愿望更加普遍的愿望了。如果能找到一种使每个人的收入，就其实际价值来说，不是增加一倍，而是增加三倍的办法，那么，这种发现毫无疑问将最值得大家注意。

符合本性的协作制方式的成果就将是这样。在法国，原来估计每年收入为六十亿。从实行协作制度的第一年起，就将提高到二百四十亿。对其他国家说来，也可以达到同样的比例。

最巨大的财富如果没有一种分配制度来保证，那么这笔财富将是虚幻的。这种分配制度应该保证：

按比例分配，并且使贫困阶级能分得这种不断增加的收入；

人口的平衡，人口无限制增加将会很快抵消增加四倍甚至十倍的实际财富。

这些问题，亦即近代科学的暗礁，由于符合本性的协作制方式的发现，已经完全得到解决。关于这种协作制的方式，读者将会读到一篇简略的论述。

在我看来，用经济的新世界这个标题来表明这个美妙的协作制度是再确切不过了。这种制度的多种属性中，有一种是创造劳动引力的属性。在这种制度下，人们将会看到，我们那些游手好闲的人，甚至好打扮的女人，将怎样不分冬夏，早上四点钟就起床，热情地从事有益的工作——照料菜园和禽舍，克尽家庭、工厂和其他方面的职责。而这些都是在文明制度下的整个富人阶级对之产生反感的职责。

由于大家完全不了解的一种分配的影响（我把这种分配称为情欲谢利叶或对比小组谢利叶），所有这些工作都将变成诱人的工作。这是一切情欲向往的结构，是符合本性的愿望的唯一制度。蒙昧制度的人在没有看到在情欲谢利叶中怎样进行生产劳动以前，是永远不会采纳生产劳动的。

在这种制度下，诚实和公正的实践成了发财致富的途径。而大多数按照我们的道德观点看来是引诱人堕落的恶习，例如美食癖，则变成进行劳动竞赛的途径。因此，烹调的精致在这里作为智慧的动力而受到鼓励。这种制度与靠谎言来发财致富、而把明智建筑在节衣缩食的苦行上的文明制度结构，正好背道而驰。根据这个对比，那种充斥着谎言和令人厌恶的劳动的文明制度将被称为倒行逆施的世界，而建立在诚实和诱人的劳动的基础之上的协作制度则被称为方向正确的世界。

特别对学者和艺术家说来，协作制度将是新的世界和方向正确的世界。他们将在那里马上得到他们渴求的东西——比他们在文明制度状态下所能希望得到的多二十倍或多一百倍的财富。文明制度的状态对他们说来真是一条荆棘丛生的道路。在那里他们饱尝忧患辛酸，受尽压迫奴役。

至于其他阶级，我要向它们宣告它们的收入将增加三倍。这些阶级最初会怀疑我夸大其词,但是协作的理论是这样容易理解,以致任何人都能够判断,都能够对这种看法是否正确给予最公正的评价。这种看法是:我们在这里用的情欲谢利叶这个名称所叙述的符合本性的行为方式,将比我们现在这种有多少对夫妻就有多少个经济单位的生产多提供三倍的收入。

有一种偏见始终阻挠着对于协作社问题的探讨。有人说:“把三四个家庭联合起来管理,在一个星期后不发生纠纷,特别在妇女中间不发生纠纷,那是不可能的事。把三十个或四十个家庭结合为合作社,尤其不可能,更不要说把三百个或五百个家庭了。”

这种论断非常错误。因为,如果上帝希望人们实行节约和运用力学,那么,他就只能考虑建立人数尽可能多的协作社。于是,三个和三十个家庭所组成的小联合团体的失败就是大联合团体的成功的先兆。但是要做到这点,那就得事先探寻一种符合本性的协作理论,或者符合上帝意旨和适合引力要求的一种方法,因为引力是上帝的意旨的传达者。上帝借助引力来管理物质世界。如果他运用另外一种动力来指导社会世界,那么在他的体系中便不会有行动的一致性,而只有行动的二重性了。

研究情欲引力会直接导致发现协作结构。但是如果在研究引力之前希望研究协作社,那就会有长时期迷失在错误的方法之中的危险,就会有变得心灰意懒、意志消沉的危险,就会有认为协作社不能实现的危险。目前的情况是:已经被忽视了三千年之久的协作社问题,终于重新引起学术界的注意。

几年来,人们就协作社这个词写文章,却还不了解问题的实质,甚至还没有确定协作关系的目的、它应该采用的形式和方法、它应该做到的条件和它应该产生的成果。人们在论述这个题目的时候,思想混乱到这样的程度,以致连研究这样一个新颖的理论应该遵循什么途径来进行一次广开言路的竞试,都还没有想到。这种广开言路的竞试会使人们承认,用人们已经知道的办法是不可能取得成就的,必须在还没有被探索过的崭新的科学中去寻求其他办法,尤其是要在关于情欲引力的科学中,也就是说,在牛顿已经十分接近、但是被忽略了的科学中去寻求其他办法。现在,我们要来证明什么是协作社成功的唯一途径。

如果贫民、工人阶级在协作制度下不能过幸福的生活,他们就要用恶意、盗窃、叛乱等方法来扰乱这种制度。这种制度就达不到目的。因为这种制度的目的在于既要使属于情欲的东西协作化,也要使属于物质的东西协作化,要使多种情欲、性格、嗜好、本能和不平等协调一致。

但是,如果为了满足贫苦阶级,于是就保证给予他们某种福利,预付给他们大量最低限度的丰足的粮食、衣服等,那么,这是鼓励他们游手好闲。这一点我们在英国就可以得到证明。英国每年花费的贫民救济费多达两亿,其结果不过是乞丐的人数倍增而已。

根除这种游手好闲的现象和其他足以瓦解协作社的恶劣弊病的办法,就是探求和发现劳动引力结构。这种劳动引力将使工作变为一种乐趣,同时保证人民能够持久努力从事劳动以偿还预付给他们的最低限度的生活资料。

根据这种考虑,如果希望在协作理论方面进行系统的研究,首先便应该举行竞试方式,通过分析与综合来研究情欲引力,以便发现它是否会提供劳动引力的动力。这是本来应该采取的正确步骤，而这种步骤却是那些含糊而肤浅地谈论协作的人所没有瞥见过的。如果他们研究过引力，他们就会发现情欲谢利叶的理论。没有情欲谢利叶的理论，就不可能奠定协作结构的基础。因为没有情欲谢利叶便无法达到一个首要的条件，例如：

劳动引力，

比例分配，

人口平衡。

除了谈论之外，美国和英国还有人对协作社作过尝试和实验。欧文先生所领导的派别曾经断言，他们创立了协作制度。其实，他们正与此背道而驰。由于他们的方法不对头，完全违反本性或引力，他们把协作社思想搞得声名狼藉。因此，欧文派既没有引诱过蒙昧制度的人，也没有引诱过邻近的文明制度的人。任何一个部落、合众国的任何一州都不愿意接受这种财产公有的寺院制度，也不愿意接受这种半无神论或者缺乏对神的崇拜的办法，以及欧文先生用协作社名称所装扮起来的其他怪诞的东西。他在玩弄这个得到人们信任的名词，他把这个名词当作投机的对象，他用慈善的形式把自己打扮得滑稽可笑，而学术团体却对这个重大问题漠不关心，对于确定所应该具备的条件和必须达到的目的漫不经心。这就使阴谋家们在这个问题上很容易把舆论引入迷途。

没有一个作家或者企业家接触到问题的实质，接触到下面这些问题：在农业和家务上不仅使许多富裕程度不同的家庭的经济能力和劳动能力协作起来，而且也使情欲、性格、嗜好和本能协作起来；发展每个人的情欲、嗜好和本能而不触犯群众；从幼年起就发挥儿童的多种劳动天赋；把每个人放到符合他的本性的不同的

工作岗位上，经常变换工作和用足以产生劳动引力的魅力来维持工作。

人们不这样考虑问题，而仅仅是肤浅地谈论问题；不创立理论，而仅仅在协作社的局部问题上表现一点小聪明。仿佛提出这个问题，只是为了抹煞这个问题。因此，协作这个词被糟蹋，不再受人尊敬。某些人拿它来掩饰竞选阴谋和证券投机诡计，有些人又认为它是无神论的动力。这是因为，欧文派由于废除了拜神的仪式，便在美洲博得了一个无神论派的称号。所有这些事件对真正的协作散布了那样多的不信任，以致我认为把协作一词放在我的简明的概论的标题中是不适当的——这个名词从成了掩盖各种阴谋诡计的外衣的时候起，就已经没有任何意义了。

这个名词愈被滥用，便愈有必要就这个问题提供一些初步的概念，以便使读者理解到：真正的协作，作为一种把一切情欲、性格、嗜好和本能都应用于生产的艺术，乃是社会方面和经济方面的新世界。读者应该料到在这个理论中会找到与他的成见完全相反的一些基本原则。正当俨然最文明国家的人民也同处于野蛮状态的中国以及印度半岛的平民一样贫困的时候，正当分散的经济或小家庭式的家务只是苦难、不公道和邪门歪道的迷宫的时候，这些成见却把文明状态描述成人类的命运和使人类臻于完美之境的途径。

我们首先应该注意到协作制度的最明显的结果——增加产量三倍。大规模的联合体进行活动时，只消使用我们小规模经济合起来所需要的工作人员和机器的百分之一，只消用四五个大炉灶，就足以代替三百个厨房的炉灶和三百位家庭主妇，来准备供应四五个等级选用的各种膳食。这是因为协作制度绝不主张平均主义。只消用十个有经验的人就足以代替文明制度所占用的三百个妇女，因为在文明制度下没有为一千八百人（这是最适当的数目）准备膳食的厨房所利用的各种机械设备。这种联合组织将为每个人准备他们预订的不同价格的饭菜，而没有任何违反个人自由的强制行为。

在这种情况下，人们花在精美的膳食上的费用比现在花在粗劣的伙食上的费用少得多。燃料会大大节约，从而保证森林和水土气候的恢复。这比上百条已经定出来但是行不通的森林法的效果要好得多。

家务劳动将简化得可以使八分之七的家庭主妇和全部女仆能够用于生产职务，并且适合担任生产职务。

我们的世纪宣称，协作精神是它的特点。可是它在农业方面采取按家庭分配的制度，亦即按照可能结合的最小的单位来实行分配，这究竟是怎么回事呢？在我们的农村里，这种农业单位只局限于一对夫妇或者五六口之家。农村里到处都修建有分布的位置最差、照管得最糟的三百个谷仓和三百个地窖。不能设想还有比这种农业联合单位更小、更违反节约原则、更违反协作制度的了。而在协作制度下，只要一个谷仓、一个地窖就足够了。这个谷仓和这个地窖的地点安排恰当，工具精良，只占用分散经营或家庭制度需要的十分之一的工作人员。

有时，农学家在报纸上发表一些关于农业将会获得巨大收益的文章。这些文章认为，如果能够使共同耕种田地的两百个或者三百个家庭的情欲协调起来，在情欲方面和物质方面实行协作，农业便会由于大规模的社团联合而获得这种巨大收益。

他们在这个问题上只是徒劳无益地祝愿了一番，发泄了一通怨言。他们说，之所以办不到是因为财产不平均和性格不相同的缘故。这些差别的表现绝不是障碍，相反的，却是重要的动力。没有财产、性格、嗜好和本能方面的极不平等，便不可能组成情欲谢利叶。假如没有这种不平等的级别，就必须在各方面创立这种不平等的级别，然后才有可能使那属于情欲的东西协作起来。

在文明制度下，我们所看到的只是物质上的协作的闪光，只是本能，而不是知识所形成的萌芽。本能告诉一百个乡村家庭说，一个公共炉灶在砌造和消耗燃料方面比一百个家庭小炉灶要便宜得多。而且两三个有经验的面包师照顾这个公共炉灶比一百个妇女照顾一百个小炉灶更好，因为妇女三次中就有两次掌握不好炉灶的火候而把面包烤焦。

常识使北方居民懂得，如果每个家庭都想自己酿造啤酒，这种啤酒的成本就会超过最好的葡萄酒。僧侣团体和军事单位出于本能都懂得，由一个厨房来办三十个人的伙食比三十个厨房分开来办，不但好而且便宜。

汝拉的农民看到，只用一家的牛奶无法做出名叫格留叶尔的干酪。如果各家联合起来，每天把牛奶送到公共的干酪制造厂去（干酪厂把每家应缴纳的费用，计算出来，记在木片上），这些少量的牛奶合成一起，便可以用极少的费用在大锅里制造出大块的干酪。

我们这个在节约方面抱负不凡的世纪怎么没有想到过发展这种协作的萌芽，使它们形成完整的体系，并且运用在七种劳动的联合上呢？这七种劳动是：

1. 家务劳动，

2. 农业劳动，

3. 工业劳动，

4. 商业劳动，

5. 教育劳动，

6. 科学的研究和应用，

7. 艺术的研究和应用。

从下述的理论中可以看出，这种联合单位应该由一千八百人组成。如果超过二千人，它就会退化为乱哄哄的人群，就会陷入纠纷之中。如果少于一千六百人，它就会联系得不牢固，就会受结构不完善、劳动力有缺陷等缺点的影响。

但是，可以用很少的费用进行试验，把上述人数缩减到三分之一，即缩减到六七百人。试验的结果会差一些，获利也会少一些。但是这些结果也足以证明，达到足够人数，即达到一千八百人的联合，就会完全实现下述理论中所描述的利益与和谐。

一旦通过这种试验明确了称为情欲谢利叶的法郎吉的结构能够创造劳动引力以后，我们立刻可以看到它会快如闪电似地被人仿效。非洲所有的蒙昧制度的人和黑人，都会开始从事生产活动。因此，经过三四年之后，人们会拥有用同等数量的谷物换来的食糖，以及拥有按比例换来的其他热带食品。

收入增加三倍，各国就能够偿还国债，这是上千种优越性中的一种。那时，法国每年的国民收入估计可以由六十亿提高到二百四十亿。国家从二百四十亿中征收二十亿会比现在从六十亿中征收十亿容易得多。结果是，虽然捐税的现款增加了一倍，而捐税负担却相对地减轻了一半。

向法国和英国读者，特别向国债负担极其沉重的英国读者指出这种前景是适宜的。法国马上就会撞到这种暗礁，因此更加需要我发表出来的这个发现。

本来可以迅速改变世界面貌的这一理论竟然推迟到现在才发现，对这一点是否应该感到惊奇呢？人们从来没有寻求过这个理论，它是人们还不知道的东西。当然，偶然发现宝藏和金矿也是可能的。但是理论需要探讨。在完全不去寻求它、不举行竞试征求意见的时候，是不会被发现的。

况且，人们研究劳动的理论才不过一百年。古代世界完全没有研究过这个问题。奴隶制度妨碍了这种研究，给协作结构的发现设下了重重障碍。在奴隶存在的情况下，协作结构是行不通的。

不再受奴隶制度习俗约束的近代人，本来可以指望在农业和家务方面进行协作。但是，经济学家们却受到偏见的束缚。这种偏见使人相信，分散经营，即各个家庭分开来耕种土地，乃是人的天性，是人的注定不变的命运。这些经济学家的一切理论都是建立在这种头等谬误的看法上的，而这种谬误又受到只把保持家庭关系和增加茅屋看成是明智表现的这样一种道德的大力支持。

因此，经济学家们承认他们发现的而且已经根深蒂固的两种根本性的弊端是必然的了。这两种弊端是：农业的分散性和商业的欺骗性。商业听任个人竞争，而这种个人竞争完全是欺骗，并且会引起纠纷。它使经销人的数目超出诚实制度所占用的人数的二十倍。

称为文明制度的社会制度就是建筑在这种弊端之上的。这种社会制度绝不是人类的命运。恰恰相反，它是人类所能建立的社会制度中最丑恶的一种。因为这是一种最阴险的社会制度，阴险得甚至引起野蛮制度的人的藐视。

尽管如此，文明制度却在运动序列中起着重要的作用，因为正是它创造了走上协作道路所必需的动力。正是它创造了大规模的工业生产、高度发展的科学和艺术。应该利用这些手段在社会发展阶梯上步步高升，而不应该永远陷在这种称为文明制度的苦难和可笑的事物的深渊中。因为文明制度虽然有种种生产的功绩和源源不断的以假代真的智慧之光，却不能保证给予人民劳动和面包。

在其他星球上，也同在我们的星球上一样，人类被迫在包括四个时期（蒙昧时期、宗法时期、野蛮时期、文明时期）的虚假和分散的结构中度过大约一百代，而且在没有达到下述两个条件以前总要受尽折磨。这两个条件是：

第一、要创造大规模的生产、高度发展的科学和艺术，因为这些动力是建立与贫困和愚昧无知水火不相容的协作制度所必需的；

第二、要发明这种与分散经营相反的协作结构，即经济的新世界。

要在这件事上获得成就，有很多途径可循。我将在这个简单叙述的过程中论述这些途径。所有这些途径都遭到忽视。其中，情欲引力的研究计算也被忽视了，而这种研究计算是牛顿在物质引力的研究计算方面的成就要求人们去进行的。

第一个条件已经很好做到了。我们早就把生产、科学和艺术推上足够的高度。当雅典人用逐年偿付的赎买办法代替奴隶制度的时候,就已经建立了协作制度。

但是,第二个条件还根本没有做到:从开始研究经营产业问题一百年以来,人们还没有想到过要发明一种与分散经营即小家庭经济相反的结构,甚至还没有建议过对家务和农业活动方面的协调经营制度进行探讨。人们为无关紧要的学术争论,为毫无裨益的著作设立了几百种奖金,却没有为符合本性的协作制度的行为方式的发现颁发过一枚小奖章。

同时,每个人都觉察到,社会世界绝对没有达到自己的目的,生产成就只不过是欺骗群众的诱饵而已。在备受夸奖的英国,有一半人口为了挣七个苏,竟被迫在这个生活费用比法国昂贵的国家每天工作多达十六小时之久,甚至往往不得不在臭气熏天的工厂中工作这样久。大自然多么明智啊!它激发了蒙昧制度的人对文明制度这种生产劳动的蔑视。因为对从事生产劳动的人说来,文明制度是一场灾难,而对饱食终日无所事事的人和少数长官说来,却有利可图。如果生产只是为了产生这种可耻的结果,那么,上帝是不会创造它的,也不会把这种文明制度和野蛮制度的生产都不能满足的对财富的渴望赋予人们的。因为这种生产为了使某些还自以为贫穷(如果在这一点上你相信他们的说法的话)的天之骄子发财致富,而让全体劳动者陷于贫困。

诡辩家们向我们大肆赞扬这种社会混乱,认为这是在迅速向完美的境界前进。我们反驳这些诡辩家的时候,将坚持社会智慧的三个首要条件，其中任何一条在文明制度下都是无法实现的。这些条件是：

劳动引力，

比例分配，

人口平衡，

节约劳力。

这是一个崭新的题目。谈这个题目的时候，必须一再重复过去说过的话，以便使读者抛弃他们所抱的大量偏见，回到可靠的原则上来。

我曾经指出，如果文明制度的人能享受最低限度的丰足生活，能得到食粮和像样的供养的保障，他们就会沉湎于游手好闲之中，因为文明制度的生产十分令人厌恶。因此，必须使协作制度下的劳动成为诱人的劳动，就像我们现在参加庆祝活动和观看游艺节目那样诱人。在这种情况下，偿还预付的最低限度的丰足生活的费用，是靠劳动引力来保证的，或者说，是靠人们对于非常愉快和非常有利可图的工作的情欲来保证的。这种情欲之所以能够保持，是因为有发给每个人（男子、妇女或儿童）三种红利的公正分配。这三种红利是按照三种生产资料——资本、劳动和才能确定的，而且对每个人说来都完全够用。

这种福利无论怎样好，如果人民像文明制度的下等人那样，譬如说像英国、法国、意大利、中国和孟加拉等国人口稠密的地方的人群那样大量繁殖而不加以限制，他们很快就会重新陷入极端贫困之中。因此，必须发现一种办法来保证防止人口无限制增长。我们的科学提不出防止这种灾难的任何预防措施。情欲引力的理论则提出了防止这种灾难的四种保障，其中任何一种在文明制度下都不可能付诸实施，因为这种社会制度是与社会保障不相容的。在第六章和第七章中可以看到关于这一点的叙述。

还有很多其他弊端是协作制度应该用行之有效的办法来加以防止的。仅仅盗窃行为就足以使一切协作的企图流产。这些预防办法就存在于情欲谢利叶的结构中。文明制度无法把其中任何一种窃为己有。文明制度要试用的一切保障措施都失败了。它往往反而使恶行变本加厉。这一点从买卖黑奴和滥用金融责任制两件事中可以看到。存在着一种关于预防办法的专门理论，可是我们的科学家也像对待协作理论一样，把它忽略过去了。

协作理论为个人的雄心打开了方便之门。我们看到不少人就其地位、财富和知识而论都是出类拔萃的，但是他们为了谋得一个部长职位，或者往往比部长职位还低的职位而奔走钻营了多年。我们也时常看到，他们作出艰苦努力以后遭到了失败，为此而苦闷终生。

对于胸怀雄心壮志的可敬的人说来，现在有一种崭新的前途它的光辉和那随时都可能被撤换的部长的宦途迥然不同。在这里，成功不会是靠不住的，也不会被耽误，因为要担任协作制创办人的角色并不需要使用心计，并且一下子就可以使企求者爬到财富和荣誉的顶点。

任何一个自由的男子或妇女，只要拥有十万法郎的资本和抵押权，就完全足以担任拥有两百万资本的股份公司的总经理，能够创办符合本性的协作社，或者说创办诱人的产业，并且立刻把这种事业扩大到全球，使蒙昧制度的人转而从事农业，使野蛮制度的人转而尊奉比我们的风俗更加文明的风俗；能够依照协议来实现奴隶的解放，使他们不再受奴役；能够普遍建立语言、计量、货币、活版印刷等方面的统一；还能够创造出上百种其他奇迹，因而根据国王和人民的一致意见而获得可观的奖赏。

这种创办人和他的股东或者共事人可以得到的好处大得不可估量。这些好处必须留待以后再让大家知道。我将在跋中，在关于《候选人》这篇文章中再来论述。

我坚决认为现在获得名利的机会是很少的。要获得这种机会就需要从事令人害怕的劳动，遇到的不愉快的事就会层出不穷。已故的拉罗士伏柯·李安库尔公爵在鼓励发展工业这个有益的活动方面而声名显赫，可是他为了这件事却替自己带来很多苦难。我认为他得到的好处却很少。不仅如此，他并没有达到改善工人阶级命运的目的。下面将会看到，只要文明制度继续存在下去，工业的成就对人民说来只不过是又多了一种危险而已。

1827年，一位信誉卓著的银行家曾经拟定一个合股工业公司的创办计划，已经征集了二千五百万资金，并且有使这笔资金达到一亿的希望。他用这笔资金本来可以创办一些会使发起人声誉鹊起的出色的企业。但是，很快就遇到了重重障碍，不得不把公司解散。

这位银行家还曾试图以巴黎三十七家啤酒酿造厂为基础创办一个大型的经济联合企业，并把这些工厂联合成一个统一的企业。为此，他曾经组成一个拥有三千万资本的公司，但是这个公司遇到了障碍和阻力，在他四处活动、多方奔走之后，终于流产了。

因此，事实证明富人并没有什么轻而易举的有利可图途径去获得荣誉、而不会遇到麻烦的事情。

现在向他们敞开大门的这条途径则集中了一切优点，而没有任何障碍。这条途径为国家和人民的利益，为富人和穷人的利益服务。它保证收效迅速，不到两个月就能有绝对把握解决问题。在两个月内创办人就能决定世界命运的改变，抛弃三种社会制度（文明制度、野蛮制度和蒙昧制度），使人类终于建立他的命运——协作的统一。

为了取得这种比征服者的胜利更辉煌百倍的胜利，难道需要巨大的财富吧？不，只消拥有具备当选资格者那样的财产，即价值三十万法郎的平民财产就够了。其中十万法郎作为备用资金，由具有当选资格者在试办协作机构时充作利率很高的抵押金。

这种企业之所以容易举办并且有迅速成功的保障，是因为它与一切情欲相符合。我已经在关于奴隶解放的重大问题上证明过这一点。奴隶解放将由奴隶主自愿决定，赞同，甚至主动提出，因为他们迫不及待要享受协作制度的利益。今后，任何一个阶级的经济利益都不会受到侵犯。可是如果按照某些著名的方法，即布里索[①]、威尔白弗斯和废除奴隶买卖协会的方法，那就会违反奴隶主的利益。

让我们注意协作机构固有的这种使一切阶级、一切党派都满意的属性。正是根据这种理由，所以在这种场合下成功是轻而易举的事。用七百人进行小规模试验，一下子就能解决普遍改变面貌的问题。这是因为，在这里，人们将会看到，哲学只能梦想的一

① 布里索（1754—1793年），法国十八世纪资产阶级革命的活动家。——译注

切善行：真正的自由、行动的一致和成为发财致富的途径的诚实和公正占统治地位等等都会得到实现。在诚实公正并不能使人发财致富的文明制度下，要使人爱好诚实公正是不可能的。由此可见，欺诈和不公正支配着文明制度的立法，并且随着生产和科学的进步而日益泛滥。

就对命运的预感而论，普通老百姓比学者的鉴定能力更高明。他们把文明制度状态称之为倒行逆施的世界——这个概念本身就包含有出现方向正确的世界的可能性。而这个方向正确的世界的理论则有待于发现。

学者阶级没有预感到上面的类比所指出的这个新的社会世界。我们在物质的大自然中可以看到双重分配，即假的分配和真的分配：

协调的和正确的秩序存在于行星中；

不协调的和不正确的秩序存在于彗星中。

社会关系是不是也受运动的这种双重性的支配呢？难道不可能存在一种同支配着我们地球的那种虚假和强制状态相对立的真实和自由的秩序吗？在这里，生产和教育的进步现在只能促使人们关系中的这种普遍的虚伪性增长，只能使肩负生产重任的阶级的日益贫困。我们的平民、工人，比蒙昧制度的人不幸得多。因为蒙昧制度的人打猎捕鱼得手的时候，总是过着无忧无虑、自由自在、有时甚至是丰衣足食的生活。

哲学家们根据自己的学说，本来应该预见到人类的真正命运和在社会运动方面（也和在物质运动方面一样）的结构上的双重性。他们大家一致教导世人说，宇宙体系内有统一性和类似性。

让我们听听一位著名的形而上学者对这个论点是怎样说的：

“宇宙是按照人的灵魂的样式构成的，宇宙的每一部分同它的整体相类似的情况是这样的：同一思想经常从整体反映于每个部分，又从每个部分反映于整体。”——谢林。

再没有比这个原则更加真实的了。由此作者和他的信徒们应该得出结论说，既然物质世界受着两种结构——行星的协调的结构和彗星的不协调的结构——的支配，那么，社会世界也应该有同样两种结构。否则，两个世界——物质世界和社会世界之间的类似就绝不会存在。宇宙体系中就绝不会有统一。既然显而易见，我们的文明制度、野蛮制度和蒙昧制度的社会制度是不协调和不合理的，是倒行逆施的世界，那么就应该探求达到方向正确的世界的途径，或者说探求适用于情欲和生产活动的诚实和社会的和谐的制度，并且用竞试和奖金来鼓励这种探求。

自从 1798 年有人偶然向我泄露了这一理论的萌芽之后，我费了三十年工夫，终于使这一理论通俗化，使它成为连最缺乏教育的人，甚至轻浮不实和憎恶学习的人都能够理解：它是一种令人愉快的研究计算，它可以由男子，也可以由妇女来进行。

任何一个希望享有盛名的有钱的妇女，都可以希望得到全世界统一的创始者的桂冠，当这个实验团体的头头。这个角色由斯塔尔夫人担任非常适宜，因为她曾经渴望获得巨大荣誉，并且拥有比足以领导创办工作多二十倍的财产。

某些没有财产的人也有希望获得这种辉煌的成就。享有信誉的作家可以鼓励像巴伐利亚国王这样的人类的朋友来决定进行协作的试验。在这种情况下，以演说家或发起人的身份协助创办这种工作的人，可以得到应有的一份光荣和创办人的报酬。

这种事业在欧洲可以提出十万个拥有必要的资金的人来作为创办它的候选人。只要先向他们之中的一个证明他很快就会获得巨大的财富和荣誉，就不难使他下定决心做这件事。现在我再来谈谈在这里会使人眼花缭乱的这个题目。最幸运的宫廷宠臣连一个小小的世袭王国都得不到，人们怎么会相信协作制度的创办人能够获得幅员辽阔的帝国呢？这一点将要加以精确的论证。

第二篇论文　协作制度的巨大生产量

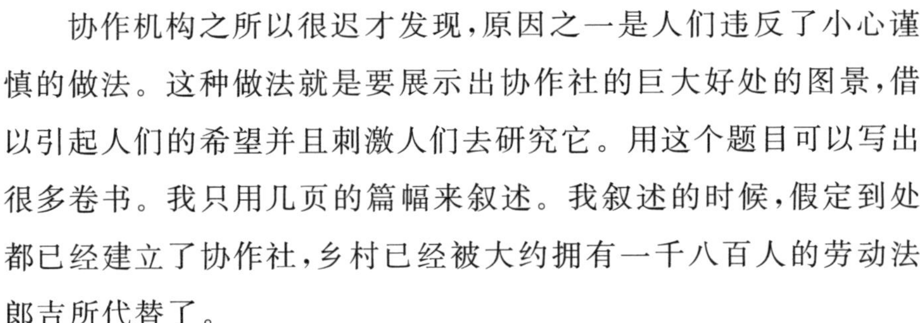

协作机构之所以很迟才发现，原因之一是人们违反了小心谨慎的做法。这种做法就是要展示出协作社的巨大好处的图景，借以引起人们的希望并且刺激人们去研究它。用这个题目可以写出很多卷书。我只用几页的篇幅来叙述。我叙述的时候，假定到处都已经建立了协作社，乡村已经被大约拥有一千八百人的劳动法郎吉所代替了。

让我们把这种协作社的好处分为消极的和积极的两种。

消极的好处是，什么也不必做，就能比文明制度的人在强迫劳动下生产更多的东西。

例如，我曾经证明过，协作制度下的一个厨房，同家庭经济的厨房相比，会节省十分之九的燃料，二十分之十九的劳动力。除了所有这些节约带来的收入外，还会有由于炊事工作大大改进而获得的收入——这种好处既是积极的，也是消极的。因为，大量节约燃料会带来恢复森林、水源和水土气候的好处。

现在让我们继续谈谈协作经营这种设想。我试以小河捕鱼为例。用大家一致同意停捕的办法，用大家商定开放和禁止捕鱼的时间的办法，就能够使鱼的数量增加十倍，并且使鱼保存在池塘里养殖。

例如，仅仅通过停捕这种办法，称为劳动法郎吉的协作组织就能够只用我们现在十分之一的时间和劳动力，遵照全区达成的消灭水獭的协议，捕获多十倍的鱼。

这就是各种能够提供比我们现在多二十倍收益的工作项目的例子。所以我估计协作制度下的生产量将是我们现在产量的四倍。这样估计绝对没有夸大，而且我们可以看到，这个平均估计是低于实际情况的。对于是否确实发现了符合本性的协作方式以及诱人的生产方式这个问题，应该有多少理由来加以研究啊！让我们继续估计吧！

由于根除了小偷小摸而得到的节约，将是一笔不需要付出任何劳动而获得的巨大收益。水果是一切收获物中最容易到手的产品。但是水果被偷窃的危险使人们无法种植应该种植的果树的十分之九。人们不得不修建费用昂贵而且有害的围墙来防止水果被人偷窃。

协作社摆脱了被盗窃的危险，使果树种植的数量增加三十倍，这将并不怎么困难，比现在为果树修建围墙和看守果树的困难还会少一些。协作社将生产大量水果，可以供应儿童全年食用，并且可以用科学方法保存水果，用水果做蜜饯和果子酱。这种蜜饯和果子酱更加便宜。这是因为情欲谢利叶具有这样一种属性，它能够创造出劳动引力，使蒙昧制度的人、黑人等从事农业劳动。热带的每个地方很快将被开垦。糖的价格将不会比数量相等的粮食贵。在这种情况下,加了四分之一的糖的蜜饯对贫苦阶级说来会成为比面包还要便宜的食品。因为用不着再担心被人偷窃,果园面积大大扩展,普遍而有系统的种植使水土气候恢复,保证获得丰收。这时候,三等水果,即做蜜饯和果子酱的水果,几乎不值一文。实行协作制度后五年内就能够使水土气候恢复。现在的收获量仅及将来水土气候恢复后的收获量的三分之一。

文明制度的人是不可能这样富裕的。他们甚至缺乏必不可少的水果,因为害怕被人偷窃的思想妨碍他们让仅有的少数水果成熟。善良淳朴的乡民竟然这样狡猾调皮,以致人们如果不在水果成熟之前就采摘的话,在没有围墙的果园里的果树上,就连一个果子也不会给你剩下。被偷窃的危险迫使人们不得不一次,而不是分三次,就把水果全部摘下。这种摘法,对水果的质量也极为不利。

在文明制度下,一个小市镇的三百个家庭需要三百道石砌的围墙。这就需要比果树栽培本身的费用还要大一倍的开支。而且,向苗圃所有主购置树苗时有遭受欺骗的危险,这就更加大大妨碍了果树的栽培。只有当商业制度从欺骗的行为方式,即文明制度的行为方式过渡到诚实的行为方式时,这种欺骗行为才能根除。

由此可见,毫无疑问,协作制度的人即便是不做什么事,或者做得极少,也会挣得比文明制度的人付出力不胜任的劳动所挣得的收入多十倍,而且往往会得到下面举出的例子中所说的双重意义的收入。

我们看到,在文明制度下,一百个卖牛奶的女人提三百壶牛奶到市场上出售。在协作制度下,这三百壶牛奶可以装在一只大桶里，放在由一个人或一匹马载运的马车上，而不需要一百个妇女、三百个壶和三十头毛驴。这种节约将会从简单发展到复杂，从生产者发展到消费者。因为往城里送牛奶的人将会把一大桶牛奶分给由三四个进步的家务管理机构组成的经济单位（在协作制度下，城市是由这种大约拥有两千人的经济单位构成的）。在运输上可以节约五十倍，在分配上也可以有同样的节约，因为只分给三四个工作场所，而不是分给一千个家庭。

协作制度经营的光辉面之一，就是在商业制度中实行诚实买卖的原则。由于协作制将用集体的、团结的、诚实的、简单的和有保障的竞争代替个人的、不团结的、欺骗的、杂乱的和任意的竞争，这种制度占用的劳动力和资本，将几乎不到无政府状态的商业所占用的劳动力和资本的二十分之一。无政府状态的商业，或者说，欺骗性的竞争，从农业中抽出这些劳动和资本，然后又把它们耗费在完全寄生性的行业中。不管经济学家们会怎么说，情况就是这样。因为，一个机构中所有能够废除而又不减低这个机构的效果的东西，都起着寄生性的作用。回旋轴的接头是用两个轮子做成的，如果某个工人发明一种在接头处装置四十个轮子的办法，那么，其中三十八个轮子将毫无用处。欺骗性的商业，或者说，这种使竞争复杂化和使经纪人的数目迅速增加的制度，正起着这种无益的作用。

劳动法郎吉或协作乡只消进行一次买卖谈判，就能代替占用三百个家长的三百次需要使用心计的谈判。而三百个家长要在市场上或小酒店里浪费三百天时间，才能把协作制的法郎吉可以整批卖给附近两三个法郎吉或省代销处的那样多存粮一袋一袋售

完。在商业中,也和在其他任何一种人们发生往来关系的部门中一样,文明制度的机构永远处于极端混乱的状态,是最浪费的和最错误的行为方式。令人感到非常惊奇的是,我们那些自称为最热烈拥护庄严的真理的哲学家们,竟然会如此热情地忠于个人贸易,也就是说热情地忠于骗人的无政府状态。难道他们在什么时候曾经在某个商业部门中见到过庄严的真理吗？难道庄严的真理在马贩子或酒商那里找到避难的地方吗？——在那里真理不会比在交易所的柱廊下更多一些。

除了生产劳动以外,我们还有几千种寄生性行业。其中有些行业的寄生性极其显著。司法部门就是这种行业。这种行业只是建筑在文明制度的弊端上,它将随着协作制度的建立而告终。

其他非常富有的寄生性行业是不大容易看见的,甚至被认为是有益的。例如学习外国语就是一种非常艰苦而丝毫不能生产的劳动。

的确,从一开始建立协作制度起就可以采用一种临时性的统一语言,或许就采用法语。不过必须补充它所缺乏的大约三四千个词汇。每个小孩从幼年起就被教会用这种共同语言讲话。从那时起,人们不必学习任何外国语就能够同全人类交往,就比现在花费二十年工夫学习二十种语言还不能同现有民族的四分之三讲话的人,知道多得多的事情。

公益事业方面的改进将更加巨大。现在被认为是富国的法国,还缺少两亿法郎来修整它那些坏得可怜的道路。而在协作制度下,整个地球从一个县到另一个县将筑有带各种人行道的大路。很好的道路中除了供邮政运输和畜力车辆通行的公用大道外,都由每个县修筑保养,并且免征通行税。

在法国,土地测丈据说必须花费一亿法郎和五十年时间。而这项工作几乎是徒劳无益,因为当它完成时,财产的界限将会完全改变。在协作制度下,全球土地测丈仅需一年时间,而且差不多不需要任何费用,因为每个法郎吉将自费提出本乡计划,其中将注明各个地段的土壤性质。

在文明制度下有些事花费的时间比真正需要花费的时间多达千倍。例如,仅仅就选举而论,选举前的竞选会议,旅行竞选等就使每个选民大约浪费五天的时间。而在协作制度下,选举只需要四十秒钟就行了,即大约等于现在选举所花费的时间的四千分之一。我将简单扼要地叙述一下这种用不了一分钟而有三亿选民参加的选举的方式。

我很少提到正常产量,只有在明白了称为情欲谢利叶的行为方式的作用,明白了它所提供的改进工作和厉行节约的办法时,才能评价这种正常的产量。人们将会看到,在协作制度下用这种行为方式所获得的产量,将比我们现在的产量提高三倍多。

例如,阿尔登马是欧洲最瘦弱的一种马。阿尔登的法郎吉就可以不买这种连一百法郎都不值的阿尔登马,而买现在值一百路易和寿命比它长一倍的良马供本地使用。

对于那些在我们看来连两倍产量都不可能达到的东西,例如对一年不能收获两季的葡萄,协作制度将可以结合各种办法使它的收入达到四倍以上。这些办法是:

一、有条不紊而且全部搭起支架,

二、成熟以前严禁采摘,

三、选种杂交和每天剪枝，

四、保持温度均衡使品质精美，

五、由于同样原因增加收获量。

不仅这些办法结合起来会使葡萄的收入达到四倍以上，而且即便是其中一种办法，也能够在不同的情况下使收入达到四倍。下面对这一点加以证明：

我曾经看见过一种在葡萄收获后只能按五个苏的价格出售的葡萄酒。但是这种酒很好地贮存五年后，它的价格就达到十个苏。有人还按五十个苏，即以比实际价格高出四倍（包括利息和其他开支在内）的价格购买它。

但是，在这个县的全部葡萄酒中，这样贮存五年的酒不到十分之一。大多数种葡萄的人不得不赶快出售。该贮存五年的葡萄酒连五个月也贮存不了。这种酒在达到它可能达到的价值的四分之一以前，就在小家庭和小酒馆里被人喝光了。

如果在靠贮存本身就能使某些葡萄酒的实际价值增加三倍的这种可能性之外，再加上其他四种可能性所获得的收益，那么，毫无疑问，协作制度甚至在葡萄上就能使收入增加到十倍。因为五种机会中的一种就能使收入平均增加一倍。此外，还有一种特别因素、即自然灾害这种因素将会消除。这种自然灾害叫做第二个冬季或红月，它使葡萄的生长期延长，妨碍第二季的收获，并且经常危害第一季的收获。

一般而论，整个文明制度的人有三分之二不事生产劳动。这一点我将提出一个详细的表解。表中不仅列有像军人、海关官员、国库职员这类已经证明是不事生产劳动的人，而且列有像家庭仆役这样的被认为是有用的工作者的大部分，甚至还列有在很多工作中是寄生者的农民。有一次，我看到五个小孩看管四头母牛，却让牛吃掉了谷穗。在文明制度下，事务管理的这种混乱现象比比皆是。

如果我们再能保护各级人员，使他们不致因劳累、纵欲、冒失的航海、瘟疫、传染病而死亡，那么，我们就能发现，文明制度下的人民与协作制度的人民之间，就某一个地区的居民群众的生产能力或者所能提供的产量而论，将相差十倍之多。

实际上，如果男子、妇女和儿童，从三岁到老年都由于乐趣而从事工作，如果由于人们的灵巧，情欲、运用力学、行动一致，流通自由、气候恢复、体力增加、人畜寿命延长等因素，生产资料增加到不可估量的程度，那么这些可能性加在一起就会很快使总产量增加到十倍。我只是由于照顾到习惯，由于怕非常宏伟的（虽然也是非常确切的）远景会使人们反感，所以才说增加三倍。

改善工作主要是改善儿童的命运，因为家庭主妇对他们教养很差。这些主妇在自己的茅屋内、阁楼上和小店铺的后房里，缺乏照顾儿童所必需的一切东西：她们既没有金钱和热情，也没有知识和鉴别能力，而这些都是照顾儿童所必需的。

在像巴黎这类大城市中，甚至像在里昂和卢昂这类较小的城市中，儿童成为不卫生条件的牺牲品竟达到这种程度：他们的死亡率比在合乎卫生的乡村地区高八倍之多。事实证明，巴黎的一些街区，由于狭窄的院落妨碍了空气的流通，因而臭气熏天。这种恶臭对未满周岁的婴儿的健康危害最大。八个不到一周岁的婴儿中就有七个未满十二个月就夭折。而在合乎卫生的乡村，例如在诺曼底的乡村中，这种年龄的婴儿的死亡率仅为八分之一。

在协作制度的法郎吉内，这种婴儿的死亡率将几乎不到二十分之一。法郎吉尽管有增添人口的可能性，但是生育的儿童不会和文明制度下一样多。土地即使将提供三倍甚至十倍的产品，但是，协作制度如果没有能力像在社会结构的各个部门建立平衡那样在人口方面也建立平衡的话，那么，大地上就会很快像现在一样遍布穷苦悲惨的不幸者。

我曾经在若干细节上说明过协作社的好处是多么大。这些好处所构成的全部图景可以写成几大卷书。人们忽视这部评论集的发表，犯了不可饶恕的错误。评论集中的每一篇文章都会使人得出这样的结论：作为最高主宰者的上帝，不可能不设法来组织这种节约和诚实的制度，以便创造出种种奇迹。如果以为上帝忽略了这点，一般说来，这就等于含蓄地责难上帝是节约和机械力学的敌人。

有人反驳这点说：上帝没有为人们创造出这样完美的境界。关于这件事，他们又知道些什么呢？为什么还没有研究过上帝在永久的社会启示或情欲引力的计算等方面的观点，就对上帝的明智感到失望呢？这种计算的目的只有通过正确进行分析和综合才能够确定。

如果硬说，上帝没有为人们创造出这样完美的境界，那就无异于责难上帝怀有恶意，因为上帝拥有可靠的手段来把他所中意的制度应用到人与人的关系中。这种办法就是引力，而引力的分配者只是上帝。引力是上帝用来使一切生物对履行神的意志产生强烈兴趣的魔杖。因此，如果上帝对这种臻于完美境界的制度，亦即协作方式的统一、公正和诚实的制度感到高兴的话，那么，为了使我们采用这种制度，他只要使这种制度成为对我们每个人都是诱人的制度就行了。这正是上帝已经做过的事。大家谈到关于划分为情欲谢利叶的协作结构的那篇论文时，就会确信这一点。那时候，每个人都将高呼：这就是我所希望的东西。对我说来，这将是最大的幸福。

因此，这种完美的境界是为人类创造出来的。正如人们所不能怀疑的那样，这种完美的境界是上帝的心愿。只是由于人们对上帝指望得太少，我们才忽略了达到社会完美境界的途径。这种途径用计算引力的方法本来是很容易发现的。

但是，乍一看，这种计算似乎是荒谬可笑的，因为它向我们表明，任何人都有希望得到一笔几百万法郎的财产和一座宫殿。用什么办法才能给所有的人这么多东西呢？

这种反对意见是轻浮无聊的！难道这就是放下研究工作不做的理由吗？你们大胆把这种研究工作继续下去吧！要遵循那些叫你们整个地研究科学领域的哲学家们的训导。你们要完成牛顿创始的工作——研究引力的计算。这种计算会向你们表明，希望得到一笔几百万法郎的财产和一座宫殿的人，他的希望未免太小了，因为在协作制度下，最贫苦的人都将有五十万座宫殿。在这里，他无偿地得到的乐趣，比拥有三千万法郎的收入和十二座宫殿的法国国王的乐趣要大得多。国王住在宫殿里，他的乐趣只限于听到想钻营肥缺的人的奉承，听到党派之间勾心斗角的事情，受到繁文缛节的烦扰。他除了斗牌或者狩猎以外，没有其他休息的办法。这种狩猎已经蜕变为杀戮动物，蜕变为屠夫的快乐。

因此，我们的希望太小了，——这就是引力计算将要向我们证明的。上帝为我们准备的幸福大大超过我们平凡的企求。让我们要求那能够给予人们很多东西的上帝多多给予吧！只希望从他那里得到平常财富和平常愉快，这是对他的慷慨大方的一种侮辱。人类的命运是：要么在上帝恩赐的协作制度下享受无限的幸福，要么就在人为的法律的支配下，在分散的、欺骗的经营制度下遭受无穷的苦难。这种经营制度与协作制度比较起来，还不能够提供实际收入的四分之一和享乐的四十分之一。

我们看到，文明制度的人不畏艰难困苦和风险，为了使自己的财富增加一倍或获得不多的财产而去冒生命的危险。现在有一种完全不同的、有利可图的机会，可以不背井离乡，不冒失去健康或金钱的危险，而马上就可以使自己的财产增加三倍。于是，人们叫道：那么，应该怎么办呢？没有别的，只是从早到晚从事娱乐活动。因为娱乐活动将吸引人们去劳动，而劳动成了比现在看戏和参加舞会还更加诱人的事了。

协作制度的这种前景愈是使人眼花缭乱，就愈有必要使人们去检验它的理论是否确切，去检验劳动引力和情欲结构的计算是否已经真正发现。为了使人们的脑子习惯于这种奇异的新鲜事物，就必须让他们去认识一下那被认为是不可理解的，被无法穿透的帷幕遮盖着的运动和命运。的确不错，有一种帷幕存在，有一种使人的精神变得盲目起来的十分厚实的白内障存在。这种白内障是由大骂情欲和引力却不研究情欲和引力的五十万卷书籍构成的。

乍一看，不管引力怎样令人感到奇怪和荒唐，但是不应该根据这种表面印象，而应该根据结构的整体来判断它。因为引力的推动力是朝向结构的整体的。这些推动力分开来孤立加以考察时，对我们说来似乎是坏东西。为了使人相信这一点，我说明一下被认为是坏东西的这些推动力之一的目的。

我要谈的是一种最一般的，也是教育所最反对的癖性——儿童的美食癖，也就是儿童不听教员的教导，他们有一种总想吃好东西的欲望，教员则总是劝告他们要爱吃和多吃面包，少吃副食。

这岂不就是说，自然界十分笨拙，它竟赋予儿童这样违反合理的学说的嗜好！任何小孩都把早餐吃干面包看成是一种惩罚。他想吃甜酱、带奶油的菜肴、加糖的点心、果冻和蜜饯、生水果和果子酱、柠檬水、橘子水和白葡萄酒。让我们看清楚这些食品是所有儿童的主要嗜好。这个问题势必引起一场大争论。问题在于要确定究竟是谁错了——是上帝，还是道德。

上帝，即引力的分配者，赋予了所有的儿童这种吃甜食的嗜好。他本来也可以赋予他们吃干面包和喝白开水的嗜好。这样，他就会为道徒的意图服务。但是他为什么竟有意识地违反文明制度的合理学说呢？让我们来说明一下这些原因吧！

上帝赋予儿童喜爱在协作制度下将是最不值钱的东西的嗜好。当整个地球都住满了人并且被开垦耕种、货物可以自由流通而没有任何关卡时，我上面所说的那些甜食品的价格将会比面包便宜得多。最丰富的食物将是水果、奶制品和糖，而不是面包。面包的价格将大大提高，因为种植粮食作物和每天烤面包是一种艰苦而不大诱人的工作，——必须对这种劳动偿付比果园工作和制造糖果点心的工作高得多的报酬。

由于儿童在膳食和抚养方面比父辈花费少些是适当的，因此上帝明智地赋予他们对甜食和美食的嗜好。这些食品在人们进入协作制度之后，将比面包便宜。那时，关于儿童食品的健康的道德学说，将会是完全错误的，正像这种学说在凡是反对引力的其他问题上也将会是完全错误的一样。那时，人们就会承认，上帝把他所做的一切都做得很好，他有理由赋予儿童对乳制品、水果和甜点心的嗜好。人们还会承认，不应该不近情理地把三千年的时间都浪费在大肆攻击上帝最明智的创造上，即嗜好和情欲引力的分配上，而最好的做法是研究一下上帝的目的。研究的方法是计算一下这些推动力的总和。道德学借口这些推动力在文明制度和野蛮制度下有害，因而对每种动力都一一加以辱骂。这固然对，但是上帝并不是为了文明制度和野蛮制度而创造情欲的。如果上帝只想支持这两种社会制度，那么，他就会赋予儿童对干面包的嗜好，而赋予父辈对贫困的嗜好，既然这就是文明制度下不可胜数的大多数人的命运。

仔细研究每种引力在协作结构中的应用和每种引力的好处，将是一种引人入胜和令人乐于从事的工作。那时，人们就会承认所有各种引力和儿童的美食癖是同样正当，同样合适的。每个人都会相信，在这种新制度下，他的情欲，他的最受人批评的本能都会得到有价值的运用。难道什么时候曾经有过比这种发现更为大家所乐于接受的发现吗？

也许有人说："但是，这样有价值的发现怎么竟由一个默默无闻、在学术界毫无地位的人作出来呢？从柏拉图到伏尔泰，该有多少著名人物探索过科学领域，难道可以设想他们都忽略了这种最有价值的发现吗？这是难以想象的啊！这种引力和协作的计算只能是一种江湖骗术，一种妄想，一种空想。”

这就是狂妄自大的人们的推理。因为他们看到一位无名小卒得到了其他许多人在他之前本来可以得到的荣誉时，便大为不快。他们宁愿拒绝幸福的发现，而不愿从不速之客那里去得到这种发现。加之，有自尊心的人总是贬低新思想而沾沾自喜。例如，在十五世纪，成千上万个自命为天才人物的侏儒，就曾经嘲笑过向他们证明地球是圆的和新大陆可能存在的哥伦布。

我对这些诽谤的答复是：像马镫和马车的吊架这种非常有用的、任何人都力所能及的发明，怎么竟被学术界忽略了两千年呢？在罗马和雅典，并不缺乏能够作出这种轻而易举的发明的能工巧匠。任何一个马车制造匠，任何一个骑马的人都能够发明吊架和马镫。这是对大家都很有用的东西，因为每个人都要乘车或骑马。凯撒和伯里克利斯[①]的大马车也像我们的小车一样，开动起来摇摇晃晃。罗马的骑者很容易患那种有马镫就能够预防的重病。当时沿途每隔一定的距离都竖了一根小木桩，帮助骑者上马。

如果考虑到古代学者对任何一个普通人都能做到的两种发明有过这样的疏忽，那么，对于渊博而辉煌的理论，即情欲引力的理论曾经被学术界忽略，是否还会感到奇怪呢？其实，自从牛顿探出矿脉以来，人们有这种理论的萌芽才不过一百年。因此，既然人们在两千年期间对象马车吊架和马镫这类简单的发明表现得这样轻

① 伯里克利斯（公元前 499—前 429 年），雅典的著名演说家和国务活动家。——译注

率冒失，那么，在一百年期间对象引力研究这种最高深的研究表现得轻率冒失，是完全可能的。引力的研究计算，现在已经作出并且整理就绪，非常容易理解。但是要想探求它，对学者说来，要比别人更加困难，因为在学术界中占统治地位的是所谓道德的学说，而这种学说正是情欲引力的死敌。

道德教人要克制，教人要抑制和鄙弃自己的情欲；认为上帝不善于安排我们的灵魂和情欲；认为需要依靠柏拉图和塞涅卡的教导才能学会分配人的性格和本能。学术界充满了这种关于上帝无能的偏见，没有能力来计算自然界的推动力即情欲引力，而道德则反对情欲引力，对它加以排斥，并且把它归入邪恶之列。

诚然，人们单独地醉心于这些推动力时，这些推动力会引诱我们作恶。但是，计算这种推动力的作用，应该以联合为协作社的大约两千人的群众为对象，而不应该以分散的家庭或个人为对象。这正是学术界从来没有考虑过的。学术界如果进行这种考察，便会承认，当协作社社员的数目一旦达到一千六百人的时候，称为引力的自然推动力便力求组成包含对比小组的谢利叶。在这种对比小组的谢利叶中，一切都把人们向着劳动和美德吸引，因为劳动已经变得诱人，美德已经有利可图。

人们看了这种社会结构，或者估计一下它的特性，便会了解，上帝把他应该做的一切都做得很好。不应该轻率地浪费三十个世纪的光阴去责骂上帝创造出来的引力，而应该像我们这样花费三十年的光阴去研究它。科学应该遵从自己的法则——整个地考察自然领域，研究人、宇宙和上帝。科学本来就不应该局部地批判我们的引力，而是要研究它的整体和它的总和，研究它怎样应用于广大群众。引力是人的动力，它是上帝用来推动宇宙和人的工具，因此，只有把引力的情欲和物质方面整个加以研究后，才能够研究人、宇宙和上帝。

最后，疏忽大意终于得到纠正，情欲引力的计算已经发现，世界现在就可以向幸福的命运过渡。在这个时机，世界应该只专心检验理论是否正确，而不应该就它的形式去对引力计算的发现者吹毛求疵，问题的实质才是应该仔细检验的东西。人们曾经为了协作社而给了江湖骗子多少优待啊！真正的发现者却只需要公正。江湖骗子们得到了他们二十年来在英国和美洲创办二十来个机构所必需的资财。这些机构却完全没有达到目的。发现者则希望只建立一个机构。这个机构在两个月之内就会达到目的，并且由于它的利益和快乐的诱惑，将引起世人普遍仿效。

但是，这个发现者同某些享有信誉的科学没有协调一致。这一点他做得不对。唉！如果我同政治学和道德学的意见一致，那么，我就只会成为另一个诡辩家。伽利略、哥伦布、哥白尼、牛顿、林奈曾经揭穿他们时代的谬误。发现者原来应该起来反驳占统治地位的谬误。江湖骗子们为了招摇撞骗，对所有的诡辩家谄媚奉承。这两者之中究竟哪一个值得人们信任呢？

人们断言，历史启发、开导人民，并且纠正他们的判断。没有比这种说法更加虚假的了，因为他们现在比伽利略时代更加敌视发现。历史曾经千百次告诉他们："我们把伟大的发现归功于巧合比归功于天才的空谈的时候更多；在才子、墨守成规的人和不易接受新思想的人中间，天才和真正的智慧是罕见的。"

尽管有历史的和经验的教训，但是人们仍然要求发现者个人在形式上和风格上是学院式的。可是，难道发明眼镜和罗盘仪的人是院士吗？那是些小孩子和如此默默无闻的人，以致连他们的名字都没有传到后代。

当获得宝物时，要赶快利用它，而不应该起来反对发现宝物的人。为什么还要在形式和风格方面去责备他呢？让他用老百姓的土话讲话好了，这无关紧要。难道因为这一点就会使发现的价值减少吗？

你们这些佐伊尔[①]，硬说院士精神是发现者所必需的。可是你们饶舌多嘴究竟给了近代人什么好处呢？这篇导言以对这个问题的考察而结束。

第三篇论文　文明制度的经营办法的恶性循环

在任何科学中，虚假事物的统治总是先于真实事物的统治。在实验化学产生以前，炼金术士占据着舞台。在精确的天文学产生以前，裁判式的星相学居于统治地位。在协作经济学产生以前，反协作的经济学在一百年的期间居于统治地位。这种经济学，或者可称之为分散论，它鼓励小生产者，而小生产者则是经济领域里起破坏作用的小蛮人。

在理性为新的科学指出它必须遵循的途径以前，诡辩就已经到处占领了新的科学部门。因此，协作思想刚刚露头，人们的思想在这个问题上就已经被黑暗势力引入歧途，而无法认识协作的方

① 佐伊尔（公元前 4 世纪），古希腊的语法和修辞学家。他曾经吹毛求疵地批评过荷马的创作。后人把恶意的吹毛求疵的批评家叫做佐伊尔。——译注

法了。这种黑暗势力就是盘踞在舆论界的欧文主义者。

有多少科学，包括最值得尊敬的科学，现在还处在真理统治时代以前的黑暗时代啊！例如道德就是这样。怎么使它自圆其说呢？一方面，它向我们宣扬要蔑视财富，要爱好庄严的真理。另一方面，它又鼓励人们去爱好商业。商业是只图积累财富而不惜采用任何狡猾的手段的。我们在所有称为哲学的科学中都发现有这种前后不一致甚至矛盾的地方。

在十八世纪，孔狄亚克曾经这样谈论过称为哲学的科学的著作家们："没有了解词句的含义之前就滥用词句。这种手法，是他们进行论证的手法。他们从一个不正确的假设出发走到另一个不正确的假设，在许多谬误中间迷了路。而由于这些谬误成了偏见，他们便把这些谬误都当成原则了。事情既然已经弄到这个地步，谬误已经这样堆积起来以后，只有一种整顿思考能力的办法，那就是像培根所说的那样，忘掉我们所学到的一切，重新创造人类的智力。"

那是一个谦逊的世纪。人们并不耻于承认，某些科学、特别是社会政治学还处在摇篮时期。科学界的大师们曾经怀着痛苦和蔑视的心情揭穿了科学的真相。让我们听听他们是怎样说的吧！

孟德斯鸠说："文明社会已经被萎靡消沉的病症，内在的缺陷，隐蔽的和潜藏的毒素损坏。"（支离破碎）

卢梭说："那里的问题并不在于人。有某种我们无法洞察其原因的骚乱动荡存在。"

伏尔泰说：

"请你们把人指给我看看：我因为不认识自己而感到羞愧。我

努力去认清我自己这个人,认清我本身;

然而,多么深沉的黑暗,还笼罩着大自然啊!”

巴特尔米说:“这些图书馆,这些所谓最崇高的知识的宝库,只不过是充满矛盾和谬误的可耻的储藏室。”

斯塔尔说:“不精确的科学没有确定过任何一条真理,却打破了许多幻想。我们忠于推理因而重新陷入了模糊不清的状态,经过老年时代而重新陷入了幼年时代。”

今天情况正在改变。这一整座哲学体系的迷宫已经变成知识智慧的滔滔巨流,变成向种种尽善尽美的境地迅速前进的出色的飞跃。特别是在经济政策方面,我们的时代正在显示这种骄傲。这个时代因为物质方面的某些进步而骄傲,却没有觉察到,在政治方面正在后退。它的迅速前进,好像虾的爬行一样。虾虽然往前爬,其实却是向后退。

工业主义是我们最新的一种科学幻想。这是一种混乱地进行生产的躁狂症。生产毫无秩序,在按比例给予报酬这个方面,没有任何办法,丝毫不能保障生产者即雇佣劳动者从增加的财富中获得自己应该得到的那一份。因此,我们看到工业占优势的区域同对这种进步漠不关心的边区相比,乞丐同样满坑满谷,甚至更多。

重要的是,在工业主义的幻想,或工业的流弊刚刚露头时,就应该加以铲除,因为它是一种最违反协作政策的制度。协作政策的基础是:

劳动引力,

比例分配,

动力节约,

人口平衡，

以及其他法则。而工业主义制度，这种生产混乱，不能保证公平分配的制度，在任何意义上，都是与这些法则相去十万八千里。

让我们在这里根据效果来判断体系。且来看一看英国的情况吧！这个国家是人们向一些国家推荐的样板，是这些国家羡慕的对象。我将用无法反驳的证据来评定英国人民的福利。

1827 年 3 月 21 日曾经举行过一次伯明翰手工业主会议。会议宣称："工人熟练的技能和俭朴的生活并不能使他们免于贫困。农业中使用的大批雇佣工人都是衣不蔽体的贫民。这些贫民在这个粮食特别丰足的国家里有的快要饿死了。"这一供认因为出自工厂主阶级之口，所以更加不会被人怀疑。工厂主阶级所关心的是，削减工人的工资和掩盖他们的贫困。

下面是第二个同样热衷于掩饰本国缺点的见证人。这是一位经济学家和工业主义者。他将揭穿自己的科学的面目。

1826 年 2 月 28 日，在伦敦下议院的会议上，贸易大臣哈奇逊先生说："我们的丝织工厂雇佣几千个儿童。他们从每天早上三点钟到晚上十点钟一直受束缚。一星期给他们多少钱呢？一个半先令，等于法国的三十七个苏。也就是说，大约每天五个半苏。但是他们却在手执鞭子、对每个稍停片刻的儿童无情鞭打的工头的监视下被束缚十九个小时之久。"

这实际上是恢复了的奴隶制度。显而易见，过度的工业竞争使文明制度的人陷于贫困和受奴役的程度，同自古以来就以农业和工业的奇迹著称的中国和印度半岛的贱民的处境一样。

除了英国外，让我们举爱尔兰做例子。爱尔兰由于农业过分发展和地产过于分散，已经陷入和英国由于工厂过分发展和大地产过多所处的相同贫困的境地。同一个帝国的两部分之间这种明显的对照，很好地证明了文明制度的经营办法的恶性循环。

1826 年都柏林报纸曾经写道："这里民间流行病猖獗：送到医院去的病人，只要给他们东西吃就会恢复健康。"他们患的是饥饿病，不是魔法家也能够猜破这一点，因为他们只要有东西吃就会痊愈。不必担心达官贵人们会染上这种流行病，因为我们从来没有看到过都柏林的省长或者大主教因饥饿而得病。他们倒会由于消化不良而患病。

文明制度下的人在不是死于急性的饥饿的地方，却死于穷困造成的慢性饥饿，死于迫使人们吃不卫生的食物的那种饥不择食的饥饿，死于迫在眉睫的饥饿，即因工作过度疲劳而死，因贫困而被迫从事非常有害的和极其繁重的工作而死，死于因此而发生的寒热症和虚弱症。因为患这些病症总是意味着接近死亡。

而当他们不挨饿时，又靠什么来活命呢？要判断这一点，就得实际去看看法国农民，甚至去看看被吹嘘为土地肥沃的省份的农民吃些什么。有八百万法国人没有面包吃，只能吃栗子和其他很少一点食物。有两千五百万法国人没有葡萄酒喝。与此同时，却有大量葡萄由于过剩而不得不扔到臭水沟里。

这就是经济制度向着完美的境地的出色飞跃，而每年还是有成打成打谈论国家富裕的新哲学著作问世。书里描述得多么富裕，而茅屋里又是多么贫困啊！

让我们把现实同这种幻想对照一下。且看伦敦的情况吧！伦敦每年发给贫民的救济费多达两亿英镑，而且还要赡养：

十一万七千个靠教区照顾的公认的贫民；

十一万五千个被遗弃的贫民、乞丐、骗子和流浪者；在这些人中间有：

三千个窝赃者，其中有一个拥有两千万财富；

三千个制造伪币、唆使奴仆盗窃主人，唆使儿子偷窃父亲的犹太人。

这个大工业中心城市总共有二十三万二千贫民。——难道这是出色的飞跃吗？法国也正在走向这样的贫困。在巴黎，已经知道的贫民有八万六千人，也许还有同样多的没有被人知道的贫民。法国工人的生活极其贫困。在像毕加第这样生产高度发展的省份，在亚眠，康布雷和圣康坦之间，农民的土窑中根本没有床铺，他们用干树叶做小床。干树叶经过一个冬天就变成长满蛆虫的粪堆。因此，睡觉醒来，父亲同儿子就得互相把粘在身上的蛆虫弄掉。这种破旧屋舍里的食物同家具一样简陋。美丽的法兰西的幸福命运就是这样。还可以举出一打同样贫穷的法兰西省份，例如布列塔尼、利木赞、赛文山脉、阿尔卑斯山、汝拉、圣太田，还有甚至被称为法兰西花园的美丽的土伦。

工业主义者对这一点的答复是，应该传播知识，普及教育。可是，知识对于没法生活下去的不幸者又有什么用处呢？——它将会促使他们起来造反。

人类的这种堕落产生了无神论。无神论随着文明制度的工业进步滋长起来，而工业似乎是自然对人类的一种嘲讽。无神论是文明制度的必然产物。文明制度已经拖延得过久，并且使生产普遍高涨，然后人们才了解到按比例的分配方法和保障人民最低生活的办法。换句话说，人们才认识到关于生产关系的符合本性的或神的法典。

上帝甚至为昆虫都制订了社会法典，——难道他会忽略为比蜜蜂、黄蜂、蚂蚁更大大值得他关心的人类制定这种法典吗？难道他在创造生产的情欲和生产的因素时竟不懂得这些东西供什么制度使用吗？假如是这样，上帝就甚至比我们的工人还要愚蠢，因为建筑师在为某种建筑准备材料时，就一定会预先画一张他想使用这些材料来修建的建筑物的设计图。

上帝本来应该预见到我们的立法者——梭伦之流、查士丁尼之流、孟德斯鸠之流、塔尔日[①]之流的无能。如果这些人自称能够编制社会法典，那么，上帝就更有理由能够完成这项工作。他们只能靠强迫手段、暗探和绞架来作他们的法律支柱。上帝则用引力来作自己的法律支柱，而上帝是引力的唯一的分配者。许许多多其他征兆已经使人预感到神的法典的存在。因此，应该举行竞试来探讨这种法典，并且首先确定这种研究所应当采取的方法。

要使神的法典成为有系统的法典，首先必须就经济制度作出决定，因为经济制度起着主要的作用。管理则只是随它之后产生的。这就是说，必须探求上帝关于经营的法则，以及关于他为农业劳动和家务劳动所规定的秩序。

恰恰相反，政论家们在三千年期间仅仅研究了管理、研究了行政的和宗教的舞弊行为。只是在最近一百年他们才开始考察经营

① 塔尔日(1733—1807年)，法国的法学家，法国人权法案的作者之一。——译注

问题，却没有想到要纠正它的混乱现象。不管是一时的疏忽大意也好，或者是一贯的错误也好，他们赞美过经营上的两种根本缺陷——生产的分散性和用自由竞争的名义装扮起来的商业欺骗。这一点是毫无疑义的。

由此可见，科学已经走上了错误的道路。它不对称为农业和工业的这两个部门的罪恶进行斗争，而只是在政府和僧侣的这两个部门中起作用。但是，触及这两个部门，不能不引起骚动不安，往往还会使营私舞弊行为加倍猖獗，而用协作制度来纠正农业和工业的缺陷，则是政府当局完全可以同意的。政府当局会发现，使收入增加三倍和停止一切党派纠纷对它有很大的好处。而一旦过渡到幸福的协作制度，人们将会怀着怜悯的心情来看待党派纠纷了。

在讲到这个关于经济和科学的一般缺陷之后，还应该谈谈个别的缺陷和制度的错误。这是一个需要写一卷书的题目。我准备只简略叙述一下。

贫困现象根深蒂固，甚至还有所发展。我们的经济学家们被这种景象弄得惶惑不安。他们已经开始怀疑，他们的科学是否走上了错误的道路。不久以前，萨伊先生和西斯蒙第先生两人曾经就这个问题发生争论。西斯蒙第先生在观光海外奇迹归来之后声称，拥有大规模工业的英国和爱尔兰，只不过是一大群贫民；工业主义直到现在还只是一种幻想的境界。让·巴·萨伊先生为了科学的荣誉进行反驳。但是，老实说，政治经济学已经被1826年的生产过剩所引起的危机弄得晕头转向。它力图为自己辩解。已经

听到像已故的杜·斯图亚特之流的学派领袖们在说，科学只限于起消极作用，它的任务仅止于研究现存的灾祸。

这就好像一个医生向病人说：“我的职责只是分析你的寒热病，而不是给你指出治疗寒热病的方法。”这种医生在我们看来是最滑稽可笑的。然而，现在某些经济学家想扮演的却正是这种角色。他们觉察到他们的科学难于找出解除疾病的药剂，而只会使疾病恶化。他们像狐狸对掉在井里的山羊那样，对我们说：

“用劲往上爬，把劲全都使出来。”

如果容忍这种消极作用，容忍这种他们认为可以用来原谅科学的无能的利己主义，那么，他们还是非常难于履行“对疾病作分析”的这个诺言。因为他们不愿意承认这种疾病普遍存在，不愿意承认经济体系中的一切都有缺陷，它各方面都是是非颠倒。让我们根据不久以前西斯蒙第先生无意之中作出的半承认来评断这件事。他承认消费是用颠倒的方式进行的。这种消费以游手好闲者的随心所欲为基础，而不是以生产者的福利为基础。这已经是向诚实的分析迈开了第一步。但是，难道颠倒的结构只限于消费方面吗？难道下述情况还不很明显吗？

由名为商贾的中间人进行的流通是倒行逆施的，因为这些人变为生产品的所有者。他们用囤积居奇、投机倒把、撞骗欺诈、巧取豪夺、使人破产等阴谋诡计来对生产者和消费者进行敲诈勒索，引起经济体系混乱。

由于工业进步而使工资降低和人民贫困的竞争是倒行逆施的，因为竞争愈发展，工人愈不得不接受工资微薄的、众人争夺的工作。而另一方面，商人愈多，由于牟利困难就愈采取欺诈手段。

上面已经谈到经济结构中用倒行逆施的方式引导的三种动力。我很容易举出三十种这样的动力。可是,我为什么只承认其中的一种,亦即倒行逆施的消费呢?

经济制度有一种更加突出的破坏性,即集体利益和个人利益之间的冲突。任何一个劳动者都由于个人利益而和群众利益处于对立状态,对群众不怀好意。医生希望自己的同胞患寒热病;律师则希望每个家庭都发生诉讼;建筑师需要一场大火把一个城市的四分之一化为灰烬;安装玻璃的工人希望下一场大冰雹把所有的玻璃打碎;裁缝和鞋匠希望公众用容易褪色的料子做衣服,用坏皮子做鞋子,以便多穿破两套衣服,多穿坏两双鞋子。为了商业的利益,这就是他们的老生常谈。法院认为法国每年连续发生应该审理的十二万件犯罪案件和违法行为是适当的,因为这个数字对维持刑事法庭是必需的。在文明制度的经济体系中,每个人都这样处在蓄意与群众战斗的状态中。这是反协作制经营方式或倒行逆施的世界的必然结果。我们看到,在协作制度下,这种滑稽可笑的现象将会消灭。因为在这种制度下,个人只有在全体群众的利益中才能找到自己的利益。

在所有必然会使人们对目前的经济制度发生怀疑的指数中,没有比分配方面的简单比率更加使人吃惊的了。我说简单比率,指的是只从一方面增长,而不是从另一方面增长的比率:下面就是把这种比率适用于五个阶级的例子:

	穷苦阶级	生活拮据的阶级	中间阶级	富裕阶级	富有阶级
A	0	1	2	4	8
B	1	2	4	8	16

C	2	4	8	16	32
D	4	8	16	32	64
E	8	16	32	64	128

A 行代表社会初期的状况，当时财产的差别还不明显，0 表示穷苦阶级还不存在。

随着社会财富的增长，正如在 B、C、D、E 等行所看到的那样，穷苦阶级应该按照每行所表示的比例获得社会财富的一部分，也就是说，在 E 这个财富等级中，当富人每天有一百二十八法郎作为开销时，穷人至少应该有八法郎。在这种情况下，比率是复合比率，对五个阶级都是按比例增长的，但不均等。

但是，在文明制度下，比率只是从一方面增长，穷苦阶级永远停止在零这个数字上。因此，如果财富达到第五阶段即 E 行时，富有阶级全部获得它一百二十八法郎的份额，而穷苦阶级却只获得零，因为他们获得的份额永远少于必需的份额，以致文明制度的比率是按照 0、2、8、32、128 这样成倍增长的。群众，即贫苦阶级，简直得不到财富增加后应得的份额，而只是越来越贫困。他们眼见各种各样的财富日益增多，而自己却无法享受。他们甚至连获得令人厌恶的工作也没有把握，虽然这种工作会折磨他们，除了使他们不致饿死外，不会给他们带来任何好处。

在这方面，懒散的人民，例如西班牙人，就比爱劳动的人民幸福。因为，西班牙人愿意接受工作的时候，就有把握找到工作。法国人、英国人、中国人则得不到这种好处。

我并不由此就得出结论说，西班牙的社会制度是值得赞美的。远非如此。我只是想达到本文标题中所表明的目的，证明在分散经营的制度下，即在文明的经济制度下，一切都是恶性循环。这种制度的成就所创造的是幸福的因素，但不是幸福。幸福只有从劳动引力和按照 E 行的按比例的分配制度中才能够产生。当劳动还使人厌恶的时候，也就是说，当必须使人们停留在极端贫困的状态中才能使他们同意从事生产劳动的时候，按比例分配是不可能实现的。同时，既然文明制度的生产量只是协作社将有的产量的四分之一，而人口又显得过多，那么，就不能保证给予文明制度下的广大平民一份最低限度的生活资料，即适当的必需品。

经济制度的这种恶性循环，已经是大家公认的、无可争辩的事实了。人们开始从各方面对它发生怀疑，而且觉得奇怪：在文明制度下，贫困是由富裕产生的。我刚刚叙述过五种缺陷，其中每种都足以单独造成这种混乱。当所有的五种缺陷同还没有列举出来的五十种缺陷一起发生作用时，会产生什么样的结果呀！

证明了文明制度的人民遭受厄运的必然性之后，让我们再注意这一点：工业的发展使富人的幸福增加得很少，或者完全没有增加。现在巴黎的资产阶级拥有比十七世纪的高官显贵更漂亮的家具，更美丽的小玩物，这增加了什么幸福呢？难道那披着开司米羊毛披巾的太太比谢温叶和尼侬[①]这类人更幸福吗？现在我们看到巴黎的小资产者桌上摆着镀金瓷器，难道他们比路易十四的大臣，如考尔贝、卢甫瓦等有陶瓷器皿的人更幸福吗？

毫无疑义，有的东西改进后使用方便，效果好，的确令人感到愉快。如马车的弹簧架就是这样。但是有些奢侈精美的东西经过

① 尼侬是当时巴黎的高等娼妓。——译注

一个星期后，人们便对它们感到厌腻了，如瓷器就是这样。因为它们的用处只是激发穷人的贪欲。在穷人看来，富有阶级拥有这些玩意儿是一种莫大的幸福。这些东西在协作制度的时代才有用处。那时，它们将具有双重的属性——激发劳动引力和增加情欲的协调，而情欲的协调才是一种真实的享乐。这种协调对于穷人和富人一视同仁，虽然他们在财产上极为悬殊。那时，最贫穷的人得到的快乐将比现在最富有的国王多得多。因为，情欲谢利叶制度可以创造社会的协调，也就是现在的高官显贵们几乎无从知道的精神愉快，而且可以把感情上的辨别能力提高到文明制度根本无法想象的精细完美的程度。

总之，我重复一遍，文明制度的工业只能创造幸福的因素，而不能创造幸福。相反，事实将会证明，如果不能发现循着社会发展阶梯真正前进的办法，则工业的过分发展会给文明制度带来极大的不幸。我曾经说过，我们的政治家，一方面夸耀飞速的进步，一方面却像虾类那样爬行前进。对两个派别——

自由主义者和工业主义者、

蒙昧主义者和专制主义者

所促成的这种倒退运动进行分析，将是一个很耐人寻味的题目。

这两派之间的差别在于：蒙昧主义这一派并不否认他们的目的在使第十世纪复活，而自由主义这一派则自认为他们能够使社会臻于完善。这是虚假的，因为自由主义者旨在用双重办法使车轮倒退。在我写的专门章节中，人们将会看到，科学并没有能够把文明制度提高到它能够达到的唯一的进步程度，即上升到第四阶段。

称为文明时期、野蛮时期、宗法时期、蒙昧时期或其他名称的社会时期，与人的年龄相似，它们各自又分为四个阶段，即第一、幼年时代，第二、青年时代，第三、壮年时代，第四、老年时代。称为老年时代的第四阶段有时倒是一种有益的进步。这一点，可以根据埃及的情况来判断。埃及在掌握了军事战术、航海术和某些科学之后，便进入了属于第四阶段的衰老的野蛮制度，而这种野蛮制度又逐渐导向文明时期的第一阶段。因此，这是一种真正的进步，正如夜晚再进步就接近白昼一样。

如果文明制度能够从它的第三阶段，即现在它所处的阶段，进入还未诞生的第四阶段，那么，这会是一种极端有利的转变。因为我们便会接近下一个时期，社会保障时期，即同文明制度连接的最高阶段。保障乃是一切哲学家所幻想的幸福。可是，他们在任何方面都无法达到这种幸福。为了获得保障，必须越出文明时期，上升到下一个阶段。我们的科学不能使我们这样从一个时期进入另一个时期，甚至无法使我们循着文明制度发展的道路前进，也就是说无法使我们至少从第三阶段进入第四阶段。关于第四阶段的结构，我将在第七编中加以解释。

让我们在这个题目上注意这一点：人们尽管对文明时期进行了那么多考察，可是，还没有考虑到要对文明制度作正确的分析，把它划分为四个阶段，确定每个阶段之所以形成为阶段的独有的特点（譬如第三阶段的商业无政府状态），以及确定那在四个阶段期间居于支配地位的共同特点（譬如以扼杀小强盗为目的的大强盗联盟），然后再确定从其他时期借用来的前后衔接的特点。军事法典就是从被称为野蛮制度的低级时期借用来的，而货币制度则

是从高级时期，即从尚未诞生的团结一致的保障制度的时期借用来的。它是人们在交往方面得到真实保证的唯一领域。

如果考虑到我们的科学竟然忘记了对文明制度进行分析，忘记了这种有系统的序列所指示的基本的首要的研究，那么，人们难道还会因为我们的科学忽略了对其他许多构成新颖而浩瀚的科学的研究，譬如忽略了对下述科学的研究而感到奇怪吗？下述科学，我把它们同它们所归属的各类学者加以对照：

道德学家——文明制度的分析。

政治学家——团结一致的保障制度的理论。

经济学家——协作的近似值的理论。

形而上学家——情欲引力的理论。

自然科学家——全世界普遍类比的理论。

如果每类学者都这样忽略了自己的首要任务，那么，就不会因为他们忘却了那个不很重要的细节（如对经营方式的恶性循环的分析）而感到奇怪。这种经营方式，显然是违背英明政策的下述四种原理的：

适用于三类固执的人——儿童、野蛮人和游手好闲的富人——的劳动引力；

按照每个人的资本、劳动和才能等三个特点使每个人都得到满足的按比例实行的分配；

保持在会使下层阶级生活拮据的人口数字之下的人口平衡；

力量的节约，或最大限度地缩减非生产者——商人和其他的现在人数多到约占文明制度的人口三分之二的那一类人。

工业主义者回避这些问题，也回避了上百个其他问题。这上百个其他问题本来可以向那些认为通过发展分散的农业和无政府状态的商业(即欺诈的竞争)的途径会使社会制度臻于完善的人提出来的。作家们只知道对主要的缺陷交口称赞,以免提出防止这些缺陷的办法。在基本问题方面,例如在人口平衡问题上,我们看到科学对它略而不提,说这是无法理解的。斯图亚特正是这样来解答人口过多这个谜的。在他之后,华莱士和马尔萨斯也来解答这个谜,但是,他们对这个谜的理解也并不比斯图亚特好一些。

如果还对文明制度存什么指望,那么,社会政策的问题就会完全无法解决。文明制度在各方面已经成为理智的迷途,在各方面都已经陷入恶性循环。但是,为什么还不努力去发现新的社会制度呢?对那些白费力气寻求新主题的作家们说来,这正是他们的锦绣前程。

当他们偶然涉及某种新思想,例如涉及劳动协作社的思想时,他们就赶快把这种思想弄得模糊不清,把自己的陈腐的诡辩,直至最滑稽可笑的东西,例如财产公有和意见完全一致的真正慈善家的温良博爱,都塞进这种思想中去。

情况远不是像欧文派所炫耀的这些精神上淡而无味的论点所说的那样。协作制度需要的分歧意见和需要的一致意见在数量上一样多。一切正是应该从意见分歧入手。为了组成情欲谢利叶的法郎吉(由一千八百人组成的协作社),在促成人们意见一致以前,必须使人们至少发表五万种分歧的意见。从这个例子可以判断,我们的世纪距离协作社的道路何等遥远。它还把关于情欲和社会和谐途径的种种虚妄的道德观点带到这个问题的研究中。

我已经谈过，既然工业主义在我们的科学幻想中是最新，而且是最享有盛誉的东西，那么，我就应该在谈这个问题的实质以前把这种幻想拆穿，使它的拥护者醒悟过来，而且向他们指出工业主义的努力方向是不对头的，指出这种无目的和无方法的经济制度将会陷入恶性循环中。

但是，为什么这样有学问的人，这样能干的作家们，竟会这样无能呢？为什么他们卓越的才能只是把我们从一种弊端引向另一种弊端呢？这是因为他们没有指南针在迷宫中乱走。

在这方面，我们且来回忆一下他们关于类比的基本原理（上面引证过谢林的基本原理）。如果说在自然的体系内存在着统一和类比，那么在政治领域内，也和在物质领域内一样，我们就应该有两种罗盘仪。航海者有磁针和星辰辨明方向；社会政策也同样应该有自己的两种向导，即自己的罗盘仪和反罗盘仪。如果上帝没有像给物质世界一样也给社会世界两种向导来指导它的行程，那么就既不会有体系上的统一，也不会有类比。在指出这两种社会的罗盘仪以前，必须使人们多多少少觉察到还缺乏这两种罗盘仪，觉察到应该在经济领域和管理领域中努力去发现它们。

在经济领域中，我想拿天赋和发扬这种天赋的艺术来作为说明。这是一种人们完全不知道的艺术。现在，我拿不久前发生的一件事来评论这一点。

一个二十三岁的赶大车的青年工人运送五金到夏朗德市的曼比和威尔逊两地的工厂。这个以建筑规模庞大而闻名的工厂的外景迷住了他，发展了他的天赋，即他那种直到目前为止连他的父母和他本人还不知道的劳动引力。他干这种工作后，进步很快，以致到年终就能代替一个每天挣二十二法郎的熟练工人。

根据这件小事，人们就可以对我们的生产方法、对我们的教育理论，以及改善人类和研究人类的理论表示多大的不满啊！这些理论为什么不能从幼年起就辨明并且发展每个儿童的劳动天赋，并且使他适应本性要他去做的各种事情呢？对文明制度说来，这是不可能的。因为文明制度只希望梅塔斯塔肖①作个看门人，希望卢梭和富兰克林作两个愚昧无知的工人。只是在万分侥幸的场合下才能看到某些劳动者从这种被埋没的状态中得到拯救，并且往往是很晚才被安置到本能给他们指定的岗位上。这个赶大车的工人到了二十五岁才找到了这个岗位，而且是偶然才找到的。

因此，我们显然缺乏罗盘仪和钥匙，来解释这部关于劳动和科学的引力的天书的密码。只有应用情欲谢利叶的方法，才能使这种引力和天赋显示出来。因为情欲谢利叶是社会机构的任何部门、特别是教育部门的主要罗盘仪。

就这方面来说，当前应该解决的问题是，要使每个三岁的儿童不仅发展出一种天赋，而且发展出二十种天赋。他应该从四岁起就能很熟练地参加二十种劳动谢利叶的工作，并且在那里挣得超过他们的生活费的工资。他们在那里轮流锻炼自己的体力和智力，使之都能得到充分发展。

文明制度的人不仅缺少四岁时就可以得到发展并且充分发挥作用的二十种天赋，而且往往在二十岁时还不能发展出应该发展

① 梅塔斯塔肖是意大利诗人彼得罗·安东尼奥-道明尼考·特拉帕西（1698—1782年）的笔名。——译注

出来的任何一种天赋。如果他是平民,他的父母就会不按照他的本能而强制地把他安顿在某一工作岗位上。于是他就在这个岗位上糊里糊涂混日子。因为任何人如果不能发挥本性指示他应该发挥的作用,他将是不幸的。如果他出身殷实阶级,也许他三十岁还不会有成就。因为送到大学、法科学校和医科学校去的一百个青年人中,毕业后未必有二十个人会有成就。

使人的天赋开花,这种从幼年起就使天赋得到发展的艺术是我们的科学的暗礁。这说明,我们在指导本性这个问题上根本没有罗盘仪,甚至在农业上也是这样。因为在乡村儿童看来,这种职业只会引起他们的反感。我们的科学,在劳动教育方面和在其他各个方面一样,显然处在本性或引力的途径之外。而且,事实很清楚,为了获得指引劳动活动方向的罗盘仪,就必须采用新科学:情欲谢利叶。如果它能按照我在第Ⅰ编里将要叙述的规则正确地组织起来,那么人从小到老都会一直兴趣勃勃地参加工作。他能够为社会利益服务,同时也为自身利益服务,并且使自己的体力和智力朝着最合理的方向发展。

还有应该确定的第二个社会罗盘仪。因为自然界对各种行动不是只赋予一种罗盘仪,而是赋予两种罗盘仪。因此,它还应该赋予我们社会力学方面的反罗盘仪。现在我首先指出在什么方面缺少这种罗盘仪。

在行政管理方面,本能使我们发现了自然保障的萌芽(诚实和节约的保障)。但是,人们都只能把它应用于货币制度,亦即在人的关系上诚实和节约唯一占支配地位的领域方面。什么是货币制度呢?这就是对于国库的管理,而国库具有由交换业务和金银生产业务所构成的两种平衡力量。它们的竞争把政府保持在节约和诚实的途径上。这就是说，这是一种本来应该用于整个商业机构和行政管理机构方面，以便在这些方面引进节约和诚实的保障的制度。

货币业务是一种垄断，而且是一种复杂的垄断。它具有两种平衡力量：它与简单的垄断，例如烟草的垄断完全不同，因为烟草垄断没有平衡力量而是任意的垄断。

我们手里有两种社会罗盘仪中的一种，即本能使所有的政府去发现的复杂垄断。但是政府却没有本领把它应用在商业方面，操纵它来为人民谋福利，而人民在流通机构内是需要诚实和节约的保障的。

受到关于自由的诡辩的欺骗的行政管理机关，竟然听任自己的领域最好的一部分被人夺去。它放弃商业，让给私人去经营，听任商业处于欺诈的竞争之中，处于欺骗和混乱的无政府状态中。

下述两种方法中究竟哪一种可取：是在货币垄断中占优势的保障的方法呢？还是每天都在增加代理人、吞没更多的资本、到处招摇撞骗和使机构复杂化的那种无政府状态的贸易自由方法呢？为了判断这个问题，可以假设暂时把货币业务置于商业制度和自由竞争的条件下。这样一来，每个国家马上就会出现两万个造币厂主，他们一面表白自己是正直的，一面却依照商业习惯彼此竞相铸造成色不纯的钱币，因而阻碍一切交易，使金融陷于混乱。

因此，显而易见，经济领域的保障，就在于复杂的垄断，或具有两种平衡力量的国库管理，而欺骗的竞争制度则是没有任何保障的。所以，第二种社会罗盘仪是复杂的垄断，把它应用在商业上，就会为我们开辟一条摆脱文明时期的出路，使我们上升到协调的保障时期，亦即介乎文明状态和协作状态之间的中间阶段。

就这样，我们的哲学家们梦想实现社会保障而到很远的地方去寻求财宝，其实财宝就在他们手边，并且已经在我们的交往关系的最明显的领域中，在通过具有两种平衡力量的垄断实行管理的货币业务的领域中看到它的萌芽。

哲学家们关于社会平衡力量的观念是模糊不清的。他们喋喋不休地议论什么均衡、平衡和保障，等等，但是，由于他们是古代哲学的怪癖的继承者，他们就想把这些本来应该放在经济领域中的平衡力量用在行政管理工作中。

这条错误的途径只能引起混乱。虽然人们希望用宪法来约束政府，但是政府总会完全成功地摆脱这种约束的。要改造的只应该是经济制度。只要经济制度是以保障制度或协作社制度的形式组织起来的，任何政府便会把压制舞弊行为看成是自身的利益所在，而在文明制度下它却要庇护这种舞弊行为。

这就是说，改革家们应该注意的只是经营制度，并且为了在这次改革中有方向可循，必须利用两种罗盘仪之一：

或者是具有两种平衡力量的垄断。这种垄断已经萌芽，而且由于它自身不断扩大，将会导致社会保障时期；

或者是情欲谢利叶。情欲谢利叶的发现虽然比较困难，但它会引导到协作社制度，即达到人类最终的命运（保障只是一种过渡，只是一种介乎称为文明制度的厄运与幸运——协作状态——之间的混合状态）。

复杂的垄断的发现更加适合我们的时代精神。我们的时代精神枉费心机地对英国在海外贸易方面实行的简单垄断进行斗争。这种经济的暴政在复杂的垄断面前，如同所有别的东西一样，会自然而然垮台的，而且英国本身也会从这件事里得到好处的。这种发现会使称为经济学或经济主义的科学闻名于世。可是这门科学却宁愿退却，并且硬说，它的任务仅仅限于分析现存的制度。那就请他至少要去完成这个职责，去从事那会向我们揭示出种种怪诞的卑鄙可耻的行径的商业分析吧！由此，便会得出必须把这种罪恶渊薮、这种荒唐结构加以改造的结论。这种荒唐结构会合六十种有害的特点（例如已列举过的颠倒的消费、流通和竞争等等），曾经用工业为各族人民设下了陷阱，并且同时也加深了他们的贫困和堕落。有人硬说，人并没有变得比以前更虚伪。然而，半世纪前，用很少的钱就能买到不褪色的布料和真正的食品，而现在却到处是赝品和欺骗占统治地位。庄稼人也成了像商人那样的骗子。乳制品、牛油、葡萄酒、白酒、咖啡、糖、面粉——这一切都被厚颜无耻地加以伪造。贫苦大众再也无法买到真正的食品；卖给他们的只是些慢性的毒物，——商业精神竟发展到遍及穷乡僻壤的地步了。

当蒙昧主义派引证这种结果来论证自己倒退的观点时，他们可以自认为拥有充分根据，特别是 1826 年发生了过分富裕的危机之后尤其是这样。但是，在当前这个时机，蒙昧主义毕竟是可鄙的和危险的根源。曾经有过一种极其光辉的作用，而自由主义的反对者们却没有能够掌握它。他们本来应该完成自由主义者无法完成的事：循着社会发展的上升阶梯向前进展，通过改造商业制度的方法来实现真正的进步，以及进行一项非常轻而易举的工作，可以使法国国库有两亿收入，使全民族有十亿收入，进一步（这是更有价值的优点）则在被目前无政府状态弄得引起公愤的流通机构中实现诚实和节约的保障。半个世纪以来，商务作为一种工作，虽然只有很少改变或完全没有改变，但是商业已经把自己代理人的数目提高三倍，欺诈则随着资金数量的增加而增加。

如果蒙昧主义者能够发明这种做法，能够把货币制度即复杂的垄断或具有两种平衡力量的国库管理制度，应用到商业上，他们就会从自由主义者手里夺去舆论的同情，并且能够向他们说："看，我们把社会制度引到了完美境界，你们却只会使它倒退。你们只会崇拜金钱，只会糟蹋自己口若悬河的口才，用它来歌颂无政府状态和商人的欺诈，而不是把自己的全副力量用来寻求诚实的贸易方式。"让我们结束的时候，注意这一点吧：

诡辩主义者们硬说他们创立了协作社，或者写过关于这个题目的文章，可是他们完全不知道有两种罗盘仪，甚至不知道称为具有两种平衡力量的垄断的第二种罗盘仪，而这第二种罗盘仪，如同被踩在脚下的不易发现的宝石一样，就存在于我们中间。

另一方面，这些实践家们和理论家们都陷于烦琐哲学的无神论的恶习中，都陷入一种错误中。这种错误在于期望从称为立法的人的理性中获得知识，而这些知识却应该是通过对引力或自然规律的研究而向神的理性去祈求的。

人们可以看到，一些自称是协作社的团体，不去从事这种研究，而去参与政治和宗教的学术争论。其中某些人几乎发展到同上帝决裂的地步：废除崇拜上帝的公共仪式的欧文派就是这样。一看到这种可怜的革新，就足以甚至在未了解他们的教条和方法以前就得出结论:他们对于协作社毫无认识。

如果他们在某种程度上模糊地预感到协作社这种机构,他们就会知道,在协作制度下,爱上帝将成为所有的人的热烈的情欲:他们时时刻刻享受新的愉快,并且在欢乐的海洋上乘风破浪地行驶时,将会感到有必要时时刻刻向如此美妙的制度的创造者表达自己的敬意。他们绝不会在举行礼拜时慢吞吞,而会把它变成一种富于魅力的习惯。庙堂中的宗教集会,还不足以表达他们的感激心情。他们还希望在劳动小组或者娱乐小组中看到有创世恩人的标志。他们希望用某种方式来使它同自己共享幸福,并且希望在每次集会时歌唱颂扬上帝功德的赞美诗。

令人厌恶的情欲和性格达到了和谐。生产劳动甚至对骄奢淫逸之徒也成了诱人的事情。儿童从幼年起就经常参加有益的事情。引力提供优越的冲动。当无神论者自己看到神的智慧的这些杰作时,我是说,当无神论者看到这些奇迹时,就会把自己对宗教的精神的赞同看成是一种胜利的标志。他们会变成最热烈赞美上帝和痛斥文明制度的法律的人。文明制度的法律,看来确实正像它实际的情况一样,是地狱精神的产物。这些只会贬低美德的法律,使恶习处处得逞,而使人对天意产生怀疑。因为在文明制度的种种叛逆行为中,在工业生产的可鄙的结果中,看不到一点天意的迹象。而这种工业生产对于注定从事它的人说来,乃是一种折磨,使文明制度的人的处境远不如蒙昧制度的人和牲畜。

我感到遗憾的是,由于必须缩短叙述,我们不得不略去许多初步的概念。对学者和艺术家们略述一下他们在新制度下将会享受到的无数财富和荣耀,这本来是特别适当的。他们很容易因为这种发现而感到沮丧，他们担心新的科学会损害他们理论体系的销路。他们为了获得一点可怜的额外收入而不得不曲意逢迎，竟把关于这种制度的思想称为妄想。其实，在这种制度下，从事科学和艺术的人将被列入最高等级，并且很容易挣到文明制度只是给予证券投机者和阴谋家的那种财富。

他们迷恋自己在其中居于末位的那种秩序。这是上了多大的当啊！因为在那种秩序下，再没有比学者和艺术家的地位更受奴役、更受压迫和更受卑视的地位了。他们称颂崇高的真理是人类最好的朋友。可是，这种崇高的真理并不是哲学家们的朋友。因为，如果他们敢于使人们听到崇高的真理，他们就不只会丧失一切，而且还会受到迫害，如威尔门[①]、拉克莱捷尔[②]、米舒[③]、列让德[④]、蒂梭[⑤]、莱弗甫·瑞诺[⑥]等人一样。

我答应向他们证明，在协作制度下，他们将会享受完全的自由。他们挣几百万法郎，比现在挣几千法郎还容易。即使是微不足道的乡村教师，都会成为高贵的人，更不要说那些能够在某一方面领导某一省的师范学校的人了。在协作制度下，必须有使人民都成为有知识的、熟悉科学和艺术的人。这是共同发财致富的手段，因而连现在的蒙昧主义者也将会赶快来推进教育事业。

学者们这个即将到来的命运的图景对那些过惯困苦生活的人

① 威尔门(1790—1870 年)，法国作家和历史学家。——译注

② 拉克莱捷尔(1751—1824 年)，法国文学家。——译注

③ 米舒(1773—1858 年)，法国作家和出版者。——译注

④ 列让德(1752—1834 年)，法国著名的数学家。——译注

⑤ 蒂梭(1768—1854 年)，法国著名的文学家，法国科学院院士。——译注

⑥ 莱弗甫·瑞诺(1754—1829 年)，法国数学家和物理学家。——译注

说来，会过分令人眼花缭乱。他们始终怀疑我在夸大其词，并且认为我也像金融家一样，在一个数字后面加的零太多了。这种提法完全不对。什么都是完全可以用算术来证明的。我并不想夸大数字，却有缩小总数的习惯。我们可以看到，光是一门新的科学——类比学，它的每一十六开的印张就会使作者得到稿费五六百万法郎。类比学的内容至少可以写成三千卷篇幅像本卷这样大的书，并将一个印张一个印张地问世，以满足读者的迫不及待的心情。这只是社团制度保证给予科学家和艺术家的一笔巨大的收入而已。

在这以后，难道他们还有理由抓住自己在巴黎的四十万法郎的菲薄的个人收支不放吗？那就无异于这样一个不幸的人：这个人在能够获得一笔可观的遗产、因而可以抛弃自己的木板屋而住进私邸时，竟会想到他如果失去他的土罐子和木调羹就会饿死。

可以原谅因催眠术的发现而感到惊慌不安的医生，因为催眠术会在各种不同的情况下缩小医生的活动范围而不给予补偿。引力的计算学却不是这么回事。因为引力计算学对所有的科学家和艺术家来说，是一条帕克多尔河[①]。

我转而谈到这个理论时，只有向读者讲这个理论会使我们达到的目标，这样才能更好地引起读者们的注意！这个理论将使人获得财富和幸福，而且这种幸福并不是仅仅由于财富就能够得到的。这种幸福在于情欲的全面发展。这是一种文明制度最富有的人还远远不能得到的幸福。人们将会深信，文明制度下最幸福的

① 帕克多尔河，据传说是古代吕底亚的一条充满黄金的河流。——译注

人,像有权有势的年青、漂亮而又强壮的君主这样的人,都无法获得协作制度下同样年龄和同样健康的人们中最贫苦的人所享受得到的那种幸福。在这里,所有关于真正幸福的哲学的学术争论都会宣告结束。必须承认,这种幸福不是为文明制度创造的,即使最受人夸耀的骄奢淫逸之徒距离这种幸福仍然是十万八千里。

经济的新世界或符合本性的协作的行为方式

第一编　情欲引力的分析

第一概述　关于情欲谢利叶的初步概念

第一章　关于引力的三个目的及其十二种动力或根本情欲

情欲引力是自然界在思考能力产生以前提供的推动力。这种推动力尽管受到理性、义务、偏见等的阻碍，仍然是一种持续而顽强的力量。

任何时候，任何地方，情欲引力都一直追求着三个目的：

一、追求奢侈或五种感觉的满足；

二、追求成为组和组的谢利叶，追求亲密的联系；

三、追求情欲、性格、本能的结构；

以及——作为其结果——追求宇宙的统一。

第一个目的——奢侈。它包括一切感性的愉快。我们希望得到这些愉快，就暗示我们希望得到健康和财富，因为健康和财富是满足我们种种感觉的手段。我们期望内部的奢侈即身体强健，以及感觉精细灵敏。我们也期望外部的奢侈即货币财富。要达到情欲引力的第一个目的，必须拥有这两种手段。这个目的在于满足五种感官力量：味觉、触觉、视觉、听觉和嗅觉。

分析感觉是一个崭新的题目。人们甚至还不知道每种感觉力量的阶梯，以及它按七个等级的应用。

第二个目的——组和谢利叶。引力趋向于形成组。组共有四个：

	名　称	象征性的标志
高级的	友谊组	圆圈
	雄心组、团体联系	双曲线
低级的	爱情组	椭圆形
	父子关系组或家庭	抛物线

所有按照情欲并且自由形成的小组，都属于这四类中的一类。

一个小组的人数一旦多起来，就划分为更小的组，形成派系的谢利叶。这种派系按照意见和嗜好的差别依次排列为阶梯的形式。可以看出，甚至在由七人组成的小组里也会形成系列（谢利叶）：一个小组活动几天之后就会表现出五、六、七种意见和嗜好的细微差别。

这样，就很明显，所有的组都倾向于形成系列（谢利叶）、即不同种类的阶梯，而系列（谢利叶）是感觉和心灵在各种活动方面的引力的第二个目的。

例如，听觉要求在音乐的和弦方面有高音、中音和低音三组所形成的系列（谢利叶），然后要求人数不等的各组使用的乐器形成的系列。一切感性的愉快也都是这样。任何一种感性的愉快，如果不根据组的系列来分，便不完满。凡是进行娱乐或工作时没有系列，或者在系列等级的选择方面没有自由，都会令人感到简陋和贫乏。

造物主既然在动、植、矿三界都采用了这种分法，他一定认为组和系列是非常需要的。既然博物学家能够按组和系列来对三界加以分类，那么，为什么人们不能根据这个理由对情欲进行某些试验呢？

第三个目的——情欲力学，或组系列力学，倾向于使五种感觉力（1.味觉、2.触觉、3.视觉、4.听觉、5.嗅觉）同四种依恋的动力（6.友爱、7.雄心、8.爱情、9.父子关系）协调一致。这种协调一致是通过三种人们很少知道的，并且受到诽谤的情欲的中介作用建立起来的。我把这三种情欲称为：10.计谋情欲、11.轻浮情欲、12.组合情欲。

它们必须在内部作用和外部作用方面建立情欲的和谐。

内部作用：每个人都希望在自己的情欲作用方面保持这种均衡，以便使每种情欲的自由发展有利于所有其他情欲的发展；以便使雄心和爱情只会产生人与人之间的有益的联系，而绝不会使人陷于欺骗；以便使人们即使在盲目地发泄情欲时，永远循着发财和健康的途径前进。自然界把这种建立在毫不犹豫地听任自然安排的基础上的均衡给予动物，而不给予文明制度、野蛮制度和蒙昧制度的人。情欲使动物得到好处，却使人陷于灭亡。

因而，在目前的情况下，人在处于同自身斗争的状态中。人的种种情欲是互相冲突的。雄心与爱情相对立，父子关系与友谊相对立。十二种情欲中的每一种都是这样。

由此便产生出妄想压制情欲的被称为道德的科学。但是，压制并不能使事物畅通，使事物和谐。我们的目的在于使情欲按力学原理自发地运转，而不是压制任何一种情欲。上帝如果赋予我们的灵魂以无用的或有害的动力，那他就未免太荒谬了。

外部作用：为了调整外部作用，必须使每个人在追求个人利益时，都总是在为大众的利益服务。实际上发生的情况正好相反。文明制度的机构就是每个个人反对大众的斗争，是一种每个个人都用欺骗公众的方法来寻求自己的利益的制度，是情欲外在的不和。问题在于要达到情欲的内部和谐和外部和谐，亦即引力的第三个目的。

为了达到这个目的，每个人都采取强制手段，迫使自己的从属者接受合乎他的心意的、被他称为合理学说的法规。家长使自己的妻子儿女服从据他说是端正行为的生活规矩；大地主在他统治的县城中强迫人们接受他自己的合理主张；身居高位的官吏和部长对于他们所治理的国家也采取同样的做法；妖艳的女子希望用关于漂亮的时装的合理主张来革新一切服装式样；哲学家希望革新一切宪法；小学生则想在儿童游戏中用拳头强迫别人遵从他的合理主张。

因此，每个人都希望群众的情欲同自己的情欲协调起来。每个人都这样倾向于建立情欲的外部结构，并且还使自己相信自己是在为屈从于他的任性的人创造幸福。同样，每个人也希望有一种内部结构来使他的情欲达到本身的和谐。由此可见，引力的第三个目的是情欲的内部结构和外部结构。

这种结构应该受前面所指出的第10、11、12三种情欲的支配。这三种情欲的每一种我都给它起了一些特殊的名称，好让那些爱为小事争吵的读者自行选择：

第十种，计谋情欲——爱用计谋的，喜欢分裂的情欲；

第十一种，轻浮情欲——变化无常的、对比的情欲；

第十二种，组合情欲——起鼓舞作用的，使人们结合的情欲。

下面我要说明一下这三种人们完全不知道的情欲，正是它们在支配着情欲谢利叶的作用。任何一个谢利叶要是不让三种起杠杆作用的情欲自由发展，便不是真正的谢利叶。

这三种情欲在文明制度下被称为恶弊。哲学家们断言第十种情欲，即派系精神是恶行。他们说应该使大家意见一致，使大家成为弟兄。他们同样谴责称为轻浮情欲的第十一种情欲，也就是谴责那种使自己的享受多样化的需要，即从快乐跃向快乐的需要。他们并且谴责称为组合情欲的第十二种情欲，即想同时感到两种快乐的需要，而这两种快乐的结合能使沉迷提高到陶醉的程度。

这三种被称为恶弊的情欲，尽管人人都把它们当成偶像来崇拜，而在文明制度下，却确实是恶弊的根源。因为在这种制度下，它们只能在家庭和行会中发生作用，而上帝创造它们则是为了在对比小组的谢利叶中发生作用。它们只适合于形成这种制度，如果把它们应用于和谢利叶不同的制度，便只能产生恶行。

这三种情欲是十二种根本情欲中的主要情欲。它们领导其余九种情欲。真正的明智，或者说情欲的平衡，正是通过各种快乐的平衡，从这三种主要情欲的共同干预中产生出来的。

十二种情欲都以行动一致为目的。

对于统一的需要，即我称之为统一情欲的这种需要，在征服者和哲学家们那里表现得十分突出。

征服者们幻想用恐怖和普遍奴役来强迫建立统一。他们建立的这种统一是局部的，是用暴力建成的，是颠倒的统一。

哲学家们幻想有直接的和自发的统一，有博爱或各族人民的友爱，有想象的联邦。

每个人无论对整体或局部，都是这样按照自己的口味来幻想统一的。每个民族都希望全世界使用它的语言。文明制度的人比野蛮人对统一的兴趣更大，因为他们希望全世界普遍实行卫生检疫制。因此，他们特别渴望有中枢情欲，即联合情欲。这种中枢情欲和其他十二种情欲之间的关系正如白色和棱镜的多种颜色之间的关系一样。

协作制度一下子就实现了人们所能想象得出的各种统一——在有益的事情方面，如检疫、语言、子午线的统一。在愉快的事情方面，如音义及其他细小的事情的统一。由此产生了许多优越性。其中一种就可以根除暴病、鼠疫、瘟疫、天花媒介、疥疮、梅毒及其他非地方病病源产生的各种疾病。

总之，引力在追求三个目的或三个中心。

它用十二种刺激，或者称为十二种根本情欲，来推动我们达到三个目的。这十二种根本情欲是：五种感觉的情欲，四种依恋的情欲，三种起杠杆作用的情欲。

让我们从本章起就要学会把引力与义务区别开来。例如：任何一个立法者都从来没有把吃饭提高为义务，因为吃饭是一种天性的需要或者引力的需要，人们任何时候都不会忽视的。

我们只是把这些永久是自然的东西，例如不顾禁止吃饭的各种教条和变相义务而总要吃饭的嗜好这一类的东西，看作是引力。义务、道德和知识锁链方面的任何理论，只会使人弄错引力的动力和它的目的。

第二章　情欲谢利叶的概论

协作的艺术只在于善于组织群众性的团体即由情欲谢利叶所组成的法郎吉，并且使它完全和谐地发展。这些情欲谢利叶是完全自由的，只受一种引力推动，并且适合七种劳动活动和各种娱乐。

因此，在这里，我们的研究只限于两个问题：

谢利叶及其小组和分组的内部安排；

其外部安排，即同协作法郎吉和邻近法郎吉的其他谢利叶互相联系和自发协作。

自然界把组系列（谢利叶）应用于整个宇宙的布局安排：动物界、植物界和矿物界。在我们看来，这三界只不过是一些组、系列（谢利叶）而已。所有的行星本身是一个系列（谢利叶）。这个系列（谢利叶）的秩序比自然界的秩序更加完善。各界都是按照简单而自由的组系列来安排的（自由的这个词表示它的小组的数目是无限的）。行星是以复杂的或有节制的组系列的形式来排列的。这样的秩序比简单的秩序更完善。但是天文学家和数学家却并不知道这一点。因此，他们无法说明天体分配的原因，无法说出为什么把光圈给予某一颗行星，而不给予别的行星，等等。

情欲谢利叶是各个不同小组的联合。这些小组是按上升序列和下降序列的阶梯排列的，是依照情欲和对某种活动（例如对种植某种果木）的相同嗜好而结合起来的。这些小组还把一个特定的小组用来进行谢利叶所从事的对象中所包含的每种工作。如果某一个谢利叶是种植风信子或土豆的，那么在它的土地上种植多少品种的风信子，它就要组织多少个小组。种植土豆各个品种的情况也是这样。

这种安排必须以引力为指针。任何小组只应该由根据情欲参加的谢利叶成员组成，而不凭借必要性、道德、理智、义务和强制等来作为动力。

如果谢利叶不是依照情欲组成，不是安排得井井有条，那么，它便不会获得几何学在分配上的属性。它就会缺乏首要的属性——两极小组的作用等于中间小组的双倍作用，它就不能参加协作法郎吉。

情欲谢利叶在单干时，不管它组织得怎样正规，都不会具有这种属性。在任何城市，人们都可以尝试组织从事某种愉快劳动（如培植花木，饲养美丽家禽）的谢利叶，——不过，这毫无用处。必须有相互联系的符合力学的谢利叶。谢利叶的数目至少是四十五个到五十个。这是试图进行试验的最少数目，是同协作联系和劳动引力相接近的数字。

我曾经说过，对情欲谢利叶的机构来说，需要意见分歧，正如需要意见一致一样。谢利叶要利用性格、嗜好、本能、财产、野心、教育等方面的差异。谢利叶只是靠对比的和有等级的不平等来维持自身的。它需要一致或同情，也同样需要对立或反感。正如在音乐中，只有通过排除与要采用的音调的数量相等的音调，才能形成和弦。

意见分歧在情欲谢利叶内需要达到这样的程度：每个小组都应该与同它前后相衔接的两个小组处于完全对立状态，而与其他衔接程度不太紧密的各个小组则处于不同程度的对立状态。这正如音乐中一个调与同它上下连接的两个音调本质上是不和谐的一样；2 与高半音的 1 和低半音的 3 是不和谐的。

情欲谢利叶的组合，除了在收入的分配上有几何学的属性外，还具有社会和谐方面的美好属性，如竞赛、公正、诚实、正一致、反一致、统一等等。

竞赛能使各种产品在质量和数量两方面达到最高水平。

公正是满足每个人得到提升、赞美、支持的愿望的手段。

诚实，出于情欲而被运用，同时由于欺骗已经无法得逞因而变得必不可少。

正一致，由于同一和对立的联系而达到的。

反一致，即个人相互间的反感被集体的亲密关系所吸收。

行动的统一，一切谢利叶协同合作，导致统一的措施。

文明制度具有一切相反的属性：软弱无力、不公正、欺诈、纠纷和两面性。

情欲谢利叶的机构任何时候都不会建立在幻想上。它只是运用十分诱人的原动力。这种原动力通常包含四种魅力：两种对感觉的魅力，两种对心灵的魅力。它最低限度包含一种感觉的愉快和一种心灵的陶醉，或者两种在功能上与感性愉快不相容的心灵陶醉。

情欲谢利叶只有在完成三个条件时才是有正常规律的，才具有上面所举的属性。这三个条件是：

第一，紧密性：即邻近的各小组所种植的各种作物是互相接近的。如果种植七种迥然不同的梨：白水蜜梨、墨西尔让梨、露斯勒

梨、白西梨、无汁的马尔州梨、珍珠梨、蓬克莱因梨，那么七个小组就不能构成情欲谢利叶。这些小组由于缺乏像白水蜜梨、粗水蜜梨和青水蜜梨三种品种之间的接近或紧密性，所以彼此之间没有同情，没有反感，没有竞争，也没有竞赛。被称为计谋情欲的那种情欲，不会得到发扬，而这种情欲却是应该支配任何情欲谢利叶的三种情欲之一。

第二，工作时间短：每次最长的工作时间限于两小时。没有这种措施，一个人就无法参加三十种谢利叶。那时，分配上的协调和劳动引力机构便会遭到破坏。每次工作时间太长会妨碍称为轻浮情欲的情欲，妨碍想从一种快乐跃向另一种快乐的情欲——它是这样的三种情欲之一。这三种情欲应该支配任何情欲谢利叶，并且准备抵制无节制的现象。其办法是使人有可能在一天的任何时间内选择双重的快乐。

第三，工作分段进行：每个人的工作都应该限于作业的某一小部分。如种植青苔蔷薇需要五六种不同作业，那么，主管小组便要指定五六个分组来做这些事。分组则按照每个人的嗜好来分配作业。文明制度的行为方式迫使一个人把作业的全部工作一包到底。这种方式因此会妨碍发挥称为组合情欲或鼓舞人的情欲的作用，而这种情欲是应该支配任何情欲谢利叶的三种情欲之一。

总之，谢利叶机构可以归结为是一种十分准确的、十分固定的规则。这种规则在于运用三种方法发挥第十、第十一、第十二这三种起安排作用的情欲。

这三种方法是：紧密性，每次工作时间短，工作分段进行。这些方法无非是情欲本身，情欲的自然效力而已。

我要专门另写一章来阐明这种规则。一开始就把这种规则提出来，是适当的。这可以使人了解，在劳动引力和情欲和谐的理论中并没有什么模糊不清或任意臆造的东西。实际上：

问题的确在于放纵十二种根本情欲。缺少这个条件，便会产生压制，不和谐。这十二种情欲倾向于形成谢利叶。在谢利叶内，称为感觉和依恋的两类情欲将受起杠杆作用的这类情欲的支配。这样，有待考察是否正确的问题，就是人们是否已经组成小组谢利叶，起杠杆作用的三种情欲有无充分的发展自由，人们是否已经做到使其余九种情欲都同样有发展自由而没有冲突。在这种情况下，由于每个人的十二种情欲都得到发展和满足，每个人便会有使情欲得到充分发展的那种幸福。这个与文明制度一切体系相对立的学说，乃是唯一符合本性要求的理论。我再说一遍，上帝创造我们的情欲如果是为了按照文明制度和野蛮制度的行为方式来阻挠弱者的情欲，以便适合强者的利益，那么上帝便是个愚蠢的匠师。

而且，在我现在提出的这个理论中，找不到一种我自己发明的原动力，因为通过最大和最经济的配合——组、系列（谢利叶）的配合，也就是通过人类心灵的一致要求和已知的自然界整个体系中所遵循的布局，我所做到的只不过是利用十二种情欲中的三种情欲来主宰万物而已。

第三章　情欲谢利叶成员配备的详细情况

我们通常把任何一种聚集起来的人，甚至一群由于苦闷而聚集起来的、没有情欲、没有目的的烦恼的游手好闲之徒，一群以消磨时间、以打听消息为业的人都称为小组。在情欲理论中，小组则是由对于某种活动具有同一嗜好而结合起来的一群人。假如三个人一起去吃午饭，给他们端来的汤只有两个人喜欢，第三个人不喜欢，这时候，他们三个人便不会形成小组。因为就他们所从事的这种活动来说，他们的意见是分歧的。他们之间对端来的汤没有味觉情欲的同一性。

喜欢这种汤的两个人，可以形成一个假小组。小组为了变得合理和能够使情欲趋于平衡，必须至少有三个人；必须建立起像所谓天平的机器。这种机器系由三种力量构成，它中间的力量支持着两端力量之间的平衡。简单说来，没有比由对某种活动具有同一嗜好的三个人所组成的小组更小的小组了。

人们会提出不同的意见说："这三个人虽然在对汤这种小事上意见分歧，但在聚会的重要目的上，即在友谊上，却是一致的。他们彼此内心是接近的。"在这种情况下，这个小组是不完全的，因为它太简单，只有一种精神上的联系。为了把它提高到复杂的程度，就必须用感性的联系来补充——要使汤对三个人都合适才行。

"还有，即使他们对汤的意见不一致，而对别的菜却是意见一致的呀！何况，这个小组实际上具有两种联系。因为，除了友谊关系外，这三个人还由雄心和朋党的联系结合在一起。他们聚在一起吃午饭，是为了商谈选举的计谋。——因此，这是您所要求的双重联系，复杂的联系。"

这只不过是由两种精神联系所形成的一种混杂的复合联系而已。纯粹的复杂联系需要心灵愉快和外部感觉愉快的结合，需要排除任何分歧。可是，在这里，进餐一开始就在汤上发生分歧，这个小组虽然有双重联系，却是不正常的。

如果我们再谈面包和酒的问题，情况就更加糟糕。甲、乙、丙三个共餐者对面包的口味很不相同，意见完全分歧。例如，在咸淡问题上，甲希望吃很咸的面包，乙喜欢吃半咸的面包，丙则希望吃盐少的面包。然而，依照文明制度的习惯，为他们端来的只有一种面包。其实，必须至少使面包有九个品种：就咸度来说有三种。就发酵来说有三种，就烘制来说有三种。还应该做到使这九种做法再根据三种不同的面粉而各有不同。这三种面粉是：一，由多石土壤上生长出来的小麦磨成的带酸性的面粉；二，中级面粉；三，多脂肪面粉，如沙尔特的上等面粉。为了给予三人小组和谐的午餐，为了对他们进行与情欲和引力相适应的招待，一共需要有二十七种面包。就酒、汤以及席上摆出的大多数菜肴来说，也必须有这样一系列不同的东西。

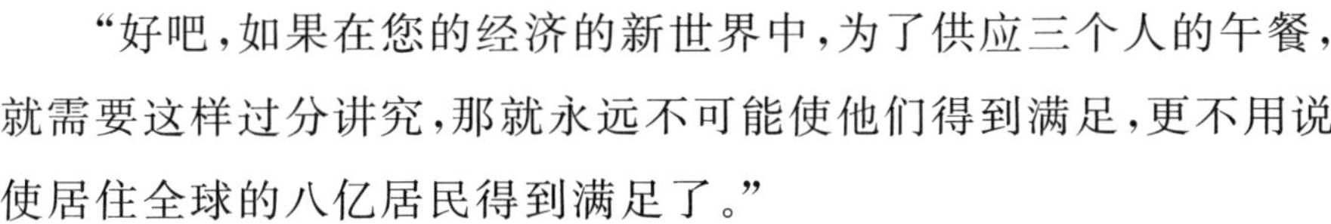

“好吧，如果在您的经济的新世界中，为了供应三个人的午餐，就需要这样过分讲究，那就永远不可能使他们得到满足，更不用说使居住全球的八亿居民得到满足了。”

说这种话的人自己错了。情欲谢利叶的理论就是要提供一种办法使所有这些异想天开的要求，以及协作制度所创造出来的十万种其他古怪的要求一一得到满足。因此，我说过，文明制度的君主还远不及和谐制度的人即协作制度的人当中最微不足道的人幸福。在和谐制度下教养出来的七岁孩子将会讥笑我们现在的骄奢淫逸之徒。他会向他们证明，他们每一瞬间都在犯下违反精益求精的感觉愉快和心灵愉快的大错。没有这种促使情欲的发展和精益求精的新科学，就不能组成很有条理的，能够完成三个条件的谢利叶。

既然情欲谢利叶只是由小组组成的，那就必须首先学会组织小组。

“哎呀呀！小组！好一个有趣的东西！小组——这想必是好玩的！”聪明人谈到小组时，就是这样议论的。首先得听他们语言乏味地、含糊暧昧地说一通。但是，不管这个题目是否滑稽可笑，毫无疑义，他们对于小组一无所知。他们连正确地组成三人小组都不行，就更不要说正确地组成三十人的小组了。

然而，有人写了许多研究人的论文。如果这些论文忽视了这个问题的最基本部分——对小组的分析，那么，这些论文在这个问题上又能给我们什么概念呀！我们的一切关系正就是倾向于形成小组。可是，这些关系却从来没有成为任何研究的对象。

文明制度的人由于具有爱虚假东西的本能，总是宁肯要虚假的东西而不要真实的东西。他们把实际是假小组——即一对夫妻——这种小组说成是自己社会体系的轴心。这种小组就其仅限于两人的人数来说，是虚假的。而由于缺乏自由，由于从第一天起就在开支、饭菜、拜访以及诸如在室内温度之类的种种鸡毛蒜皮小事上表现出嗜好方面的意见分歧或纠纷，所以实质上是虚假的。如果无法使基层小组，即由两三人组成的小组达到和谐一致，就更无法使整个社会达到和谐一致了。

我只是谈了人数最少的三人小分组。在协作机构中，完备的小组至少要由七人组成，因为它必须包含三个部分即三个分组。中间的一个分组要大于两头的分组，因为它要维持这两个分组的平衡。七人小组提供三个部分。这三个部分运用于某一活动的三个部门。各部分的人数是:2,3,2。在这种情况下,二人形成一组尽管在孤立活动时是虚假的,但是由于与其他分组相结合,是可以采取的。

之所以由三人组成的中心分组与两头的两个二人分组处于平衡状态,这是因为中心分组总是被指定从事最诱人的活动。因此,它拥有单位数量上的优势和单位引力上的优势,它的作用与用于其他两个活动的四个谢利叶成员的作用相等。

如果一个小组有六个谢利叶成员,形成 2、2、2 三个部分,这样就平衡得不好。小组的中心在人数上就会和每个翼一样薄弱。依照基本规则,必须加强中心,并且使两翼不均等,使上升翼的人数比下降翼多些。这里有十二人、十六人和二十四人三种划分的例子:

十二个谢利叶成员分为 4、5、3。

十六个谢利叶成员分为 2、3—2、3、2—2、2。

二十四个谢利叶成员分为 2、4、2—3、4、2—2、3、2。

这些划分不应该按照长官命令,而应该依靠引力,用自行安排的方法确定。必须做到只由引力来使种植某种花木、某种蔬菜的二十四个谢利叶成员下决心组成上述九个分组。安排这些组从事九种不同的活动,这就是我在第二章所称的分段进行工作的制度。

在这些简要的叙述中,本来应该至少用三十页篇幅来说明小组安排的这些细枝末节。但是,我却想不超过三页的篇幅。由于基本原理这样简单,人们不在我的参与下创办协作组织时,就会犯很多错误;小组,谢利叶都将是不稳固的,没有足够的引诱力;在各方面有分歧,有错误。人们因为这些而指责我的理论。这样做是完全错误的。这一点应该指责舆论的专横霸道。因为舆论不允许发现者对理论进行充分说明。对于化学、植物学的论著，甚至对于长篇小说，都给予五、六卷的篇幅，但是对于人类命运所系的科学的发现者，却难得允许有一卷的篇幅。让我们继续谈下去吧！

谢利叶也像小组一样安排。谢利叶对小组的作用，同小组对个人的作用一样。谢利叶至少应该包括五个小组。二十四个人是能够产生完备的谢利叶的最小数目。上述二十四个谢利叶成员的划分，可以达到七个所要求的条件，即：

在 2、4、2—3、4、2—2、3、2 的安排下，三个小组是不相等的。

中心组大于每一头的小组。

高的一头大于低的一头。

两头再分为三项。

最小的组都提高到最少由七个成员组成。

每种分法都是加强中心的分组。

三个小组形成正级数 7、8、9。

由此可见，这种谢利叶，虽然人数被限制到最少程度，但却是十分严整的。如果只有二十三人，它便不能做到第三个条件，也不能做到第六个条件。

一个小组有七个成员就够了。但有九个成员时，就比较完善，可以使中坚或首领、中间分子或过渡性谢利叶成员参加到自己的三个分组中去，例如：

过渡——	1——中间分子，
最高翼——	2——学士，
中心——	3——行家，

最低翼—— 2——新参加者,

中坚—— 1——首领。

如果在这种团体内情欲和本能可以自由发展,这种安排在每一个劳动团体或娱乐团体中就自然而然建立起来。因为人按其本能来说是反对均等,并且倾向于等级制度或上升阶梯制度的。如果有充分自由,这种阶梯顺序将在九个小组谢利叶中建立起来,正如在九人小组中建立起来一样。

既然七和二十四这两个数目是完全小组和完备谢利叶的最低限度,那么,为了使工作顺利进行,就必须做到有人来代替患病者和缺勤者,把小组的人数至少提高到十二人,把谢利叶成员的人数至少提高到四十人。因此,可以设有首领及其副职、中间分子及其助手。

在任何谢利叶内,上升翼是由从事最粗笨工作的小组组成的。下降翼则包含轻松平凡这一类工作。中心则包含最高贵和最诱人的工作,因为它应该像我所谈过的那样,以双重的优势——谢利叶成员人数和引力措施——来使两翼达到平衡。试以种梨树的谢利叶为例:

中介类 四个小组,种植榅桲和杂交品种。

上升翼 十个小组,种植脆梨。

中心 十二个小组,种植酥梨。

下降翼 八个小组,种植多淀粉梨。

中坚 两个小组,总管劳动和庆祝活动。

形成法郎吉的谢利叶共分为九个阶梯或九级,即:

第一、级,

第二、等，

第三、类，

第四、种，

第五、科，

第六、细微类，

第七、最小类，

第八、中介类，

第九、无限小类。

详细叙述这个题目所需要的细节，要花的时间就会太长。而把这样新颖的材料说明得过于简略，也没有好处——有机会我会谈到这点的。

让我们坚持认为，文明制度是轻率冒失的。它硬说，它已经把人研究过了。但是它忘记了了解小组，了解小组的对比属性，及其在不同阶段的发扬。这样笨拙就无异于人们在农业范围内竟忘记了禾本科植物。无异于稞麦、大麦、燕麦还被人忽视和低估。正像几千年来人们不知道咖啡是什么，直到山羊由于吃了咖啡而沉醉之后才发现咖啡的属性一样。

学术界之所以具有这种奴性和固执偏见的特点，是因为某一位导师满脑子都是这种偏见。由于亚里士多德没有谈到过咖啡，后来的二十个世纪便因此得出这样的结论：咖啡树和咖啡豆不值得注意。由于柏拉图没有对小组作过任何分析，因此，小组不值得研究。文明制度的智慧坚持这种成见，然后，它便断言，理性已经达到尽善尽美的境界了！！！

第四章　同一谢利叶各小组相互关系的安排详细情况

如果说情欲谢利叶的机构是一种新的社会世界，那么，这主要是因为它有能力使任何一种在文明制度下会招致破产的措施产生节约和收入。例如，要是在我们这里午餐供应二十七种面包，包括中等品种如稞麦的、大麦的或其他品种在内，则有三十种之多。再把这些面包按三种存放状态——新鲜、中等、陈旧——来供应，合计起来就有九十种，那就非得使任何一个像卢古鲁斯这样的骄奢淫逸之徒破产不可。然而，这样多的品种在情欲谢利叶内却变得十分经济，因为它对劳动引力有利。如果只做一两种面包，就不会有劳动引力存在。

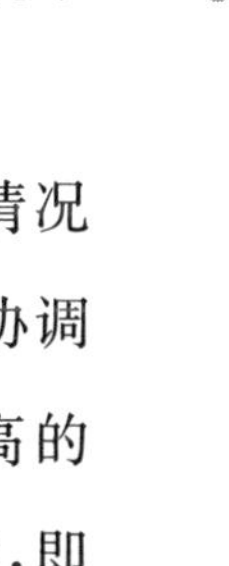

对那些在文明制度下开支巨大的公职人员或军官来说，情况也是这样。他们人数众多，群集一起。这在协作制度下，乃是协调和竞赛的途径。在这里，他们将成为比他们下属生产效率更高的人。因此，将设置三种或四种公职体。让我们举出其中的两种，即管生产的公职人员和管庆祝活动的公职人员。这两种人都十分需要。

人们选举有教养、有经验的谢利叶成员担任领导劳动的公职人员。而庆祝活动的公职人员，则选举那些会当代表、会花钱和能给谢利叶增光的富有的谢利叶成员来担任。

在文明制度下，长官不会为他部下破费一文钱。恰恰相反，如果必须以市的名义举办招待宴会，那么市政当局的负责人员只会为筵席贡献出自己的食欲。民众吃不到宴席，却要偿付宴席费。如果只是偿付实际的宴席费，那还算幸运，因为这种偿付的费用往往虚报得比实际费用多一倍。

在情欲谢利叶内，管庆祝活动的公职人员的使命则完全不同。他们是为那些获准免费参加宴会的谢利叶的群众出钱。他们也同样捐款作为极其重要的开支之用，如购买树苗和种子等等。他们的慷慨大方如果只限于起安菲特里翁[①]的作用，备办午餐，殷勤招待客人，那还是非常低等的。在协作制度下，聚餐的费用向来是极少的。其原因是，如果聚餐人吃的是第一等、第二等和第三等的预订伙食，就会从聚餐费中除去他们原来所吃的伙食的全部费用。此外，还要除去全部剩余的食物的价值。那些剩余食物以半价供给吃第三等伙食的人。

在小组内，也和在谢利叶内一样，在庆祝活动和劳动方面，都有两种公职人员。每个谢利叶都有自己的上尉、中尉和少尉来管庆祝活动；也有自己的领导人、副领导人和领导人助理来管劳动。每个小组的情况也是这样。

此外，各地都设有管种种活动——庆祝活动或经营管理的总司令部和小司令部。在和谐制度下，公职人员设置愈多，获得的利润也就愈多。这正与文明制度的效果相反。在文明制度下，长官往往只是吸血鬼，他们的数目必须缩减。

---

① 安菲特里翁是希腊神话中的第林斯王，相传以好客而出名。——译注

两种公职人员，使所有三个阶级——富有阶级、中产阶级和贫苦阶级都感到高兴。让我们来证明这一点：

富人在这里将赚到收益，赚到按资本而定的红利。这种收入随着人们工作热情的增长而增长。为了鼓舞人们劳动，需要有亲自参与事务、并且贡献出钱财来支持整个谢利叶的热情从事活动的领导人。

贫民在这里发现的优越性是：工作令人喜悦，收入和红利优厚，最低生活有保障而无忧无虑（这种最低生活是由劳动引力来补偿的），每个小组或谢利叶的节日免费聚餐。由于在协作制度下，豪华的聚餐很便宜（这一点以后将要加以证明），穷人一年要参加五十次聚餐，享受头等饮食。这是向人民传授上等人有教养、品行端正的习惯的办法。其实和谐制度的人即使是吃第三等饮食，也比文明制度的富裕家庭吃得好，因为这种家庭没有在配菜上变化多端的每一种菜肴。

领导人员的种类多，对贫苦阶级还有一种诱惑作用：每个谢利叶，每个小组选出的神话式的职务或半神的职务是有引诱力的。这是贫穷青年的特权，但这种惯例在试验性法郎吉内是不会养成的。由于中产阶级同其余两个阶级有关联，它的利益在这里便与其他两个阶级的利益相融合。

在协作制度下，公职人员的职务扩大到所有都能担任这种职务的人——男性、女性和中性，或未达到青春期的人。任何一个情欲谢利叶都按照成员的性别来选举自己的领导人。由于许多谢利叶纯粹或者大部分是由少女或儿童组成的，因此由一种性别组成的任何集会，除非必要，都不会找其他性别的人来当自己的公职人员。一百个种植做香料用的干丁香花芽的少女，不论干活、开会或检阅，并不邀请男性指导员来领导她们。但是，如果他们的谢利叶是由两种或三种性别的人所组成，那时，谢利叶便相应地使自己的公职人员集团成为不同性别的混合组织，并且这种选举完全是自由的。当选的唯一标准是有用处。

我要跳过谢利叶的等级的种种细节。谢利叶不是按产量分等级的。生产果树的果园谢利叶，在报酬上是最低的谢利叶之一。因为这种谢利叶是极端诱人的。而我们会认为是多余的歌剧谢利叶，则是报酬最高的谢利叶之一，因为它对于协作制度下的儿童教育事业最有益处。

在这里谈谈中间类的谢利叶和小组是适当的。这是在简略叙述中势必要略去的上千个论题之一。中介性或折衷联系、过渡性联系，这种联系的名声遭到我们偏见的破坏。可是，如果不在两头之间把中介性小组，甚至次中介性小组列入谢利叶内，要想组成合理的谢利叶还是不可能的。自然界一定很重视中介性，因为他很慷慨地把中介性普遍地赐予它的一切创造物。正如可以从两栖动物、猩猩、飞鱼、蝙蝠、鳗鱼及其他许多例子中看出一样，这些自然界的创造物中最惹人注意的是石灰，它是火和水的结合。

让我们试用简单或情欲谢利叶的意见一致和意见分歧一览表作为结束。在这里，我假定有三十二个小组种植着同一种植物的不同品种：

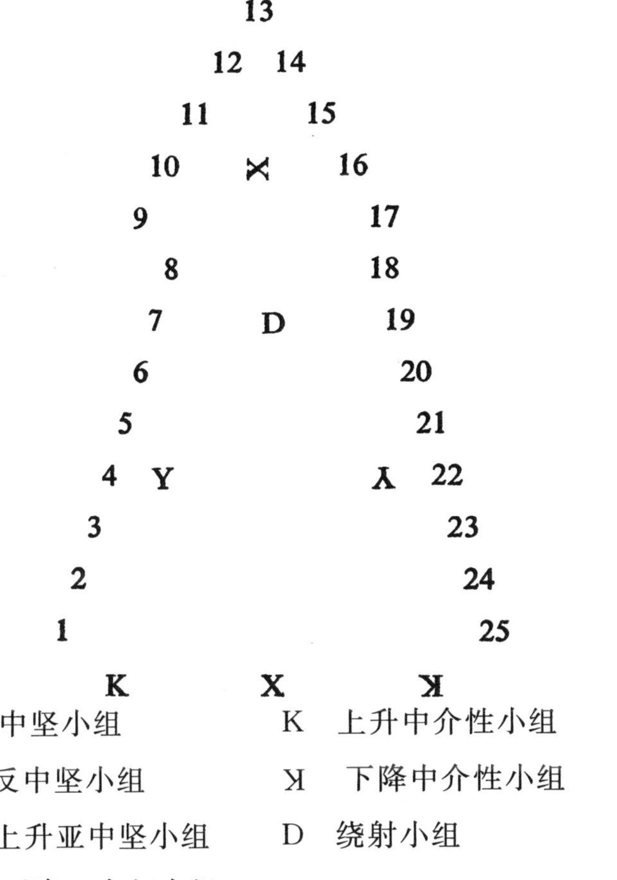

⋈　中坚小组　　K　上升中介性小组

X　反中坚小组　　ꓘ　下降中介性小组

Y　上升亚中坚小组　　D　绕射小组

⅄　下降亚中坚小组

从每个小组到在级差总表上处于一半距离位置的另一个小组,在意见的对比上建立起类似性或对比的同情性:1 和 13,2 和 14,5 和 17,9 和 12 就是如此。

1 与 12 和 14 的同情性,5 与 16 和 18 的同情性,就显得弱一些;1 与 11 和 15 的同情性,5 与 15 和 19 的同情性就显得更弱一些。同情性就在这样减弱到级差表上四分之二的地方即行终止。因此,13 与 7 和 19 不再有同情性,与 8 和 18 就更少。于是轻微

的反感便开始了。13 对 9 和 17 的反感增长起来。反感的程度依次加强，以致与 13 为邻的两个小组——12 和 14 形成很显著的反感；13 对它次相邻的两个小组——11 和 15 的反感则稍弱一些，其余依此类推。

同情和反感的程度，在边沿小组——从 1 到 3 和从 23 到 25——同在中心的小组不一样。不过，如果对这种变化情况加以考察，便会使我们超出简略叙述的范围。但愿只需说明一点就够了：三十年的研究和职业的本能，已经使我学会详细了解一本关于下述各项很难理解的作品，即关于情欲谢利叶，各个小组的一致和分歧，以及谢利叶在一切方面必须建立起来的平衡。要判断我是否彻底了解这个理论，应该等看了以下各篇再说。现在，我只说几句我要告诉未来的谢利叶创办人的话：只要是有我在场的地方，尽管缺乏足够的资金，整个机器也会很好地运转，而不会铸成错误。凡是我不在场的地方，将会干出上百件蠢事。笨拙的领港人会使船舶倾覆。而且，他们还会攻击我，攻击那个他们没有听从他的教导的人。他们由于缺乏详尽知识而遭受挫折，舆论限制我只能写一本书，因而剥夺了我提供这种详尽知识的机会。

让我们把基本概念谈完吧！中坚小组⋈与一切小组都处于同情状态，只有两个亚中坚小组 Y 和⅄除外。⋈小组所种植的品种的优点和优越性非常明显（培植水蜜梨的谢利叶就是这样），以致种植相邻品种的 11，12，13，14，15 各小组都同意把优先地位让给它，以便每个小组能够显示自己的优点以对付相邻和次相邻的竞争者。

亚中坚 Y 小组和⅄小组，作为联合起来对付中心的两翼的首领，自然处于意见一致状态。

反中坚 X 的小组，除中坚⋊小组外，不与任何别的小组处于同情状态，但是它对任何小组也都没有反感（在种植梨树谢利叶内，种植那种未熟而不能食用的大硬梨的小组就是反中坚小组）。

绕射小组 D 与其他小组都处于半一致状态（绕射是中坚的反光镜。患缺乏色素者是假白人，即在阳光下晒黑的欧洲人的绕射。驼鹿是鹿的绕射，——关于这点我是顺便说说的）。过渡性的小组 K 和 ꓘ 同以它们为结尾的侧翼，以及同它们靠近的其他谢利叶的侧翼处于意见一致状态。例如，蜜桃小组即桃李小组，同李子谢利叶的一个侧翼及桃树谢利叶的一个侧翼处于意见一致状态。

我在这里假设有一个种植某种植物的一切品种的很正常合理的谢利叶存在。如果由于土壤不适宜，它只种植了某种植物的若干品种，那么，意见一致和意见分歧的情况就可能使不同部门的比例关系改变。但是在说明结构的规则时，总是要依靠完整的谢利叶的。

在任何情欲谢利叶（无论自由的类别或者整齐划一的类别，都有很多种）内，情欲和同情两者间的一致，在文明制度的人看来似乎是不可理解的作品一样。其实，恰恰相反，这是一种按照几何方法组织起来的结构。在这个问题上，也和在任何别的问题上一样，文明制度的人只是简单化地看待自然界的。他们认为，一切同情都是固定不变的。其实，同情有固定的，偶然的，周期的等等之分。这种计算是对一个新的科学世界的研究。文明制度的智慧没有本领打开这门新科学世界的大门。但这门新科学世界并不具有像人们所说的种种不可理解的奥妙。整个自然界是同情和反感的一个极其庞大的机构。这个机构非常井然有序，并且很容易被智慧所理解。只要智慧预先研究了关于情欲引力和协作社这两种理论就行了，可是我们的大学者们却从来不想去研究这两种理论。

现在，他们受了骗，他们已被欧文派的阴谋愚弄了二十年。欧文派提出关于协作社的诡辩，扼杀了对符合本性的行为方式的探讨。对一切学者和艺术家说来，这种行为方式的试验却会是取得无限财富的源泉。

第二概述　谢利叶所固有的情欲动力的安排

第五章　关于三种分配情欲，或情欲谢利叶的有机动力

人们感到困难的不会是谢利叶的具体组织工作。我还可以对前四章中就这两个论题所提供的知识作许多补充。

人们担心可能遇到的障碍来自道德家们所想加以阻挠的某些情欲的作用。如果忽视了三种我称之为起杠杆作用的情欲，即分配性情欲的动力的配合发展，就是组织得最好的谢利叶也会丧失它的一切属性——劳动引力、不平等的直接一致、抱反感的成员的间接一致，等等。如果三种安排情欲之中有一种在谢利叶内遇到障碍，那么，谢利叶便是虚假的，一致的表现和劳动引力便同样会变得不正常和虚有其表，而这种虚有其表会使主要的平衡即分配的平衡失败。

让我们来把这三种情欲的特点加以说明：

我先从轻浮情欲谈起。这是一种需要，即需要周期性的变化，需要形成对照的情况，需要景象的改变，需要有趣的事件，需要能够产生幻想同时又激发人们的感情和心灵的新鲜事物。

这种需要每小时人们都会隐约感觉到，每两小时则会使人清晰地感觉到。如果这种需要得不到满足，人便会陷于冷漠无情和苦恼之中。

给予巴黎的骄奢淫逸之徒的幸福的一部分是建筑在轻浮情欲的充分发扬之上的。这部分幸福就是：生活过得很轻松愉快的艺术、娱乐的多样性和连贯性，以及变化迅速。这种幸福一般巴黎人离它十万八千里（和谐制度的人过的日子与文明制度的人所仅能希冀的最幸福的日子的对比，文明制度的人要想在一辈子中哪怕过一天和谐制度的人中最不富裕者每天所过的那种幸福生活都不可能）。

每个人干一次活的时间非常短，最多一小时半到两小时，以便能够在一天之内从事七八种诱人的工作；第二天工作能够有所变化；能够参加与前一天不同的一些小组的工作。这种干活方法符合称为轻浮情欲的第十一种情欲的要求。轻浮情欲是倾向于从快乐跃向快乐，而避免文明制度的人所不断陷入的放纵过度之中。文明制度的人做一项工作要持续六小时，参加一次宴会要继续六小时，参加一次舞会要继续六小时，甚至搞到深更半夜，因而妨碍了自己的睡眠和健康。

文明制度的人们享受的这种快乐总是非生产性的，而协作制度却把各种快乐都应用到已经成为诱人的工作之中。我们试用和谐制度的两个人——一个穷人和一个富人的作息时间表来说明这种交替变化的活动。

鲁卡在六月中的一天作息表

钟点

$3\frac{1}{2}$	起床，准备。
4	在马厩小组工作。
5	在花匠小组工作。
7	早餐。
$7\frac{1}{2}$	在收割庄稼小组工作。
$9\frac{1}{2}$	在蔬菜小组的活动天棚下工作。
11	在畜圈谢利叶工作。
下午 1	午餐。
2	在造林谢利叶工作。
4	在制造小组工作。
6	在农田灌溉谢利叶工作。
8	在交易所。
$8\frac{1}{2}$	晚餐。
9	出去作一次有趣的访问。
10	就寝。

注释：在每个法郎吉内，交易所举行集会不是为了在利息和粮食交易上进行投机，而是为了商谈劳动和娱乐方面的集体活动。

在这里，我假设一天只吃三餐，正如初进入和谐制度世界的人将过的那种日子一样。但是当和谐制度充分发展时，勤劳的生活和每次工作短而多样化的习惯，会使人的食欲异常旺盛。在和谐制度下出生和教养起来的人就不得不实行一天五餐制。这种消费对新社会将生产出来的大量食品说来并不太过分。在新制度下，富人的作业比穷人的作业更多样化。他们的胃口会更好，力气会更大。这种情况在各方面都与文明制度的机构相反。

现在，我按五餐制来叙述一个富人的一天生活。因为这个富人比前面那个一开始就加入法郎吉的乡村居民要从事更多种多样的工作。

蒙多尔夏季的一日

钟点	
	睡眠从晚上 $10\frac{1}{2}$ 到次晨 3 时
$3\frac{1}{2}$	起床，准备。
4	清晨接待来客，读晚报。
$4\frac{1}{2}$	晨餐（即第一餐），随后是劳动检阅。
$5\frac{1}{2}$	在狩猎小组工作。
7	在捕鱼小组工作。
8	早餐，看报。
9	在园艺小组的活动天棚下工作。
10	祈祷。
$10\frac{1}{2}$	上养鸡小组工作。
$11\frac{1}{2}$	上图书馆。
下午 1	午餐。
$2\frac{1}{2}$	在温室小组工作。
4	在珍异植物栽培小组工作。
5	在养鱼小组工作。
6	露天吃晚前餐。
$6\frac{1}{2}$	在养细毛绵羊小组工作。
8	在交易所。
9	晚餐（第五餐）。

$9\frac{1}{2}$　文艺活动：参加音乐会、舞会、观剧、招待客人。

$10\frac{1}{2}$　就寝。

在这个时间表上，人们看到只是睡眠时间很少，因为和谐制度的人睡眠会很少。非常讲究卫生与工作多样化相结合，会使他们习惯于在劳动中不感觉疲倦。体力在白天没有耗尽，只需要很短时间的睡眠。而且从幼年起就养成这种习惯，其原因是乐趣无穷。因此，总感到一天的时间不够用。

为了使这种生活方式所需要的经常来去走动方便起见，在法郎吉各个建筑群或大楼内都建有长廊街。这种长廊街在第一层楼和楼底下，冬季有暖气加温，夏季凉爽宜人。此外，在平行的建筑群中间设有柱廊，并且有用细砂铺成的地下走道，从法郎吉大厦一直通到畜圈。有了这种通道便可以不经过露天到达各大厅、工厂和畜栏，而不知道天热还是天冷。农业小组的人员，则用可乘坐十八人的大轻便马车运送到田间。

文明制度的某些人断言，这种建筑物造价非常昂贵。其实，这比起现在花在衣服和马车方面的费用，花在对付雨雪泥泞的费用，以及花在医治气候突然变化所引起的伤风感冒、炎症和寒热病的费用来，将少得无法计算。

有人说，频繁而多样的活动会使人在来往走动上耗费过多时间。其实，在野外活动一次只要五分钟到十五分钟，平均起来不到一刻钟，比在户内的活动所需要的时间会少一半。

对这种无事可做的状况表示遗憾的人，同认为睡眠使劳动时间减少因而建议取消睡眠的人可以相比。提供休息就意味着加速生产。和谐制度的人受情欲推动从事劳动，非常积极热情。他们一个钟头能够完成我们的雇佣工人三个钟头所不能完成的事情。因为这些雇佣工人慢吞吞的、技术很差、烦恼无穷、老磨洋工。他们看见一只飞鸟也会停止工作，靠着铲子看上半天。如果和谐制度的人的劳动热情没有因为变换工作需要休息而常常受到节制的话，那么这种热情将会变成有害的无节制行为。但是批评家们总是想用旧文明制度的习惯和办法来判断协作制度的机构。

现在我再谈谈起杠杆作用的另外两种情欲。

计谋情欲和组合情欲是彼此完全对立的。前者是一种思辨的和深谋远虑的冲动，后者是一种盲目的冲动，是一种同时感到许多感觉的愉快和心灵的愉快结合在一起而产生的如醉如痴的状态。

计谋情欲即朋党精神，是一种使用心计的强有力的情欲。这种情欲在雄心很大的人、宫廷官员、神职人员、商人和情人中间非常炽烈。

计谋情欲精神有一个突出的特点：它总是在情欲中掺杂种种打算。使用心计的人的一切都是有打算的。他无论做一个手势或使一个眼色，都是经过深思熟虑的，同时又很匆忙的。因此，这种称为计谋情欲的第十种情欲的热情，是深思熟虑的，正好与第十二种情欲即组合情欲所固有的盲目冲动形成对立。这两种情欲靠两种相反的推动力来推动一个劳动谢利叶的小组从事活动。

计谋情欲对人的精神说来是这样迫切需要，以致在缺少真正地使用心计时，人的精神便会从赌博中、戏剧和小说中寻求人为的勾心斗角。如果你要搜罗伙伴，你就必须为他们制造人为的勾心斗角，使他们赌牌或搞竞选活动。再没有人比被放逐到外省小市镇、不使用心计的宫廷官员更不幸的了。突然和自己过去积极参与的大量商业阴谋活动隔绝开来、退而隐居的商人，尽管家财万贯，却是最不幸的人。

计谋情欲在谢利叶机构内的主要属性，是在类属上相当接近的各小组中引起意见的分歧即竞赛性的竞争，以便争取优势而使大众的意见偏向自己这方面。

人们看不到种植早熟白水蜜梨、晚熟白斑点梨和青斑点梨的各小组会有意见一致的情况。这些在梨的色泽上相近的各个小组，从根本上说是互相嫉妒和意见分歧的。培植黄色、灰色和青色的酸苹果的三个小组也是这样。

相近色泽的分歧是自然界的普遍规律：鲜红色同和它相近的颜色——樱桃色、大红色、旱金莲色——是极不调和的，但是同和它相反的颜色——深蓝色、深绿色、黑色、白色——却结合得很好。2既不与高半音的1构成谐音，也不与低半音的3构成谐音，因为这两个音和它相近。2与不变音的1和3也很少构成谐音，因为这两个音与它间接相近。让我们重复一遍，在和谐制度下，意见分歧和意见一致同样需要。

但是，意见分歧不可能在色泽很少相关的各小组之间突然爆发，如同在种植珍珠梨和橙橘梨两小组之间突然爆发一样。这两种小组之间存在的差别过于惹人注目，不致使评判人踌躇不决。他们将会说，两种梨都好，不过彼此间相近的地方很少，无法比较。因此，嫉妒、朋党精神不会在种植这两种梨的两个小组中间爆发，——这样一来，计谋情欲就不会发生作用。

因此，在任何情欲谢利叶内，不管是劳动谢利叶也好，或者娱乐谢利叶也好，都必须建立色泽上很相近的功能阶梯，即紧密的靠拢的阶梯序列。

这是使计谋情欲有效发扬、使每种产品臻于高度完美、激发人们对工作极端热情、促使每个小组的谢利叶成员之间更加亲密的一种稳妥可靠的手段。

如果不像在生产者中间那样，在消费者中间也养成精致的嗜好，那么，便会失去这种辉煌的成果。如果和谐制度的人要与之打交道的群众谨守道德规范，嗜好单调，吃东西只是为了抑制情欲，可以抛弃感觉上的任何精致的乐趣而屈服于压制一切的道德，那么，和谐制度的人怎样能对产品的每一品种的种植工作大加改进呢？在这种情况下，农业的总的改进会由于缺乏鉴赏家而失败；计谋情欲精神会在生产及准备小组中间丧失它的活力；农业生产会重新陷入现在这种粗放状态。现在，在文明制度的人中间就几乎找不出百分之一的人能够鉴赏某种新食品的优点。由此可见，弄虚作假的食品出售者，仍然有九十九次卖掉食品的机会。只有一次可能遭到拒绝。——这就说明了为什么在文明制度下，一切食品的质量都这样低劣。

为了预防这种混乱现象发生，协作制度将在消费、制作和生产三方面应用计谋情欲的精神来教育儿童。它教育儿童从幼年起就对每一种菜肴，每一种调味品，每一种制作方法逐渐形成自己的嗜好，并且说得出其中的道理来；对最不重要的食品也要求按照不同嗜好有各种各样的制作方法。此外，还要形成用于消费方面的计谋情欲阶梯，以便再把这种阶梯推广到制作食品、制造罐头和生产劳动中去。

嗜好的这种多样化，在文明制度下遭到很大的破坏，但在协作制度下却很经济，生产效率很高。它在这里具有双重优点——

激发劳动引力；

用谢利叶来鼓励生产和消费。

谢利叶机构一旦不适用于消费，便会立即瓦解。幸运得很，正是在这方面最容易通过两种阶梯或谢利叶来采用这种机构——一种是按制作方式排列的阶梯，另一种是按食品质量排列的阶梯。这种反映不同要求的阶梯，在凡是自然的推动力能够自由发挥的地方，都会自然而然产生的。例如，在旅馆里，只要每个人吃饭自己付账，而且在那里既没有父母，也没有主人或某种势力强迫他隐瞒自己的爱好，您便会看到，人们对普通的菜肴，像什么凉拌菜或炒鸡蛋，都会表现出许多不同的嗜好，希望有十样到十二样品种。如果他们不超过七个人的话，几乎有多少人，就要求有多少样品种。

这样看来，凡是嗜好不受压制的地方，对不同程度的烹调的爱好，即对谢利叶膳食的爱好，都会显露出来。我知道，在文明制度下，就不可能满足这些复杂多样的嗜好。任何一个家庭，如果为父母、子女和仆役安排半打不同的膳食，便会破产。正因为这样，所以当父亲的便求助于道德。而道德证明，大家的嗜好应该一样。这些同样的嗜好也就是当父亲的按照自己的意志决定的。在文明制度下，这样做很好。不过，我们要谈的是另一种制度。在这种制度下，各个品种的多样性会使烹调工作更经济，使种植的作物的产量更高，所以没有必要把道德扯进去抹煞这种爱好。

因此，试验性的法郎吉应该努力使人对各种食品产生非常多样的爱好。要使他们习惯于把异想天开的种种念头划分成细密的刻度表，划分为十分细致而又有极其相近的差别的阶梯。没有这种细密的刻度表，就无法在每个谢利叶的各个相连的小组之间建立分歧。而这种分歧则是发挥称为计谋情欲的情欲，亦即应该指导谢利叶的三种情欲之一。

组合情欲即令人兴奋的情欲，使人们的热情协调一致。使用心计或朋党精神的动力，对于激发各小组的工作热情是不够的。必须开动两个对立面——计谋情欲的深思熟虑的激情和组合情欲的盲目激情，而组合情欲则是一种最浪漫的、最敌视理智的情欲。我曾经说过，它是由同时尝到的许多感性快乐和心灵快乐结合在一起产生的。当它只是由一个方面的——全是感性的或全是心灵的——某些快乐形成时，它便是一种低能的组合情欲。必须把这种情欲应用到协作制度的各种工作中去；必须使组合情欲和计谋情欲在各种工作中能够代替文明制度经济体系中发生作用的种种低下的推动力——抚养子女的需要、怕饿死或怕被关进乞丐收容所的心理。

协作制度不使用这些可鄙的动力，而善于通过使用三种起杠杆作用的情欲，特别是组合情欲，以四种魅力来鼓舞每个劳动小组。这四种魅力之中，两种是对感觉的幻想，另外两种是对心灵的幻想，也就是同一小组的谢利叶成员间的四种同情心。

心灵同情的两种表现是共同点的协调和对立面的协调。

一个小组的谢利叶成员之间具有共同的一致性：他们对于他们乐于选择的、并且可以自由放下不干的作业必定有一致赞同的意见。当你看到协助你的是一大队热心的、灵巧熟练的、善意的同事，而不是在文明制度下那些必须用来协助自己的笨拙的、粗野的雇佣者，衣衫褴褛的骗子，这时共同点的一致便成为一种强大的魅力。有亲密友爱的伙伴在场，这在很短的工作时间内便使人产生对工作的高度热情，使人在工作停止的时候还急于再到这里来参加小组聚餐。

第二种心灵的魅力是对立的魅力。我已经说过并且应该重复的是，为了在谢利叶的不同的劳动小组中产生这种魅力，就必须按照一系列十分相近的细微差别来安排不同的劳动小组，必须利用紧密相连的顺序。每个小组与它相连小组的意见分歧，以及与反中心相对立的各小组的意见一致，就是从这种顺序中产生出来的。

除了同一和对立这两种心灵同情外，劳动小组还必须受另外两种感性魅力传导体的激发。这是一种使每个小组把产品提高到特别完美即优等程度，因此受到赞美而感觉自豪的魅力。其次是使集体完善的魅力，亦即在整个谢利叶的各项工作及产品中占统治地位的富饶豪华的魅力。

有些小组可能缺乏这四种魅力中的某一种，或者虽然有这种魅力，但数量很少。这不要紧，因为有两种魅力就足以创造劳动引力。其次，我们会看到，劳动引力具有很多其他源泉。我将在以下几章中列举出十二种以上。文明制度的生产有多少种不愉快，协作制度的生产就会提供多少种诱饵，这是理所当然的。

这种产生于感性的和心灵的两种魅力的强烈动力，在试验性法郎吉内不充足，效果很小。但是我们也可以从这里看到迅速成长的美好的萌芽，并且这些知识就足以使人隐约看出：当新的秩序巩固并且扩大到在和谐制度下教养出来的一代的时候，劳动魅力会上升到怎样高的程度。因为和谐制度可以防止文明制度的教育使儿童身心受到损害的双重灾难——不合理的体操使身体瘫痪；偏见使心灵麻痹。

上述三种称为起杠杆作用的情欲是劳动谢利叶的三种有机的动力。为了总结上面所说的，我特别指出，如果这三种情欲不是都结合起来，那么劳动引力就不会产生，即使产生了也会逐渐减弱，最后很快消失。

为了上升到诱人的劳动而必须完成的条件，首先是形成受这三种情欲的作用支配的小组的谢利叶。这个小组的情况是：

由于计谋情欲即深谋远虑的激情的作用而处于相互竞争状态；只要小组的序列是紧密的，是按照嗜好和按照彼此非常相近的不同作业组成的，这种深思熟虑的激情便会在相连的小组之间产生意见分歧；

由于组合情欲即盲目冲动的作用而处于受鼓舞状态；这种盲目冲动，是在感性和心灵的两种魅力因为上述四种一致而相结合、并且受到支持时由这两种魅力所产生的；

由于轻浮情欲的作用而处于相互联合在一起的状态；轻浮情欲是其余两种情欲的支柱，并且借助于工作时间的短暂和选择新的快乐的可能性，来支持其他情欲的作用，因为轻浮情欲可以在人们对旧的快乐感到厌倦或感到冷淡以前按时给人们以新的快乐。

我坚持这种最受攻击的轻浮情欲的重要性，坚持工作时间短暂而活动多样化的必要性，坚持这种被文明制度整个经济体系所排斥的原则。现在让我们来考察这种行为方式在身体方面和在情欲方面的后果。

在身体方面，它将创造合乎卫生的平衡。如果一个人一连十二小时埋头做一种工作——织布、缝纫、写作，或其他不依次锻炼身心各部分的工作，便一定会损害健康。在这种情况下，甚至农业方面的辛勤劳动，也同办公室的工作一样会损害健康。前者会使肢体和内部器官疲劳，后者则会使身体的骨肉损坏。

如果有效的劳动或无效的劳动成年累月继续下去，情况就会更糟。因此，我们看到，在某些地区，有八分之一的工人，除了患疲劳过度和营养不良所引起的寒热病外，都患小肠疝气症。生产化工品、玻璃制品、甚至纺织品的各种工厂把劳动时间拖得太长，仅仅这个事实本身，便是一种真正对工人的谋害行为。在这里，如果工作时间短到两小时的活计一星期只做两三次，人们便会没有危险。

富有阶级没有生活制度可循，则会患其他病症，如农民没有患过的中风、痛风、风湿症，等等。在富人中间极其常见的身体肥胖症；便说明这些人根本缺乏合乎卫生的平衡，说明他们在劳动和娱乐两方面都在实行违反自然的作息制度。人的保健任务在于使作业永远多样化，从而轮流锻炼身心的每种能力，维持全部能力的活动和平衡。而这正就是那些还自认为能够生活得轻松愉快的巴黎的骄奢淫逸之徒所忽略了的目的——这只是供情欲谢利叶享用的生活方式。巴黎人只对它抱有一种希望，却丝毫不了解它的实质。

在情欲方面，轻浮情欲会引起不同的、甚至相反的性格的一致。例如，甲和乙两人脾气不一样，但结果在甲所参加活动的六十个小组中，竟发现他的兴趣在三分之一的小组（二十个小组）里与乙的兴趣是一致的，而且他在那里从乙的即使与自己相反的嗜好中吸取了教益，但彼此之间保持着谨慎、尊敬和关心爱护的态度。

这样看来，在文明制度下使朋友之间发生破裂的兴趣，在协作制度下却甚至会使敌人团结起来。在这里，这种兴趣，通过时间短的工作所造成的工作上的衔接或变化产生一种间接协作关系，这就使相反的性格得到调和。

正是由于这种工作短促，所以一个谢利叶即使只由三十个人组成，也可以使自己的成员参加上百个其他的谢利叶，同这些谢利叶形成友谊和利害上的联系。以后，将可以看出这种相互联结之所以必要，是为了达到两个主要目的，即：一、公正地分配规定给予资本、劳动和才能的三种红利；二、通过目前作为意见分歧的最大根源的贪婪达到物质利益方面的完全一致。

因此，我们正是靠哲学家最深恶痛绝的情欲（轻浮情欲）来解决他们解决得不成功的所有问题。他们由于从来没有对短时间工作及其会产生的后果作过考虑，将会多么悲观失望啊！

只有道学家，只有反对本性和显而易见的事理的人才会否认我们见到的、甚至在生理状态上也占支配地位的这种对多样性的需要。任何长时间的享乐都会成为一种滥用的行为。它会使器官钝化，会使愉快减弱。长达四小时的聚餐，一定会使饮食过量。长达四小时的歌剧，一定会使观众感到厌烦。心灵也和身体一样，对这种多样性同样感到需要。因此，绝大多数男女极其容易变心。

每对男女，如果不是受到夫妻之间存在的相互依附关系和法律的阻挠的话，都会希望有外遇。庄重的荷兰人，只在阿姆斯特丹讲道德，但在巴达维亚就有一批三种肤色（白种、黑种和混血种）的情妇。道德的秘密就是：道德只不过是一种伪善，它是适应环境的。而一旦能够撕掉假面具而不受到惩罚，它就会把假面具撕掉。

在植物界也和在动物界一样，种族具有相互交替和杂交的需要。没有这种多样性，种族便会退化。胃同样需要有变化。普通菜肴的多样化会使食物更容易消化。如果每天都是同样一道最好的菜肴供给胃，那么，胃很快就会对这道好菜感到厌腻。

如果这种美德没有其他美德替换，心灵对实践任何一种美德都会感到乏味厌倦。智慧也同样需要这种变换。受这种称为轻浮情欲的情欲强烈支配的性格，感到同时需要有两三种使用心计的活动（无论是雄心方面的也好，或爱情方面的也好），也感到同时需要阅读两三种作品。

土地本身也希望播种的庄稼和生长的作物轮流变换。植物希望通过改良种籽、移种树苗、压枝等办法轮换再生产。土壤希望更换和移置。由此可见，整个自然界都希望多样化。世界上只有道德家和中国人希望单调和千篇一律……

道德家本人间接同意这种多样化的需要，因为他们答应我们，在服从他们关于卑视财富、爱愁闷、爱粗劣的膳食、爱清水汤等健康学说的条件下，就会得到常新的诱人的东西。

由于计谋情欲、轻浮情欲和组合情欲最受道德，即本性的对立物的批评，所以应该认为，这些情欲在符合本性的社会机构中将起重大作用。它们在这种机构中是舵手，因为正是它们在指导着情欲谢利叶的活动。任何一个谢利叶，如果它不利于在全部十二种情欲中构成中性类的这三种情欲的联合发扬，这个谢利叶就机构来说，便是反常的。这三种情欲是：

积极类——四种心灵的情欲——小组，

消极类——五种外部感觉的情欲，

中立类——三种起杠杆作用的情欲。这三种情欲之所以是中性的，是因为它们只不过是使其余九种情欲中的某些情欲起作用而已。这三种情欲中的任何一种情欲之所以能够有所发展，只是由于它能使其余九种情欲中至少有两种情欲发生作用。

基于这一原因，这三种情欲受到分析家们的忽视。谁都不屑给予它们出生证明书。我只是由于作过关于古代人曾经容许、而为近代人藐视的中性类的计算，才发现了它们。在这方面，也和在所有其他方面一样，近代的才华尽管不断赞美自己向完美境界的卓越飞跃，实际上却脱离自然途径愈来愈远。

让我们注意，三种中性情欲通过道德所鄙弃的一切手段达到了情欲的和谐和平衡的目的。在简略的叙述过程中就可以看出，人们枉费心机幻想过的这种平衡是由轻浮情欲的作用产生的。轻浮情欲在人们还没有来得及滥用某种乐趣以前，就不断给人以新鲜的乐趣，从而预防了一切无节制的现象。因此，它通过大量享乐，而不是通过理智节制使情欲达到平衡，因为它是靠利用两种激情来发生作用——

计谋情欲即深谋远虑的激情，

组合情欲即盲目的激情，

而这两种激情，如果没有轻浮情欲，或从一种快乐跳到另一种快乐的癖好的定期干预，就会推动人们走向无节制方面去，甚至对美德说来也是这样。

由此可见，劳动谢利叶将由最受道德谴责的三种动力来支配，将由变化无常性所减弱的两种对立的激情来支配。这就是情欲平衡的秘密。只有通过与节制和冷酷理性的幻象相反的途径，只有使用最受诽谤的情欲(如贪食和贪婪等情欲)的方法,才能获致这种平衡。在协作制度下,这些情欲对于达到总的和谐是最有用的。关于这一点可以从第三编起加以评论。第三编将开始应用前两编所阐述过的基本原理。

注释:由于这一章是所有各章中最重要的一章(因为它适合应该支配一切的三种动力的定义),所以我认为有必要给触及这样的新问题的每章以应有的篇幅。在这里,如果缺乏详细说明,则一切都会平淡无味。上帝希望如此(Sic valuere dii)。排斥一切新思想的才华的垄断是这样要求的,它总是根据下述原则把新科学局限于几页的篇幅:

"除了我和我的朋友,没有一个人会有智慧……"

他们靠自己的聪明才智就会达到我的理论所导致的目的吗?把感觉和心灵的四种快乐和美德的实践联系起来,而不要把因相信道德教条而遭到的四种不幸和美德的实践联系起来。

第六章　关于情欲谢利叶机构内的三种必然结果

我们谈过三种原因或推动力之后,现在再来谈谈它们应该产生的三种结果。当某种学说的某一点具有最高意义、并且是人们所不知道的某种理论的基础时,为了使它成为智力不同的人都易于理解的东西,从各方面来反复说明它是适当的。最正常的方法用于某些读者时也可能会失败。因此,这里必须采用数学使用的预防办法,即提供证明和从反面证明的方法。这一章就是要从反面来检验前面叙述过的东西,从反面来说明同一个题目。

三种起杠杆作用的情欲或中性的情欲,是形成情欲谢利叶的原因。因为它们从各方面推动人们走向这种安排，它们使每个情欲谢利叶产生三种必不可少的结果：

计谋情欲的结果——各小组中间的紧密序列；

轻浮情欲的结果——工作时间短并有选择自由；

组合情欲的结果——各种活动的分段进行。

我们准备根据这三种结果来进行证明，证明它们是这三种情欲所赖以起作用的工具。任何一种情欲，像我们在这里将会看到的那样，如果不是利用它所依附的杠杆，便不能够有效地发挥作用。这是从原因引申到结果，然后，我们要反转过来，再从结果追溯到原因。

我已经谈过计谋情欲和它的特殊效用。我在第五章中证明过，为了激发计谋情欲，激发各小组间的嫉妒和竞赛情绪，必须有紧密的阶梯顺序：为了鼓励它们进行竞赛，就必须使舆论屏息等候，使评断者犹豫不决。如果需要判断两种很少相近的品种，说明种植莱茵特苹果或加勒维苹果的两个小组的地位，舆论是不会犹豫不决的。但是在就莱茵特苹果的两个品种或加勒维苹果的两个品种发生争论、以便授予种植某一个品种的苹果以优先权时，舆论便会犹豫而有争论了。这种意见上的摇摆不定，便在争相种植这些苹果品种的小组之间产生嫉妒、野心、纠纷和使用心计。这种斗争成了称为计谋情欲的情欲的养料。而计谋情欲是建立在野心上的，这种野心不是按种类而是按各种各样的品种，甚至按精致程度来形成顺序的。计谋情欲在谢利叶中需要有极细致的、而且是尽可能紧密的级别阶梯。

现在我再谈谈另一个杠杆——组合情欲所赖以发扬的分段

进行。

分段进行就是要指派分组去从事一种服务的每件细小工作。试以某种花木如长寿水仙花的种植为例。

专门从事这项活动的小组有许多工作要做。让我们把这些工作分为三类：

耕地工作类：翻地、上粪、改良土壤、搅拌、浇水。这里有许多种不同的工作。其中每一种都从小组中指定几名成员来担任，而不是由整个小组来做，因为小组的许多组员不会对这一切部门的工作都感兴趣；

器具的工作类：照料农具和工具、制作和安装天棚（因为在和谐制度下，每个花畦都要预防日晒雨打）、照料凉亭和堆放在那里的工作服（每个小组都有凉亭，设在从事农活的地段附近）；

再生产工作类：照料块根植物和鳞茎植物、挖掘和分栽、贴标签和按品种分类、收藏种子；

最后，轴心工作类即档案工作，以及辅助工作类，即准备清凉饮料的工作。

这方面至少有一打不同的工作。任何一个小组成员都不希望干所有这些工作。他们只担任其中的一两种，最多担任三种。因此，必须建立一打分组，从事每一项的个别的工作。由于劳动引力总是只适用于某一部分工作，而不适用于整个工作。因此，如果要求每个组员都从事所有各种工作，可以相信，这便会引起全体组员的苦恼和反感。但是，一个小组即使只有十二个人，也很容易由这十二个人组成三人、四人、五人的十二个分组，每个分组担任十二个部门中的一项甚至好几项工作。

让我们仔细考察一下，这种分段进行怎么会是劳动热情和豪华的源泉，怎样会发挥称为组合情欲的情欲。

每个分组都非常热心于它所选择的那一部分劳动，在这部分劳动中发挥自己的聪明灵巧。人们把这种聪明灵巧贡献给自己比较喜爱的诱人的活动。由此可见，就十二个分组来说，每个分组都信赖其余十一个分组，并且关心使所有其他部门都提高到完美的程度。每个分组都会向其他十一个分组说，我们将要细心做好我们选择的这一小部分工作，你们也得同样细心做好你们自己的那一部分工作。这样一来，全部工作就都会做得尽善尽美了。

这种把每个人使用在他擅长和喜欢的工作中的分段执行的办法愈是普及，信任和友爱便愈能发挥作用。

为什么在文明制度下，即使在具有引力的场合，劳动还是令人难以忍受呢？这是因为工匠不得不什么都照料。我常和爱好花木的人们谈天。他们不得不雇佣工人当助手来干粗活。这种工人如果被派去种植、挖掘和收获种子和球茎，就会偷窃这些东西，而且对工作不感兴趣、磨洋工，给工作造成困难，以便多雇用他们几天。因此，愿意种植花木的人厌恶这种事。凡是他照顾不到的地方，他就受欺骗、被偷窃。雇佣工人中有好心的又不会为他干活。他的农活对他只不过是一杯苦酒而已，更不要说被盗窃的危险了。我曾经看到，有个名叫比隆的元帅，由于他亲自照料的果园的水果一夜之间被人偷得精光而伤心致死。这就是臻于完美境界的文明制度的美妙之处！这就是道德保证给予田间劳动的朋友们的美好的愉快！

请把在不可能有盗窃行为和欺骗行为的情况下按协作制度方

式分门别类进行劳动的愉快，同这种称为文明制度的欺诈机构作一比较吧！请把这十二个分组的心满意足，——每个分组都深信它擅长自己中意的那部分工作，并信赖其余十一个分组都会关心把各项劳动提高到同它所达到的同样完善的程度，——请把这种情况与文明制度农学家的悲惨命运作一比较吧！然后请确定一下，文明制度的生产体系是否与人的本性相容。人们有充分权利抱怨，他们在这种生产体系中找到的只是陷阱和惊恐的深渊，只是灾祸的汪洋大海。

现在让我们把分段进行的方式作为劳动奢华的途径来加以考察，而劳动奢华则是组合情欲的养料，即作为滋养在愉快方面不容许有任何节制的一种激励因素来加以考察。

十二个分组中的每个分组在培植某种花木时，都力图激励其他分组，向它们证明自己是很好的共事者。为了这个目的，它希望为它所选择的工作部门增加更多的光彩。由此，便产生了个人捐助，以便使每个部门的工作都做得非常出色。

克莱兹是为美丽的金凤花（有两种颜色——下面是一种颜色，上面又是一种颜色）搭天棚的分组的组员。卢库里是种植有斑点的金凤花的谢利叶成员。他们两人都非常渴望得到公众的好评，都希望使他们心爱的花卉成为光彩夺目的鲜花。他们支付了用绸料制作的并且带有穗子、花边和羽饰的华丽天棚的费用。法郎吉只会供给一种由条纹布制成的雅致天棚。他们则希望有华丽的天棚，以便使被这种奢华引诱来的外地人都奔到他们的金凤花花畦那里，以便使他们的花畦作为当地花坛的皇后而成为惹人注意的对象。

任何富人对他所隶属的分组也都会这样做。由此，便产生农活方面和工厂劳动方面的共同奢华，从而产生劳动的魅力。这种劳动魅力可以导致称为组合情欲的第十二种情欲起作用所必需的激情状态。

人们会提出异议说，不是任何劳动分组里都有卢库里，也就是说，卢库里这种人不会像加入石竹分组和金凤花分组那样踊跃加入缝制皮鞋分组和修理皮鞋分组。这种判断是不正确的。下面可以看出，协作制度的教育有一种属性，即只要富人阶级在比例上有足够的人数，而且有正常的等级划分的协作制度就可以把富人分配到所有各种活动中去。

让我们原则上承认这一点：分段进行具有把两种魅力应用到生产劳动上去的一种属性。这两种魅力是：一、由于分段进行在每个部门所创造的富丽豪华而产生的物质方面的魅力；二、由于分段进行在每个分组所造成的兴奋而产生的精神方面的魅力。每个分组都将欢欣鼓舞，因为它摆脱了这类劳动所固有的种种工作，因为他们看得到有经验的同事们怎样完成这些工作。

分段进行时，工作常常是同各种活动结合起来做的。如果某个小组对一种业务，例如对搭天棚没有足够的谢利叶成员，那么，便可以从几个小组或几个谢利叶内去吸收，把热爱这种业务的群众集合起来，为各养花小组做这件事。

没有分段进行，小组便享受不到具有同一嗜好的魅力，因为在非常热心种植石竹的十二个人中，没有人会对这种作物所包含的十二种工作都有兴趣。因此，培植它的谢利叶成员如果忽视工作的分段进行，就会陷于纷争不和状态。

另一方面，在两个不热情的小组中间，是看不到对比的魅力的：魅力只能在和谐的对比的基础上产生，而不会在纷争的对比的基础上产生。

总之，分段进行是使称为组合情欲或狂热情欲的情欲上升到最高程度并且保证它充分得到发扬的一种手段。这种发扬依靠分段进行来支持，正如计谋情欲的发扬要依靠紧密相连的级别来支持一样。这种级别导致品种的多样化和细致化。

我已经证明过，紧密相连的级别和分段进行这两种办法应用到由自由小组所组成的谢利叶时，保证会使这种谢利叶中称为计谋情欲和组合情欲的两种情欲得到发扬。还有待证明的是，第三种办法——有选择的短时间工作——应用在由自由小组所组成的谢利叶时，保证会使这种谢利叶中称为轻浮情欲的情欲得到发扬。

如果每个人都有选择这种短时间工作的自由，那么，工作时间愈短，活动次数愈多，则情欲的平衡作为预防无节制的手段就愈能达到目的。

由此可见，协作社中的富人比穷人更强健。他们更有办法变换工作，使一天的工作多样化到三十种之多。通过采取来往变换的方式，或者把多种乐趣合并在一次工作中的方式来预防厌倦。在文明制度下，富人是没有这种享受的。只有在快乐摆脱了任何威胁、而职业流动只会使人在物质利益和健康方面得到最大幸福的制度下，短时间工作才会使轻浮情欲得到充分的发扬。

概括起来说，谢利叶的三种有机的推动力——
计谋情欲，或经过思考的激情，
组合情欲，或盲目的激情，

轻浮情欲，或多样化的癖性

同称为紧密相连的级别、分段进行和有选择的短时间工作等三种杠杆融合到这样的程度，以致把理论建筑在三种推动力上，或者建筑在三种办法上均无不可。因为它们是相辅相成的。在情欲谢利叶内这六种动力的效用是分不开的；在

作为原因来观察三种推动力，

作为结果来观察三种办法

时便能够用两种方式检验谢利叶的正规性，因为对谢利叶机构的剖析就会提出

产生三种结果的三个活动着的原因，

和由于三种原因的推动而产生的三种结果。

这是双重的检验方式。每个人为了搞清楚劳动谢利叶在理论上和实践上是否合理，将可以自由在两种试金石中进行选择。只要有机会在某个谢利叶内看到三种原因在起作用，便可以肯定你会在那里发现三种结果，反之亦然。

既然协作制度理论只是建立在使起杠杆作用的三种情欲配合行动的艺术上，而这三种情欲又应该是支配一切情欲的，那么，便不能说对这些情欲研究得太多了。我现在也只是对它们的若干细节作些补充而已。

我们的道德家们斥责使用心计。我们的经济学家们和文学家们只是力求通过时装变更，通过在普通人所不易觉察的艺术的细微爱好——绘画，诗歌等等——方面的争论，在经济活动或享乐的一切部门激起使用心计的精神。情欲谢利叶正是善于用这种序列的细微区别来激励二十个小组，并把这种计谋情欲所具有的讲究

细致的要求从消费者传到生产者。谢利叶使它的每个成员在短时间工作结束之后就分散开来。他们从消费转到参加某种生产工作，并把使他们得到鼓舞的朋党精神带到那里去。

我们的行政集团因为就职而进行祈祷时，恳求圣灵保护他们免遭勾心斗角之害，使大家都成为兄弟，大家意见一致。这无异于请求圣灵起来反对上帝。因为，如果圣灵使计谋情欲化为乌有，它就消灭了上帝创造出来以便在意见分歧的基础上起作用的情欲，而任何按级别顺序安排得很好的谢利叶，都应该包含这种意见分歧。

对他们这种不适当的恳求绝不会表示迁就的安慰神，使情欲处于上帝创造这些情欲时所处的状态中。因此，我们看到全权代表们作过祈祷出来后，绝没有谋求意见一致的愿望，而是准备组织秘密委员会，组织充满使用心计和朋党精神的阴谋活动。这就永远是这种荒唐的祈祷的结果，而在这种荒唐的祈祷中，他们却呼吁圣灵效法哲学家，希望圣灵同意修改上帝在利用情欲方面的法规。

组合情欲是人的本性所固有的，以致任何人如果只对一种享受引起的简单愉快感到兴趣，他就会遭人白眼。一个人有精美的菜肴只是自己一个人吃，从不邀请任何人来同吃——他就百分之百该受到嘲弄。但是，如果他邀集了几个情投意合的伙伴，他们对精美的菜肴得到感觉的愉快，同时又对于友谊感到精神的愉快，那么，他将受到赞美，因为他的宴会是复杂的愉快，而不是简单的愉快。

雄心之所以值得赞美，正是因为它使这一欲望的两种有机的动力——利益和荣誉——发生作用。如果雄心仅仅以追求利益这一项来作为动力，这种雄心是奸诈的。如果雄心只是谋求荣誉，它不过是一种叛逆性的想象作用而已。这就是说，必须把雄心从简单的提高为复杂的——既谋求利益，也谋求荣誉。爱情之所以美妙，只是因为这种爱情是复杂的，它把感觉和心灵的双重魅力结合了起来。如果爱情仅仅限于这两种愉快之一，它便成了卑鄙或欺骗的行为。

轻浮情欲是使体力和智力平衡的途径，是身体健康和智慧发展的保障，只有它才能够创造出哲学家们所向往的普遍的善意。因为，如果把做一项工作的合作者分散到一百个别的小组中去，那么，这种结合便产生出每个小组都有自己的朋友在所有其他小组中工作的现象。这是一种与文明制度的机构相反的机构。在文明制度的机构中，每一种职业对其他职业的利益都漠不关心，甚至往往怀有敌意。

因此，轻浮情欲是一种以疯狂的色彩表现出来的智慧。其他两种情欲也是这样。

这三种情欲，在儿童即中性中间具有强烈的效力。儿童没有称为低级依恋情欲——性爱和父爱——这两种情欲，而更多地受三种起杠杆作用的情欲的支配。因此，我们看到，儿童爱好倾轧，爱好狂热，爱好花样翻新，甚至做游戏时也是这样。他们永远不会一连两小时连续不变地做同一种游戏。正是根据儿童的这种倾向，谢利叶的行为方式在儿童中间比在父辈中间能够贯彻得更快一些。

我本来应该详细说明这三种情欲和它们所利用的三种手段，以便预防在创立协作机构时采取任意措施。每个劳动谢利叶将有两套各自包括三项办法的规则。必须检查人们遵守这些规则的情况。违反六项规则中的任何一项，都会使谢利叶像经过化验证明是成色低劣的黄金一样，令人怀疑。正是用这种检验的方法才能使人相信，在英国和美洲所设立的那一切所谓的协作机构，存在着最严重的缺点。因为在那里既不懂得建立和应用情欲谢利叶，也不懂得在建立谢利叶时所必须遵守的六项规则，而遵守这些规则乃是协作力学中的首要问题。

尚待说明的是，怎样理解多种情欲谢利叶共同谋求行动一致。行动一致是上帝在社会运动方面和物质运动方面的目的。

情欲区分为三类——积极的情欲，即四种依恋的情欲；消极的情欲，即五种感觉的情欲；中性的情欲，即三种起杠杆作用的情欲。三种起杠杆作用的情欲在发展其他两类情欲时发挥作用。这三种情欲发挥作用时行动一致，因为它们对什么也不妨碍。它们发展三类情欲使之完全亲密无间。

相反的，道德却希望所有三类情欲互相冲突；希望心灵的情欲抑制感觉的激情；希望理智压制心灵的激情，不让中立的情欲出来干预。因此，它力图窒息所有三类情欲，或迫使它们互相冲突，让一个吞掉另一个，而不是让它们在共同的自由发展中结合起来，从而产生一致的作用。

在情欲的作用上只是制造分歧、障碍和冲突的哲学体系，从各方面看，都起着有组织的两面性的作用。这种哲学体系是统一的对立面，只能产生与统一的结果相反的结果。统一协调使我们有可能享受复杂而不是简单的幸福，而道德使情欲互相冲突，使其中一种为另一种牺牲，则只是制造了复杂的不幸，而不是简单的不幸；则只是使不可胜数的大多数人制造了感觉的不幸和心灵的不幸。

因此，在协作制度下会获得财富和荣誉的正直人，在哲学制度即文明制度下，只会得到贫困和诽谤。这是一种现在令人愤慨的结果。可是当人们理解了社会运动的规律时，却会发现这种结果倒是非常合理的。因为既然上帝给予我们意志自由，给予我们在它的规律和哲学家的规律之间进行选择的自由，我们就只能期待从人为的规律中得到与从上帝的规律中得到的结果相反的结果——坏人得到的是加倍的幸福，好人得到的是加倍的不幸。这就是文明制度或者哲学家的制度的始终不变的效果。

上帝和我们一样，要为这种在地球的最初世纪所不可避免的破坏性状态而哀叹。它赋予了我们永远摆脱这种状态的自由。引力在向我们阐明上帝的协作法典。它的声音始终在我们的耳边回响。我们随时都很容易计算出它的动力，确定它的机构和建立它希望我们建立的情欲谢利叶制度。

第七章　关于不正常的谢利叶以及应该采取的纠正措施

在指出第五章和第六章的规则之后，必须提出若干应用，即若干不正常的情欲谢利叶的例子和情欲改错的例子。这种例子会锻炼读者，使他能够具有辨别下述情况的能力：在什么场合下情欲谢利叶履行了劳动引力的条件，在什么场合下谢利叶是不正常的，平衡得不好，可以纠正的。

为了很好地理解正确的方法，必须研究错误的方法。我拟出甲、乙两个谢利叶为例子。每个谢利叶包含七个种植梨树小组：

谢利叶甲——极不正常的谢利叶

上翼脆梨 {马尔丹·谢克小组
墨西尔·让小组}

中心酥梨 {白水蜜梨小组
灰黄水蜜梨小组}

青斑点水蜜梨小组

下翼多淀粉质梨 {蓬克莱因梨小组
阿床梨小组}

谢利叶乙——较少不正常的谢利叶

小　组

上翼——1、2——种植两种白水蜜梨

中心——3、4、5——种植三种灰黄水蜜梨

下翼——6、7——种植两种青水蜜梨

应该说明：这些谢利叶在什么场合是违背或遵守第五章所规定的竞赛、狂热、组合的规则的，是违背或遵守第六章中所规定的紧密相连的级别、短时间工作和分段进行的规则的；谢利叶乙是怎样接近这些被谢利叶甲完全违反了的规则的；谢利叶甲为什么在同一、对立、特殊完善和集体完善方面缺乏四种同情的推动力。

为了精确地研究这个题目，需要有同前面第五章和第六章的篇幅相似的一章，其余别的题目还需要更多的篇幅。

然而，这类题目的著名而且值得信任的批评家们都要求叙述得极度简略，要求把篇幅限制到三百页，否则他们就不读了。因此，只得限于指出那些应该研究的题目。肤浅地谈论这些题目，就等于制造疑问，而不是说明问题。

我要通过的这一章所包含的议论旨在证明：

在任何按照种类形成级别顺序的劳动谢利叶内，例如在由种植十二种鳞茎和块茎的花草——郁金香、百合花、长寿花、水仙、晚香玉、鸢尾花、西番莲等——的十二个小组组成的谢利叶内，都会有意见分歧方面的空白。

一个谢利叶的小组的顺序，至少要按品种，最好是按精致性和细微性来安排，而永远不要按种、更不要按类来安排，因为品种是产生意见分歧的最低一级的差别。

我在谈到紧密相连的级别时就已经确定了上述这个基本原理。只有这种紧密相连的级别才能够产生派系争论、派性的固执以及随之而来的竞赛。必须使一个谢利叶中的彼此相邻的小组互相称对方为假聪明、愚昧无知、异端邪说的鼻祖和没有辨别力、没有理智的人。上面所指出的谢利叶乙是接近这种顽固的意见分歧的机构的，而谢利叶甲却只会造成漠不关心和一团和气。

谢利叶甲不会引起其他谢利叶的任何兴趣。谢利叶乙却会有来自各方面的拥护者加入它的使用心计的活动。它将用谢利叶甲所不能够造成的使用心计和联系来与法郎吉的群众结合起来。谢利叶甲的缺点在于，它包括的是一个区的作物，而不是一个乡的作物。何况几乎永远找不出一个乡的一平方公里的土地能适宜于种植所有三类梨——脆梨、酥梨和多淀粉质梨。自然界使土壤的质量一法里同另一法里不一样；两法里同两法里不一样；三法里和三法里不一样。因此，想把所有的三类梨都种植起来的谢利叶，自己就会冒使两类梨可能失败的风险，冒由于引力和热情不足而成为不正常的谢利叶的风险。

反之，只种植一类或半类作物而使品种和精致程度不断完善的谢利叶，则会在邻县也和本县一样激起热忱，它就会在使用心计方面达到内外的结合。

这条法则是与文明制度的方法对立的。在文明制度下，每个省和每个县都希望自己样样俱全，而不必向邻省和邻县购买任何东西。在和谐制度下，则遵循相反的基本法则：一个县宁愿只种植一种梨或一种土豆，培植它的二十个变种，供给邻县二十辆货车的这种产品，而从邻县获得二十辆货车的其他品种。这些品种在本县土壤上是达不到情欲引力机构所需要的那种完美的程度的。但是，让我们补充一句：在协作制度下，用不着担心商业的欺骗。而现在这种商业欺骗却使人把交易视为畏途，使人人都不得不种植二十种蔬菜或水果，以便使自己免于同不怀好意和进行诈骗的邻人打交道。

我已说过，那些试图撇开我来创办试验性法郎吉的人，将在安排他们的情欲谢利叶方面铸成千百种错误。尽管他们自以为确实是遵照规则办事，实际上他们会把十分之九的谢利叶搞糟。比如，拿谢利叶甲来说，这个谢利叶乍一看来似乎是很正规的，实际上却集一切缺点之大成：

它的中心与两翼失掉了联系；

每个翼并不是衔接的、紧密相连的级别；

由于缺乏意见分歧，每部分都是不积极的。

在这里，我还可以举出其他许多缺点，虽然这个谢利叶的中心如果孤立起来看倒是很好的。

这样安排的谢利叶，只会形成情欲的不协调，而不会形成情欲的和谐。这种谢利叶不仅不会在劳动引力方面有所成就，而且还会在安排机构上完全失败。随后，人们就会责怪发现者，说他的理论是一种美丽的幻想。我在第五章和第六章中已经对这种安排提供了非常确切的规则。在这里，再把一些有代表性的错误加以补充说明，使研究者们会充分运用这种方法。这样做将是适宜的。如果不充分遵循这种方法，那么，很显然，整个生产机构便会缺乏竞争、热情和配合。

谢利叶甲的主要缺点是相邻各小组间缺乏意见分歧：1、2、6、7各品种和中心完全没有竞争，而中心也完全不去同它们竞争。如果级别不是十分紧密相连的，整个竞争和竞赛机构就会解体。现在，让我们来指出消除这种缺点的办法，指出恢复紧密相连性的办法，而紧密相连性是不容许按种类形成级别的。

我假定在某个法郎吉内，人们表现出来的爱好使谢利叶甲能够形成。尽管这个谢利叶有缺点，但还是要容忍它，因为永远不应该阻挠引力的发扬。不过，艺术会来帮助自然界的。为了使这个谢利叶达到紧密相连性，法郎吉的领导会议或评判会首先要仔细研究，在谢利叶种植的五种作物中哪一种最适合当地土壤。我假定是称为水蜜梨的酥梨。为了使这种作物占优势，而不致阻挠任何引力，就必须善于行事。因此，要宣布，谢利叶的两翼所种植的四种作物对本地土壤不适宜，不能为本乡增光，不能列在本乡的光荣牌[①]上。这四种作物将种植在偏僻处，应该在旗帜上挂上半吊

① 在和谐制度下，徽章或光荣牌并不丧失我们现在的徽章或光荣牌的意义。它们是法郎吉所拥有的生产资料和荣誉的标志。它们代表着法郎吉的自然财富和人造的财富。永远欠斟酌的文明制度只选择那些丧失意义的徽号：行走着的狮子、尖端成为钩形的十字架、洼处带沙条的原野，以及其他荒唐无稽的东西。这些东西是在各方面都只呈现出乖戾反常的一片混乱现象的社会才会有的。

丧的穗带——带银色穗子的紫色纱，以表示这些作物不为本乡所承认。

同时，人们将努力组织像谢利叶乙那种完备的水蜜梨谢利叶，使其达到十个、十二个、十五个小组，如果可能的话，并组织另一个种酥梨（白西梨或其他）的谢利叶，以便在这一类梨子能够达到优等质量的地方统统都种上这类梨。

至于相形之下黯然失色的四个小组，如果它们出产的水果还过得去，就把它们列入别的乡中以出产那一类水果见长的谢利叶内，作为异种接枝。

在判断哪些种类应该弃置一旁的时候，好心肠是不能起任何作用的。因为要知道，整个地区就是根据事实，根据它在商业上对某种产品的需要是否迫切来鉴定产品的。那些很少有人或者根本没有人购买的品种，显然是低下而应该弃置一旁的品种。

整个乡遵循这个途径，只生产它在农业或工业方面见长的那些品种。它轻视自己生产的质地低劣的一切品种，而像谢利叶乙那样整批从以生产这些物品见长的乡采购这些物品，对这些乡则出售它自己所生产的那些质地优良的物品。

这一切供应，都是按照选配得适当的、紧密相连的分级比率来进行的。法郎吉不是出售一千公担同一种质地的谷物，而是出售一千公担有五、六、七种滋味不同的谷物。这些不同的滋味是法郎吉通过烤制面包检定过的，它们的差别则是根据出产谷物的土壤和种植方式来区分的。

拿最微不足道的食品或蔬菜来说，法郎吉也远不是全部出售某一品种。商业上供应的也只是一系列精选的品种。因为必须按照品种谢利叶来消费,以便在生产者之间建立使用心计方面旗鼓相当的谢利叶。必须把消费和生产正确联系起来,把同一结构应用到这两件事上。这种办法将在以后的篇章中阐明。

在协作制度下,每个乡将只生产上等商品。但是,与文明制度的人们的习惯相反,每个乡将需要二十个邻乡供应物品。和谐制度的人们与邻乡的贸易至少比我们现在多一百倍。因为就每种蔬菜——如萝卜和白菜——来说,法郎吉将从十个邻乡的法郎吉买来十种,将向它们买十车著名品种的白菜,自己则运给它们同样多本县生产的拿手白菜品种,作为滋味不同的一系列白菜品种中的一种来出售。

这种大规模的贸易只是就优质的品种来进行的。平凡的品种是找不到买主的。因为利用平凡的品种就会使劳动引力的机构变质;会使竞争、热情和组合三种规则受到破坏。

这种机构与我们所处的倒行逆施的世界,与我们的精益求精的文明制度是对立的。因为在文明制度下,任何运动都与上述三种规则背道而驰。因此,在我们这里可以看到,质地低劣的食品比质地优良的食品更充裕,更易于处理,因为任何人都不愿意付给质地优良的食品以应有的价格,甚至不会区别优良的食品和低劣的食品,而这又是因为道德使文明制度的人们养成了对吃好吃坏不加选择的习惯。这种嗜好的粗俗性乃是各种商业欺诈和农业欺诈的支柱。关于这一点,可以通过两种机构——协作机构与文明制度机构——的对比来加以阐明。

第八章　关于引力的种类和限度

让我们来分析一下劳动引力的等级和它所应有的运用形式，作为对基本概念的补充。这种等级分为三类：

直接的，即一致的引力，

间接的，即混合的引力，

相反的，即背道而驰的和不正常的引力。

第一、当引力是由某一类劳动所从事的对象本身所产生时，这种引力便是直接的。阿基米得研究几何学时，林奈研究植物学时，拉瓦锡研究化学时，绝不是出于获利的动机，而是出于爱好科学的热情。任何一位种植石竹、橙子树的君主，饲养金翅雀、雉鸡的公主，都不是出于贪欲，因为他们为这种作业花费的代价比这种作业向他们提供的成果还多。因此，他们是狂热地醉心于对象本身，狂热地醉心于这类活动本身。

在这种情况下，引力是直接的，即与工作趋向一致的。在协作制度下，当情欲谢利叶有系统地组成时，八分之七的活动形式将受这类引力支配。

在协作制度下，大多数种类的动物和植物都能激发直接的引力。当劳动谢利叶很好地贯彻使用心计时，直接引力甚至还可以运用于养猪作业上。

第二、当引力产生于与某种劳动作业不相干的传导体，产生于不靠获利的诱惑就足以使人热情地克服反感的那种诱饵时，这种引力便只是间接的引力。饲养可憎的爬虫或有毒的植物的博物学家的情况就是这样。他并不喜爱这些备受他关怀的非常令人嫌恶的生物，但是对科学的热爱却使他热情地甚至不计利益地去克服这种反感。

这种间接引力将适用于没有特殊引诱力的协作作业中。这种作业将占法郎吉工作量的八分之一。

第三、背道而驰的，即不正常的引力。这是与劳动作业和意图相矛盾的引力。这种情况是：工人干活只是出于需要，出于被收买，只是出于道德的考虑，而并没有欢乐，没有对自己工作的兴趣，没有间接的热情。

这类在情欲谢利叶内不能容忍的引力，却正是政治和道德所能够创造的唯一的引力。这就是在文明制度的人们的八分之七的工作中占支配地位的引力。他们憎恨自己的劳动。劳动对他们说来是饥饿或苦恼的轮换者，是一种折磨。他们带着沉思和沮丧的神色，以缓慢的步伐去承受这种折磨。

任何一种分散的引力都是一种真正的反感，是这样一种状态：在这种状态中，人不得已把一种惩罚强加给自己。协作制度是与这第三类引力不相容的，而在一切作业中，直至在最令人厌恶的作业中、如清除臭水沟，等等，协作制度至少也必须达到间接的引力，使不受收买的纯洁激情，使像团体精神、宗教精神、友谊、博爱之类的高贵的动力都发挥作用。

因此，就要做到把分散的引力，把这种建立在对贫困的恐惧之上而最后不得不进行的劳动从协作法郎吉中铲除干净。

这里，我们试把两种制度下劳动引力的种类及其定量作一对比。

文明制度提供：

1/9 间接的引力；

7/9 分散的引力，消极的反感；

1/9 积极的反感，或富有的游手好闲者、骗子、乞丐等人的拒绝劳动。

协作制度的分析将提供：

1/9 间接的引力；

7/9 直接的引力；

1/9 迫于疾病、虚弱、年老或年幼（而不是由于兴趣问题）不得不放弃工作。

因此，直接的引力将扩展到绝大多数工作，而间接引力则将扩展到其余工作。同时，间接引力将还是一种非常强烈的、同我们所知道的最强烈的引力一样的引力。

收益的诱惑，对雇佣工人只激发分散的引力和在饥饿与苦恼之间进行万不得已的选择。但在协作制度下，它往往将是一种高贵的推动力。例如，如果事关一项刻不容缓的但却被人忽视的发明，如防烟的办法，那么，协作制度会为发明防烟方法悬赏十法郎。谁解决了这个任务，谁就会隆重地从全世界得到五百万法郎。这笔款子应该由现在的人口所能够组成的五千万个法郎吉来分摊。发明者还将获得全球巨头的证明书，以及在全世界享受给予这种地位的尊敬。（敌视协作理论的学者们多么盲目轻率，而协作制度的理论将会使他们得到多么大一笔财产啊！）

这笔财产甚至就最不重要的部门来说，都会是巨大的。因为，如果随便一个小作品——一首短歌或交响曲——按照全世界五十万个法郎吉中的大多数的投票，从每个法郎吉得到两个苏的报酬，那么，作者便因此获得全球统一代表大会的通知书。他持有这种通知书，便可以在君士坦丁堡（大会的天然驻地）提取五万法郎的汇票。他一年内能够多次获得这样一笔、甚至更大一笔款子。难道优秀的剧本不会获得每个法郎吉的一个法郎吗？对这种作者说来，便是现款五十万法郎。此外，还要加上出售剧本的进款，按每个法郎吉至少购买十本计，即为五百万本。而这种出售是没有欺骗和伪造的可能的。如果从每本的收入中给作者四个苏的利润，就又是一百万法郎。一个好的剧本——悲剧或喜剧，总共会有一百五十万法郎的收入，并且保证它的审阅、通过和上演都不会遭到任何拖延。在对它进行评论鉴定时不会让任何阴谋得逞。

我敢断言，学术集团本身很快就会声明，他们过去反对这种对于他们比对文明制度任何其他阶级的人都更会称心如意的协作理论时，他们是处在神志昏迷的状态中的。

在协作制度下用得很少的第二类引力，即间接引力，也可以提供有力的手段。下面就是例子。

1810 年，列日有一处煤矿被水淹了。二十四个工人困在矿里没有食物。为了及时拯救他们，必须在非常短的时间内进行大规模的掘进。他们所有的同伴都积极热情，全力以赴地参加掘进。力气大的人把要求干重活看成是光荣。结果，四天便完成了雇佣工人要花费二十天才能完成的工作。因此，新闻报道说：四天所完成的工作是令人难以置信的。这并不是为了金钱才做的，因为，如果为了鼓励工人们加速工作来拯救他们被困的同伴而同他们谈到金钱的事，他们会认为自己受到侮辱。

由此可见，令人厌恶的工作本身，如矿工的掘进工作，如果有高尚的动机来支持，便会成为间接诱人的工作。高尚的动机会产生许多间接引力。这些间接引力的效力与直接引力至少在力量大小方面是相等的。关于这一点，将在儿童队一文中加以论述。

我还要补充关于间接引力的第二个例证。在进攻马洪山崖时，法国士兵攀登上了的悬崖是那样陡峭，以致利舍叶元帅因为不了解他们怎么能攀登上去，竟想第二天作为检阅来要他们重演一遍这次攻击。结果，士兵们在冷静的状态下爬不上他们前一天夜里在敌人的炮火下所攀登的悬崖。然而，这并不是什么掠夺的希望鼓励了他们。鼓励了他们的是一种集团精神，是一种本能冲动。充满情欲的群众把这种本能冲动传授给了他们的每一个成员。在这种情况下，协同动作的人们会创造出奇迹来，而这种奇迹甚至连那些创造出了这种奇迹的人们自己也难以置信(这是第十二种情欲——组合情欲或狂热的作用)。

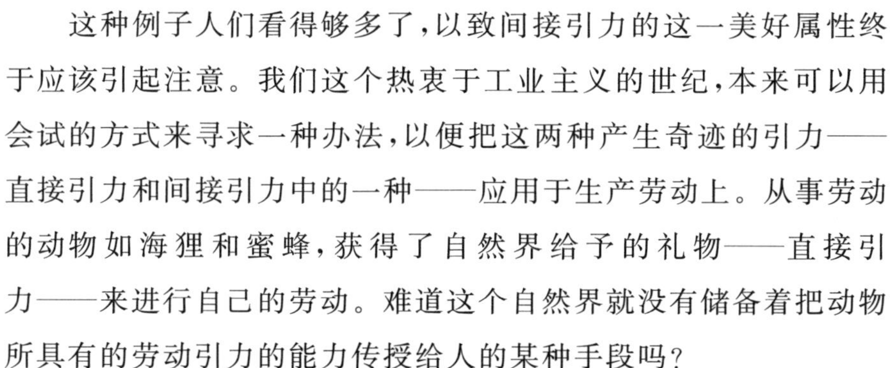

这种例子人们看得够多了，以致间接引力的这一美好属性终于应该引起注意。我们这个热衷于工业主义的世纪，本来可以用会试的方式来寻求一种办法，以便把这两种产生奇迹的引力——直接引力和间接引力中的一种——应用于生产劳动上。从事劳动的动物如海狸和蜜蜂，获得了自然界给予的礼物——直接引力——来进行自己的劳动。难道这个自然界就没有储备着把动物所具有的劳动引力的能力传授给人的某种手段吗?

这里，需要重复上面说过的话：哲学教导我们，不应该认为自然界只有那些众所周知的办法。因此，这个自然界可能有我们所不知道的办法来把引力运用于劳动中。但是，到哪里去寻求这种办法呢？哲学在这一点上也对我们有所教导。它教人们要“整个地研究科学领域，要认为只要还有事情可做，就没有什么东西已经做完了”。所以，在关于引力的研究，关于引力的分析及其应用的研究方面，还要做大量的工作。人们既没有开始这项工作，也没有提出、甚至还没有初步区别开我刚才所阐述过的三类引力。这是哲学顽固地阻挠人们进行研究的一个题目。其实，如果不愿意答应用分析和综合的方法来研究引力，那又怎么解决把直接引力和间接引力运用于劳动上去的任务呢？Quaerite et invenietis（探索与发现吧）！

对第一编的补充被略去的几章

我已经在这里论述过八个基本题目。这些题目我至少略去了一半或者三分之二。人们会看得出这个空白点。例如，本编一开始，人们就发现有一个表，包括四个组。这四个组分为两个高级组和两个低级组。于是，读者会说："高级组和低级组这个科学行话是什么意思？"人们不知道，要说明这一点就需要一大章。然后，为了把四个组划分到由两个复杂组和两个简单组所构成的小节里，并表明这种分法所根据的特点，还需要一大章。

人们对这一点会提出异议说："把这些东西简略告诉我们一下吧！"我同意这样做，以便指出过分简略只会把新题目搞乱，而不会提供令人满意的概念。让我们来尝试一下。

高级与低级之间的差别，以两种原则的影响为转移。这两种原则称为肉体的物质原则和心灵的精神原则。家庭组和爱情组是低级的。因为在这里，特别是在家庭组内，物质原则居于支配地位，家庭牢牢地受着物质原则的奴役，因为不可能打破血缘关系，不可能像改换朋友那样来改换爱情关系，像改换同事那样来改换双亲。因此，家庭组不是自由的。由于有这种永恒的锁链存在，所以家庭组在情欲结构方面是有缺点的。它在这里，只有把它的反社会性质，即利己主义加以同化才能创造善行。因为这种利己主义使做父亲的为了自己的家庭能够去牺牲社会，并且认为，为了他妻子儿女的利益，他无论干什么都是可以容许的。

爱情组虽然也强烈服从物质原则，却不是物质原则的奴隶，因为精神原则有时也在爱情关系中占支配地位。例如，当你抛弃一个非常漂亮的情妇，以便娶一个不漂亮的情妇时，是因为她的智慧或品格迷住了你。这样看来，这种不是纯粹以物质因素为转移的组，乃是两种低级组中的最高尚的组。

雄心组或集团关系组，是以荣誉和利益关系作为特征的。这些组受着财富或生产性物质的影响，而生产性物质比肉体物质高贵些。由于这一优点和爱荣誉，所以这个组是高级的。在高级组内，则是精神原则占支配地位。

友谊组差不多完全摆脱了物质原则。如果把基于劳动的礼仪惯例撇开，这种组则完全属于精神原则。因此，它是高级的。

我把雄心组和爱情组这两个组称为复杂组，因为它们在情欲谢利叶内（而不是在文明制度下）具有一种属性，能直接平衡地发展物质因素和精神因素，使心灵推动力和感觉推动力保持应有的平衡，使它们获得充分的运动自由。

其余两种组是简单组，因为它们只有用间接方法才能达到感觉与心灵的平衡。必须使其中一组与物质联系，因为它过于脱离了物质。同时，要使另一组摆脱物质，因为它过于受物质的支配。由此可见，这两种组只有用间接方法，用违反其本质的特点的方法才会得到和谐。

我刚才谈过的两个定义，还有很多缺点，因为它们只粗浅地谈到学说的要点，而这些要点还需要冗长的注释。因为它们没有阐明论题，而是使论题更加晦涩。它们为怀疑论者和好吹毛求疵者提供了攻击的论据。因此，为了避免这种弊病，我往往要越过某个问题，而对有些问题也只粗略谈谈，这并不是因为作全部说明使我为难。我在和谐制度问题方面所拥有的可以提供的解答，比人们所提出的反对意见多十倍。但是，我必须抛弃这种在理论上把我们拉得过于遥远的做法。至于人们要求的简要的阐述，我刚才已经证明过，这些阐述只会引起怀疑，而不会阐明真相。

为了使人们对于把一个组双重地划分为

高级的和低级的，

复杂的和简单的。

这种做法感到满意，至少需要有像第五章和第六章那样多的两章篇幅。此外，还需要同样多的篇幅来谈四种组的每一项彼此对立的属性，即吸引的属性。如果问题涉及在战争或火灾的情况下不怕危险这件事，那么，四种组就会受到极不相同的影响：

友谊组：大家互相吸引；

雄心组：上级吸引下级；

爱情组：妇女吸引男子；

家庭组：低级吸引高级。

在研究各个组的时候，必须仔细考察这些题目中的每一个题目。这种考察一定会有冗长的阐述，带有对比和对照。这一切还要由四种圆锥曲线的属性的附件来加以证实。四种圆锥曲线是四种组的对象标志。

我突然打断关于这些问题的谈话，目的只在于提醒一下，被人当作娱乐的情欲引力是一种非常广大的、几何学性的科学。既然人们只愿意容许对它作一个非常扼要的论述，那么，关于这件事便应该在选择材料方面信赖唯一曾经考察过这门新的科学世界三十年的人。读者所希望的简要叙述，如果能使读者承认不可能肤浅地阐述这门渊博的科学，那它便达到了目的。对这门科学原来预计不是提供简要的论述，而是提供厚厚的九大卷书。其中已有两卷于 1822 年发表，以便作为各部门的导言，并就给每一部门多大篇幅最为适当的这个问题征询过舆论界的意见。可是，人们没有就这个问题启发和开导我，却用谩骂来回答我。特别在法国，谩骂就是给予发现者的奖赏。

这里，我将只限于提供家务协作社和农业协作社的大略的试验所必需的材料。这种试验完成时，人们便会承认新的科学的重要性，并会徒劳无益地惋惜，怎么竟忽略了关于这种科学的一篇论文。我们的十九世纪在这方面正在步十五世纪的后尘。在十五世纪，当人们看到哥伦布带着金条和紫铜色的蒙昧人回来时，便决定相信新大陆的存在。当犯罪已不再可能、最后时刻才回心转意、悬崖勒马回到行善之道，乃是近代文明制度的习惯。这个制度未到最后时刻，还是要反对经济的新世界的。这是无关紧要的，因为一个小小的创始者集团就足以一下子实现全世界的大变革：Pauci，sed Boni（量少质精）。

第二编　试验性法郎吉的种种措施

第三概述　预备措施的物质部分

第九章　物质方面和人员方面的预备措施接纳和循序安排

我必须一开始就预先说明，并且以后还要经常提到：为了能够领导与协作制度接近的或规模缩小的法郎吉，必须了解一千八百人的规模完备的法郎吉机构。规模缩小的做法只使用完备规模所需的资本的四分之一。但是如果不了解完备的机构，不了解大规模的和谐制度，就不能够判断在小规模条件下每个部门能够缩减的情况。我们在关于基本原理的第一、第二、第三、第四、第五这五编及其附录中将要叙述的，也正是完备的机构。这些编及其附录将是在第五编之后刊载的规模缩小的计算基础。因此，当发现前景过于辉煌夺目的时候，就必须想起，人们将不会这样大规模地行动。但是为了弄清楚这种机构在低级阶段能够缩小的程度，必须了解使情欲达到高度和谐的这种机构。

我把物质方面的预备措施分为三个部门：

第一、创立股份公司。

第二、建筑房屋，供应物品和植树。

第三、逐步招募人员和安置工作。

第一、创立公司。由于在这方面应该遵循与普遍采用的方法完全相反的途径，避免小股东拥挤——Pauci，sed boni（量少质精）。我认为把这个题目推迟到跋的关于《候选人》一文中去谈，是适当的。让我们现在只提出一项建议，即这两种公司要组织得很完备，并且拥有奠定大规模基础所必需的资本。因为，正是必须根据大的规模来研究理论，才能够创办小规模的事业。

第二、试验乡物质资料的分配。这个问题和有关引力结构的种种措施，将在本编即第二编的范围内加以叙述，因为如果股份公司以占统治地位的偏见为指导方针，便会在这个问题上到处犯严重错误。

第三、逐步招募人员、接纳和安排工作。在这方面，将遵循与文明制度机构相反的方法。文明制度的企业生硬地一下子就派定全体人员。试验性法郎吉（我假定为完备的法郎吉）的工作安排则必须分五个步骤来实现，即：

雇佣工人、辅助的核心干部		100
发端……………………………	1—核心和管理处 ………	300
从事四分之一的活动……	2—预备类 ………………	400
从事一半的活动…………	3—混合类 ………………	600
从事四分之三的活动……	4—殷实类 ………………	400
从事全部的活动…………	5—富有类 ………………	200

近似这样的机构则只要九百人。

必须在人数上稍为充实一下试验性法郎吉，使它的人数达到一千九百和二千人（包括雇佣工人组成的核心干部），因为它比创办较晚的法郎吉需要克服更多困难。创办较晚的法郎吉的人数起初要缩减到一千八百人，之后则缩减到一千七百人，因为固定人数为一千六百二十人——这个数字得要稍微超过一点，特别在还缺乏活力的头几代人期间更是这样。

为了有条理起见，我必须先谈谈房屋和地段。不过这会是有点枯燥的细节。这个细节我也留到以后再谈。让我们从对几批人逐步安排所必须遵循的规则谈起。

如果法郎吉的房屋和树木完全准备好了，那么，整个法郎吉九个月期间就会安排妥当，即：第一批人在八月份安排好；第二批人在九月份安排好；第三批人在十月份安排好；第四批人在次年三月份安排好；第五批人在五月份安排好。

人们不能在大规模的范围内这样迅速行动。因为必须修建房屋、种植树木，然后再随着房屋各部分落成进行安排。因此，我认为，这种安排需要二十一个月到二十四个月。小规模的安排只限于三批人。这三批人的安排次序是：第一批八月；第二批十月；第三批次年三月。而首先是安排一百名雇佣的粗工。其中三分之二是男子，三分之一是妇女。他们都是干重活和干会阻挠劳动引力的工作的。这一百名雇佣工人将是试验性法郎吉的骨干。这种法郎吉很受引力缺乏的妨碍。无论在大规模范围内或小规模范围内都不得不依靠支援。

如果股份公司想一下子就招募全部一千九百人或缩小规模内的全部八百人，它会遭到失败的。首先，它会遭到工人阶级的勒索。因为工人不知道要他们去做什么事，所以会在条件方面提出苛刻要求。另一方面，殷实类和富有类的人们对事业不信任，会完全拒绝参加。问题在于要使这两类人都来申请，以作为一种特别优待而接受他们加入。为了在这方面获得成功，只要对第一批人慎重行事就行了。

在谢利叶成员之间分配收入时，如果意见不合，被吸收的人可以要求固定的报酬数目。这个数目与劳动者谈判来确定和选择（可惜我要略去关于这种契约的重要细节）。管理处不会怀疑在分配问题上能取得一致意见。不过，由于新吸收进来的人员将会怀疑这一点，所以必须这样确定定额报酬以使他们感到满意。

如果在某个地段的范围内有一所巨大的建筑物——城堡或寺院，就把它租下，首先把核心干部即第一批人（约三百人）以及管理处，都先安顿在那里。这批人大部分是园丁。他们将先培植果园、移植树木和从事应该先着手干的一切工作，如：饲养牲畜，生产水果和蔬菜罐头、种植像石刀柏和朝鲜蓟这种第一年不结果的植物。

第一件工作是要使这些草创者养成发扬引力的习惯，发展他们的情欲、嗜好和本能。他们——父辈和儿童——将深感惊奇的是，不是粗暴地对待他们和向他们说教，而是一味鼓励他们的嗜好，用短时间的和多种多样的工作使他们迷恋工作，把他们分配到小组和分组里去。这种小组和分组将使人精于用尽心机推销某些菜肴和某些烹调法，把三种性别的极不相同的嗜好依等级按顺序加以调整。

任何股份公司都肯定会排斥这种行为方式，并且会硬说，必须按照商业和道德的健康学说来教育训练这种组织。让我们更好地看看目的是什么吧！问题在于，要培养的不是文明制度的人，而是和谐制度的人，要通过迅速组成情欲谢利叶的方法来把他们导向劳动引力。这种谢利叶组成得愈迅速，劳动引力的产生便愈迅速；而最方便的捷径便是利用对精致的和花样多的美食的癖好。它首先要组成一系列消费谢利叶，然后把谢利叶的顺序推广到烹调上去。这种一度按膳食和烹饪法组织起来的机构，以后就会在农活和罐头工厂中建立起来。这是应该在第三编和第四编中加以考察的原理。这里我只是预先把它指出一下。

这种级别花样多的烹饪术既简单又明智。它是一种推动力。这种推动力是上帝为我们安排好的，以便我们在引力学方面迅速而稳妥地行动，争取从第一个月起就使试验获得成功。这种明智会使所有的草创者十分高兴。不过，对头一批三百人说来，它并不是非常有利可图，因为谢利叶制度的好处只有在人数达到六百时才会明显看出。但是，这是开辟劳动引力制度的道路所必需有的一项播种劳动。劳动引力制度在第二批人加入时才能建立。这种制度的产量会提高四倍。

在这个问题上，让我们注意：关于佳肴、养花、演歌剧及其他被称为轻佻风气或恶习的活动，我将不得不经常反驳文明制度在这方面的学说。我并不否认这些活动在目前情况下是有害的。但是，我是从把这些活动运用于情欲谢利叶制度的角度来考察它们的。在情欲谢利叶制度下，它们将变成有好处的途径。

邻近的城乡人民一旦知道了三百个草创者的生活方式，知道了他们的工作是自由选择的，每次工作时间短，每天工作至少有四次变化，给他们端到餐桌上的菜肴有许多品级供他们自由选择，领导者们关心使男子、妇女和儿童的快乐多样化，在附近所有的劳动阶级中这将是人们谈论的最大的话题。人们将谈论草创者们的福利。每个工人、手工业者、小农业主的家庭都要追求他们那种处境。以前对加入这个创办的事业犹豫不决的人，都会像恳求最高的恩惠一样来申请加入。

假定这时法郎斯泰尔[①]的一翼已经建成，并且适于作为住宅，那么就要吸收第二批四百人了。其中一部分是工人教练员——木工、车匠、鞋匠、钳工，一部分是初级小学教师。因为情欲谢利叶制度很快就会激发起人民和儿童受教育的要求。而在文明制度下，他们是迫不得已才受教育的。

在吸收这二批人时，管理处将挑选优秀的工人。工人们受谢利叶成员生活方式的引诱纷纷来到，超过所需要的人数的十倍，所以能够从中择优吸收。

采用这种征集方法使核心队伍已经达到七百人。核心队伍便从粗糙的准备工作转到“半近似”的工作，即“四分之一的活动”。

这时，谢利叶机构的试验便开始了。谢利叶机构创立时人数不能少于六百人。管理处供给所有被吸收人员工作服和典礼服。各小组就开始打着旗帜、唱着赞歌、吹着号角走上工作岗位。膳食也同样规定为三级。这种膳食对第一批人只限于两种。此外，还有管理处的膳食。

只有这样粗略地安排了谢利叶机构之后，才能够隐约看到：引力的属性及其几何上的正确性；用互相交替的各种享乐来预防过度的办法；劳动的完善和随着膳食的精美而增长的劳动热情；爱财富成为善行的途径；儿童被吸收参加生产劳动；在总的和谐中利用

① 法朗吉成员共同居住的房屋。——译注

意见分歧，以及反感因素的间接协调。所有这些奇迹的萌芽，在七百人的群众中都将看得出来，而在三百人所组成的核心队伍，却不会都表现出来。但是，由七百人甚至六百人所组成的核心队伍，将提供一种结果，使人们对文明制度即将垮台不会有任何怀疑。

这时，所有的目光都将被吸引到和谐制度的这一萌芽上。有人将愿出双倍的价格来要求购买它的股份。富有阶级的许多人将请求加入第三批。管理处就要积极从事征集这第三批人的工作，或者毋宁说是从事接纳第三批人的工作。

当人们看到谢利叶制度最美好的属性显示出来的时候，财富相对增加十九倍，或实际收入可能增加三倍——不是一千而是四千，并且在法郎吉内所过的花四千法郎的生活，在文明制度中要花费两万法郎。这时要求接受加入法郎吉的人将会更多。

有的人很难被接纳加入第三批，因为这一批人是由教师、熟练的手工业者、有经验的农民、农学家、艺术家所组成的。他们负责对法郎吉的平民，特别是对儿童进行高尚的教育。

至于对富有的或贫苦的申请者进行选择，那么必须重视在文明制度下被视为邪恶的或无用的种种品质，即：

音乐听觉准确，

家庭礼貌，

艺术才能，

并且必须遵照与哲学思想相反的各种规则——

优先照顾子女少的家庭，

接纳三分之一的独身者，

寻求被称为有怪脾气的人，

在年龄、财产、知识方面确定按级别调整的顺序。

协作制度的生产会由于人们具有某些才能而得到很大的好处。例如，听觉准确是诡辩家所看不起的。根据他们的基本论点，谁能歌善舞，谁就会很少进步。而在协作制度机构内，特别是在试验性法郎吉内，这是一种非常错误的论点。因为法郎吉内的人民要是受到良好的教育而且唱歌和跳舞都很好的话，这个法郎吉就会进步得多。

首先，这个法郎吉（我说的是大规模的）将拥有从愿意出资的富于好奇心的人那里所征集的一笔巨款。单是这部分收入就会使股本增加两倍。如果法郎吉出示给富于好奇心的人看的只是一些粗鲁的人，他们既不善于促进和谐制度的物质的发展，也不善于以所要求的十分细致的态度来控制情欲，那么，这笔征集来的巨款就会失去大部分。

由于需要配搭工人教练员，每一种职业至少要选择三人，以便进行方法方面的竞争。如果每个从城市里吸收来的工人都带有庞大的家眷，差不多有半数的父亲和儿童不习惯于农业，这就会把农业应该在其中占重要地位的协作机构搞垮。

法郎吉在关于垫付生活、衣着、居住等费用的信用贷款和活期存款这个问题上，永远不承认家庭关系，只承认个人。每个个人都有一本账。男子不能为自己的妻子和儿女共同办交涉。交涉都由每个个人分别办。仅仅三岁以下的儿童例外。三岁以下的儿童如果是贫苦出身，由法郎吉出资赡养。因此，凡是要负担幼小子女生活的工人都将力求加入法郎吉。但管理处只按比例接收儿童。至于这种比例，我将在其他地方指出。

法郎吉在第三批人加入时，至少要有三分之二的果树能够结果。因此，就必须用一笔开支移植果树，连根带土地装在箱子里移植。如果树很大，不能采用这种方法移植，就要按斯图亚特先生不久前在苏格兰宣布的办法，即露根移植法。这种方法能够把任何大树移植成功。采取这种措施，就可以避免在两三年内由于工作效率低和使用心计的精神贯彻得不好而把法郎吉机构弄垮的危险。而工作指的是新办的果园的工作。小组看不到果园里结有果子，果园便不会激起它的情欲。

试验性法郎吉，即使是小规模的，也必须向它提供招募来帮助工作的一百个雇佣工人的福利。通过各种多样化的活动和其他办法把他们提高到协作制度的半幸福地位，保证他们加入即将建立的第一批法郎吉，或者加入他们原来的法郎吉，如果这个法郎吉只不过规模缩小，但能够从九百人扩充到一千八百人的话。必须使这个团体中的任何人，甚至家畜都是幸福的。他们的福利是协作和谐制度的一个重要部分，是它的财富源泉之一。如果这个制度陷入柏拉图式的利己主义，就会使自己变穷，把自己的机构搞糟。因为柏拉图不是在寻求摆脱人类苦难的手段，而是感激上帝使他逃避了一般的不幸；感激上帝使他身为男子，而不是生为女人；生为希腊人，而不是生为野蛮人；生为自由人，而不是生为奴隶。我以后还要再谈柏拉图及其喽啰们的这种利己主义。哲学家们一方面具有这种特点，但又忽略了为一切人谋幸福的引力研究计算，这是否应该使人感到惊奇呢？

很容易预见到，任何工人，任何农民在加入法郎吉时，都想为自己的妻子和儿女预定低级膳食。如果他本人登记享用第二级膳

食，便把他们的家属登记在第三级上。他还想为自己保留全部规定的报酬，即在吸收他加入时根据协议所确定的款项，只把一小部分给他们妻子和儿女。文明制度时期慈祥的父亲们就是这样。性格温和的农民在要别人保持好的、纯洁的道德的借口下，希望把一切据为己有。夫妻关系上和父子关系上的这种暴虐表现在协作制度下不是不许可的。不过，经过一个月，每个谢利叶成员都会开始鄙视文明制度时期这种掠夺行为，并且由于摆脱了赡养妻子、儿女的负担而感到十分满意。此外由于劳动引力的作用，他的妻子、儿女挣到的工资都将比他们自己的开支多得多。

有了第三批人的法郎吉，便可以上升到巨大的近似值，即需要一千三百人来从事的半实践。于是，高度和谐的行动，即诱人的或符合本性的教育就会开展起来。而这种教育在仅有七百人从事的四分之一活动时，则只能粗略地加以规划。

符合本性的教育（第三编），对于富有阶级将是最强有力的诱饵。人们见过法郎吉的儿童便会深信，甚至帝王靠自己的珍宝和雇佣的家庭教师都无法使自己的儿女获得像法郎吉的最贫苦的儿童所获得的体力发展和智力发展的四分之一。因此，除非股票比原来提高两倍，凡是需要抚育自己疼爱的继承人的富人，也请求让他们的子女加入。

我曾经说过，和谐制度的教育有一个最突出的属性，就是能使在文明制度的家庭生活条件下甚至会成为大懒汉的儿童，从幼年起，即从三四岁起，便发展了二十种劳动能力，并把这种儿童提高到爱好科学和艺术，并且能够准确使用手和脑。而做到这一点的办法只是听任他的引力、本性和他全部嗜好发展，不必有其他的预防措施。从诞生起就在情欲谢利叶内教养出来的儿童，到四岁时，力气就会比文明制度时期的六岁儿童大得多，智力的发展更会远远超过大部分十岁的儿童。

为了使这些符合本性的方法的属性发出光辉，必须为国王和显贵们从外面介绍来的大批儿童保留下位置。因此，必须避免在头三批人中吸收家庭负担过重的平民，以免产生儿童拥挤的现象。只要有足够的人数来建立包括五岁到十三岁的儿童的舞蹈活动组织就行了。这种组织应该有一百四十四个两种性别的儿童及其辅导员（假定为一百六十人）。于是，从五岁到十三岁的儿童至少要占到文明制度家庭的一千三百人中的二百二十个。因此，可以在头三批人中缩小儿童的自然比例，而把人们竭力介绍来的儿童接纳到寄宿学校中来。

我假定，第三批人在秋季开始时接纳到法郎吉中来，一千三百名法郎吉成员便可以在冬季内形成充分的联系，以便来年春季积极展开活动。那时，法郎吉会想满额招收自己的成员、自己最后的两批人——第四批和第五批人，以便给予文明制度有力的打击，并用六个星期的全面活动来争取人们决定抛弃文明制度，并且埋葬这种制度。文明制度将遭到大家异口同声的谴责。但是，由于冬季只展开一半活动，由于缺乏两个上层阶级参加法郎吉，这个时期将在情欲表现得很平静的情况下度过。所以，正是在这两个上层阶级加入之后，就会开始看到文明制度将可耻地受到挫折，遭到它从前的最顽固的维护者们的嘲笑。

我们先不去注意这第四批和第五批人的安排细节，因为人们还只限于建立由第三批人组成的小法郎吉。这个小法郎吉已经足以吸引大批好奇的付款者。他们来自各地，想弄清楚是否确实发现了人类的归宿，是否发现了协作制度的情欲力学，自然规律是否确实正在代替道德妄想。而道德妄想是力图压制、冲淡和改变本性的，是想用伽东和塔尔日的教化来代替神的认识的。

第十章　分类、管理和预算

文明制度下的任何团体，除了地位或财富的等级制度外，没有别的等级制度；协作制度则要利用另外一些我们所不知道的级差分类表，如性格的级差表和气质的级差表。性格在文明制度时期的人看来，乃是无法解释的天书。气质则被医学归结为四种。而实际上它的数量和分类与个人性格相同。不过，必须经过长期测验才能对性格和气质进行选择，组成合理的性格级别和合理的气质级别。

首先应该建立的分类，是符合不同年龄的集体性格的分类；集体性格的分类是自发进行的，无论谁都不会被迫归入某种年龄范畴。

大规模的法郎吉

十六个部和三十二个队的分类

按全性格和半性格，按管理处和补充者而有所差别

级　别	类	年　龄	人　数	
上升的补充者	乳　儿	0—1	72	180
	胖　孩	1—2	60	
	顽　童	2—3	48	

特利巴和队

				全性格	半性格
上升的过渡	1	男孩和女孩 $3—4\frac{1}{2}$			
上升小翼	2	男小天使和女小天使	$4\frac{1}{2}—6\frac{1}{2}$	38	19
	3	男六翼天使和女六翼天使	$6\frac{1}{2}—9$	44	22
上升翼	4	男中学生和女中学生	9—12	50	25
	5	男高中生和女高中生	$12—15\frac{1}{2}$	56	28
	6	男少年和女少年	$15\frac{1}{2}—20$	62	31
	7	男青年和女青年		68	34
	8	男女成人		74	37
				392	196
中心		管理处		54	27
下降翼	9	男壮士和女壮士		70	35
	10	男勇士和女勇士		64	32
	11	男精细人和女精细人		58	29
	12	男稳健人和女稳健人		52	26
	13	男明智人和女明智人		46	23
	14	有荣誉男子和有荣誉女子		40	20
	15	值得尊敬的男子和值得尊敬的女子		34	17
				364	182
			半性格……405	405	
			全性格……810	810	
下降过渡	16	男家长和女家长			
下降补充者		患病者		30	
		虚弱者		40	120
		缺席者		50	
			总计	1620	

注释：应该从这个数目出发，使其

在第一代法郎吉内达到………………1800 人

在试验性法郎吉内达到 1900 人加

雇佣工人 100 人………………2000 人

在近似的法郎吉内达到 800 人加

雇佣工人 100 人………………900 人

请看看上列统计表。它的分类代表着均匀的或复杂的法郎吉：也许这是试验性法郎吉内所能够形成的唯一的谢利叶。

注意！这里可以看到的是，均匀的谢利叶和简单的谢利叶一样，可分为三个集团——两翼和中心。但是，如果把这个谢利叶按性别分解为各个组成部分，那么，便要规定另一种分法，分为四个集团。关于这一点，先不必忙着谈论。

只要年龄、部和队的安排是完全自由的，三十二个队以及他们的集团精神和职权上的级差便是产生协调的有效源泉。在由八百个谢利叶成员和一百个雇佣工人组成的小规模的法郎吉内，不区分出半性格，因为半性格的作用只有在具备大约一千六百人时才能够确立。以后我将要说明全性格与半性格之间的差别。

儿童将热情地同意接受组成年龄上的集团级差，即第一、第二、第三、第四、第五、第六部，而不排斥这种可能性：才能发展较早的儿童可以提前，才能不很发展的儿童受到推迟。

儿童非常喜爱的按年龄组成的阶梯，对于竞赛、对于风度和动机来说，是十分必需的。而竞赛、风度、谈吐和动机应该按等级加以区别，从第六部传到以下的各部。整个教育是以第六部为轴心的。

老年人将愉快地组成第十四部、第十五部和第十六部，因为这三部的六个队在饮食、衣着、住所、行动工具等用品方面享有各种特权。家长（第十六部）无论怎样贫苦，将享有第一级膳食。受尊敬的人和值得尊敬的人，即使没有财产，也有权享受第二级膳食。

在衣着、住所、交通工具方面也是如此。我们近代人乃是真正的蒙昧人，不关怀老年人、儿童和病人。慷慨地让寄生虫享受有软座的带篷轿子，而让受伤者坐在没有弹簧架的货车上遭受颠簸和折磨之苦。任何一位道德家都不为他们说情。这就是臻于完美的文明制度的善行，这就是文明制度所吹嘘的慈善和道德。

第七部和第八部都是青年，第九部以及第十部也还是青年。他们将按照年龄的级差表分等，而毫不怨恨。只有少数是例外。因为在这种分等下，从第七部起到第十六部止，大家都将是自由的。

从第十一部、第十二部和第十三部起，便开始走向暮年。有人会认为，已届暮年的妇女并不高兴在这种部中，认为她们会断然拒绝参加。——实际上绝不会是这样。协作制度将产生许多与我们现在的利益不同的利益。协作制度的结果之一是保证对老年人敬爱。而在文明制度下，年轻人对老年人却是瞧不起的。

在关于按情欲结合的一章中将会看到，这种现在会使上了年纪的妇女感到可怕的暮年标志，对她们将成为一种诱饵。其实，每个人都能加入他得到同意加入的那个部。四十岁的妇女可以把自己列入三十岁的人的队伍中，只要这些人许可就行，而这种许可是很容易获得的。

既然二十岁以上的人的分配都是自由的，我就不必指出第七部以上各部的年龄了。

年龄上的级差表最有价值的应用，就在于进行符合本性的教育，使儿童树立合作精神。这种精神将诱导他们按照情欲去参加各种作业和生产工作。

在按部分类人员上，人们大概会觉察到有两个大类不相等。其实，自然界提供给我们下降年龄的人数比上升年龄少。因此，我对于完备的和谐制度的十四分部配置如下：38、44、50、56、62、68、74＝54、64、58、52、46、40、34，而不是以相等的数目来分别配置：36、42、48、54、60、66、72＝72、66、60、54、48、42、36。

第二种级差表是以两类年龄的人数相等为前提的。在三十年期间，实际则相反，第一类的人数将会过多，因为在文明制度下儿童是非常多的。

包括八百一十人的完全性格类是能充分运用体力和智力的这一类人。三四岁的儿童，甚至在协作制度下也不能够具有构成完全性格的机巧、灵敏和显著的嗜好。在这种幼年时期，他们很少有突出的嗜好，只是肤浅地对什么都接触到一下。只有从四岁和四岁半起，他们的天性才明显地流露出来，从而才能区分他们的主要情欲、次要情欲和本性等等。因此，儿童部不作半性格的区分。家长部也是这样。第十六种年龄的老人已经没有体力，不能再列入全性格的一类或列入可以积极使用的一类。

由此可见，半性格只是从十四个部——从第二部到第十五部中显露出。它由四百零五人组成。这些人的嗜好很少差别，而且模棱两可，但对结合各种活动却很有用，因为半性格往往用来代替两个全性格。这一类人在文明制度下被人卑视，而在和谐制度下却受到很大的尊敬：中等人和平凡人在这里最有用。

流动和活动的一类人称为积极和谐的一类人，仅限于十二个部——从第二部到十三部。

我曾经说过，无论是为了在劳动生产方面进行协商，或者在聚餐和娱乐方面、在次日和以后的多样化的活动方面进行协商，每天都要举行交易所聚会或咨议会。协作制度下交易所的机构与我们现在这种混乱到极点的商业交易所的机构大不相同。和谐制度的交易所在半小时内弄清楚的暗算行为和将缔结的交易，比文明制度的交易所半天内所做出的还多。不过，这种方法是在简要叙述中不得不略去的许多细节之一。

受委托领导日常事务和提供公共福利的管理处，只不过是作为舆论的权威的评判会的代表。它的成员如下：第一、是每个劳动谢利叶或娱乐谢利叶的首脑，因为在和谐制度下娱乐和工作同样有益；第二、是三个部——受尊敬的人，可尊敬的人和家长等三类人的特利巴；第三、是具有每股一票权的主要股东，以及靠积聚零星储蓄获得股份的储蓄股东；第四、是法郎吉的男女显要人物。三种性别的成员的详细名单，将在其他地方看到。

评判会完全不需要拟定或保持什么章程，因为一切都由引力、特利巴队和谢利叶的集团精神来调节。这一会议就种种重要事项，如收割、摘葡萄、建筑工程等方面表示自己的意见。它的意见就作为经济活动的指针而被热情采用，但并不是非采用不可。任何小组都可以不顾评议会的意见，自由推迟自己的收割工作。

评议会对如何按与资本、劳动和才能成比例的三份来分配红利这一主要活动没有任何影响。在这件事中只有引力才是最公正的鉴定者。

无论评判会也好，管理处也好，都不负有像文明制度财政机关所担当的那种骗人的责任。文明制度的财政机关善于利用一大堆数字来掩盖揩油得来的利益。在协作的和谐制度下，会计工作是受托专门记账的一个谢利叶的事情。这种账目是每个人都可以检查的。

此外，在这种新制度下，簿记是极为简单的。这里没有什么每日支付，没有文明制度那种手里永远有金钱进出的习惯。每个人都开有与他已知的财产或与他从诱人的生产活动获得的预计收入成比例的信贷户头。邻近的法郎吉对它们相互买卖的东西如牲畜、家禽、蔬菜、水果、奶油、乳制品、饲料、酒、植物油、柴薪等等，绝不是每天付款。对这种事要进行登记，并按照商定的期限在各区和各乡之间划拨，或在双方转账和抵偿后作出平衡表来。个人生活费和其他供应品的预支的结算，则只是到年终在总决算和分配收入时办理。

向国库和劳动军（下面将要谈到）缴费，不会产生收税人这项工作。每个法郎吉每三个月派人到省会的国库结付一次四种债票。至于劳动军，则省或区派遣的每一队都享有一定的信贷，但开支则由它借助票据向本区偿付。任何一个供应货物者都不能牟取暴利。

诉讼交由仲裁解决。每个人随时都可以收回自己股份的金额，但是没有结清的红利要待确立清单时才作处理。

儿童不需要任何监护人：不能从儿童的财产中剥夺他们一个奥波尔。他们的财产是由登记在每个法郎吉总账中的股份构成的。这种股本有一定的利息，每年总决算时计算红利。因此，孤儿没有任何受骗的危险。每个法郎吉的资本中都有孤儿的股份。这些资本随着利息积累起来，直到孤儿成年（二十岁）开始支配这些资本为止。

必须就财产和膳食开支划分三个等级。这是和谐制度下所必需的等级，因为在这个制度下，任何平均主义都是政治毒药。在被吸收进来的谢利叶成员中间，会有些人拥有少量资本，拥有要出卖的土地、牲畜和农具，以及必需偿付价款的将要拆除的茅屋。他们将用这些存款来换得股份或一部分股份。于是，他们便形成一个高于群众的阶级。如果他们愿意，就可以被允许加入第二级伙食。这种膳食，也同样接受由于有宝贵的生产知识、因而取得信贷以便被允许加入第二级膳食的人参加。

将会形成一种第一类人。这类人由下列人员组成：主要工人、从城市中招募来的教练员和提供了大笔款项的债权人。提供了广大地段或可用的房屋因而成为著名股东的农民，将构成另一类人，——这两类都将要确定起来。以上三个等级甚至在规模缩小的小法郎吉内也不能缺少。

管理处、即负管理责任的股东委员会，构成了第四类。这一类只有在最后一批人加入法郎吉时，才能够把自己与法郎吉完全等同起来。

某些富有家庭可以决定从秋季起就加入法郎吉，这对在法郎吉进入全面活动以前的冬季期间增加使用心计的精神的效果，会是非常有利的。

为了春季取得决定性的进展，必须及早训练谢利叶成员，特别是训练儿童舞蹈和作其他活动，从歌剧直到焚香游行。必须使谢利叶纵然人数不够，也能够在冬季结束后以优美的形体面貌和精神面貌出现，使它作为舞蹈家和歌剧配角的动作异常熟练，能靠自由选择交替的各种娱乐提供情欲平衡的表现。这些交替的娱乐防止一切无节制的现象，并且表明当机构由于接收最后几批人而满员时，这种效果将是普遍的。

我始终认为必须对连续加入的几批人产生影响，并且我曾经证明，用于引诱的费用仅仅涉及很小一批人。现在让我们谈谈假定的预算。

规模完备的法郎吉的开办费

在缩小了的规模下将仅达到四分之一

地段和建筑物的年租	600 000
住宅和畜圈的建筑	5 000 000
牲畜、植树、农具	1 200 000
用于吸引参加者的开支和预支款	1 200 000
设备、台布、罩衫、器皿	1 000 000
工场、作坊、原料	1 500 000
六个月的伙食	800 000
引力的播种	800 000
用于事务所、管理处和谈判的开支	600 000
合作的非谢利叶成员工人的工资	400 000
带土块移植树木	400 000
水果罐头和蔬菜	300 000
公共图书馆	300 000
音乐和歌剧院	300 000
篱垣和木栏	200 000
意外开支	400 000
	15 000 000

在规模缩小的情况下，有四分之一即四百万就够了。有两百万就可以开始创办。因为一旦着手进行，就发现股东比所希望的

还多。

然而，预先说明一下情况是适当的，即：如果开始小规模地创办，那么，就会丧失转让股份的可能。储存起来的值一千万的、三分之二的股份，在做出惊人事业后，在忽然把高度的情欲和谐显示出来的那种光辉基础奠定后，就可能以四千万的价格出售；

就会丧失从好奇心的自费参观者那里得来的收入。而这笔收入，在只有一个大规模的谢利叶的头两年，以及当他在机构方面处于优势的第三年，应该估计为五千万。

从好奇的自费参观者方面得来的收入，按每人平均一百法郎计算，如每天六百人，两年内就有四千四百万进款。在第三年内这种进款还很多。但是，在缩小规模的谢利叶内，意见一致不会很引人注目。这种谢利叶在欧洲不会强烈地使人赞赏惊奇，眼花缭乱。而这种赞赏惊奇的心情会使被好奇心吸引的富有的旅行家竞相云集。小规模的法郎吉所吸引的参观者几乎只会有四分之一，因而参观费也会减少到四分之一。

人们回答说，要得到一千五百万认购款项很不容易。是的，因为文明制度时期有智慧的人只是不相信可靠而无风险的事情。如果要搞某种荒诞的花样，那就会找到几亿资本。难道不久以前不是有人曾经向法国人建议做一件荒诞不经的事情，即要把海船引进巴黎来吗？这是一种毫无意义的虚荣心。这样做要花费三亿法郎。实际上也许还要加倍，因为在从事这类工作时，对建筑费用总是低估，不考虑可能会遇到的障碍。

而现在，问题只是四百万。而开始创办时则只要其中的二百万。因此，该有多少资本家能够单独担任这项创业的事情啊！有一位法国贵族不久前曾经因为巴拉布的破产花费了三百万。既然有这样多喜欢冒险的人干危险的事，难道就找不出一个愿意从事没有风险的事业的人吗？

既然试办的法郎吉不得不进行建设，它就应该购买土地，而不是租用土地。不过，为了节省股份资本，它得廉价租用土地。如果可能，还要廉价租用房屋，以求两年内可以用商定的价格把这些房屋买下来。只要法郎吉一开办，它便会找到比它所希望的多得多的资本，供购买土地、房屋之用。

虽然任何土质肥沃的地区都适宜试办法郎吉，但是应该找到山河纵横、地形多样、丘陵起伏的地区，如伏州、萨瓦、莎罗列等地区，如布莱伊斯加乌和比利牛斯山脉，从布鲁塞尔到哈勒的美丽河谷。总之，要适宜于种植多种作物并且有美丽的河流的地区。

创办法郎吉应该靠近大城市。距城有十法里也不要紧，只要使富于求知欲的人们在从城市到法郎吉的途中不至于过夜就行了。如果距离大城市太远，法郎吉就难于在春季吸收那些应该在这时期加入法郎吉的富有家庭。

在房屋方面，对先前的建筑物应该少抱指望。为文明制度的关系配置的建筑物，不会适合劳动引力制度的关系。无论怎样改造现有的建筑物，它们对于情欲谢利叶的关系来说，总还是不方便的。可以购买文明制度时期的寺院。不过这种寺院都有一个缺点，即它们都是一种简单的房舍（只有一排房子），它们的畜圈不会适合谢利叶的安排。

可以利用一个甚至几个布满巴黎近郊的那种宽阔的城堡，让那些逗留一天以上的富有求知欲的自费参观者居住。如果拿距法郎斯特尔四分之一英里或半里的漂亮房屋做庄园或乡村仓库，同样也很合适。但是必须避免被乡村包围。因为，如果把整个乡村都吸收进来，势必要拆除村子里的一些房子。这会是件花费巨大的工作，会使这个地段成为非常吃力不讨好的地段。

如果法郎斯特尔与某一乡村或非协作家族为邻，它们就会纠缠不休，妨碍法郎吉机构的活动，使人觉得很棘手。因此，需要没有居民的地段，即使为此不得不砍伐和拔掉一部分树林。

不过，如果乡村内有一些散居的家族，可以把他们作为参加者加以考虑，在法郎斯特尔内为他们留出位置。他们将急于加入试验性的法郎吉，并且交出自己的小块土地来换取股份。特别是当妇女看到协作制度的家庭经济后，她们会把文明制度的家庭经济看成是一种折磨，以致因苦恼而憔悴。至于儿童，那就要非常谨慎，不要带他们到法郎吉去，因为他们一度看到引力机构的儿童队和儿童小组之后，再要他们离别这些队和组，他们就会因伤心而得病的。

我在预算内列入了篱垣费作为必需的费用。由于每天前来的好奇的自费参观者人数将很多，因此，必须提防那些行为令人讨厌的好奇者。凡是没有天然屏障、河流或围墙的地方，都要筑起围墙。我之所以说围墙，是因为协作制度不允许有像寺院的那种遮住视线并把公路变成牢狱的院墙。只是因为文明制度时期的人们具有种种恶劣嗜好，才会习惯于看这种不成样子的景象。

第十一章　按三种方式对农作物所作的安排

为了把使用心计、魅力、多样化——起杠杆作用的三种情欲的心愿——引进田间工作中，人们用三种相互交错的、适应不同地区的方式来安排协作的作物：

1. 简单的，即通盘的方式；

2. 中间性的，即混杂的方式；

3. 复杂的，即组合的方式。

第一、简单的，即通盘的方式，是一种排除交错的方式。它在我们广大农业地区完全居于支配地位。在这个地区，一边全是田野，另一边全是森林、草原和葡萄园。虽然每个山区都有许多地段适合种植其他作物，特别在森林里，那里应该保留一些空隙，让空气流通、阳光照入，以便使树木成长。

第二、中间性的，即混杂的和混合的方式，是一种称为英国式的联合菜园。我们应该把这种开辟菜园的思想归功于中国人。这种仿佛随便把什么作物都结合在一起的方法，在我们这里只是小规模采用，从来不在整个乡采用。协作制度从这种方法得到很大的好处。这种方法使景色更秀丽，使劳动更有魅力。现在的大块草原、森林、田野，将由于采用中间性的办法不再呈现一片凄凉的景象。

第三、组合的，即复杂的方式，是文明制度办法——围墙和障碍物——的对立物。在和谐制度下，盗贼绝迹，组合的方式完全适用，并会产生非常辉煌的效果。每个农业谢利叶都力图往不同的地点派出分支机构。它在其他谢利叶的各站都将有前线和个别楔角。这些谢利叶的活动中心距农业谢利叶的中心很遥远。由于这种混合(按合适的土壤条件),全乡便布满了各种小组。活动场所在这里变成了闹市,景色多种多样,美丽如画。

这三种方式可以与希腊的建筑方式相比拟。在看了三种希腊式的圆柱之后,人们找不到任何新鲜东西,除非是极少数的轻微的变化。能够指出的一切农业方法也将是这样,它们将只不过是上述三种方式的变形而已。

通盘的方式是文明制度时期人们在粗放农业中所采用的唯一方式。他们一方面把所有五谷作物结合一起。另一方面,他们每个人又都在自己的园内滥用组合方法,把二十种作物都聚积在那里,而那里最多不应该超过三四种作物。

用协调方法耕种本乡本地的法郎吉,首先要确定适宜于每个地段的两三种作物。除了有价值的葡萄园之外,把不同的作物合起来种植,总是会有成效的。就是在葡萄园里也可以种植水果和蔬菜,作为中心作物之外的附带作物。这种配合的目的,在于引来各种不同的小组,为它们很好地安排同它们本身工作有关的、并且使它们感到兴趣的会见,使每个小组在自己的作业中尽可能不致孤立。

为了达到这个目的,每个农业部门都力求参加其他部门。我们这里的住宅周围的花坛和菜园,会在全乡设立分支机构。它们的中心虽然邻近法郎斯特尔,但是它们却把强大的线条和个别地块伸展到田野。这种线条和地块逐渐变小而插入土壤可能对它们适合的田野和草原,即使是距法郎斯特尔稍远一些的果园,在它们附近也同样有某些联系的地段，有某些线条或灌木丛和成排树木伸入菜园和花坛。

这种令人看来愉快的组合更加依靠实用性，依靠情欲和使用心计精神的结合。安排各小组的联婚，即由于农作物组合而产生的男子小组与妇女小组的会见，必须特别热心。小组联婚的思想很有趣，一语双关。但是这种会见出于热爱劳动，十分规矩，而且大有裨益，不像我们现在沙龙和咖啡馆里的聚会那样毫无收获。例如，假使种植樱桃的谢利叶在距法郎斯特尔四分之一法里的自己的大樱桃园里安排一次有很多人参加的集会，那么，在从下午四点到六点的集会时间内，这个谢利叶看到下列小组同它聚集并且在它附近同它聚集是适宜的：

第一、是从邻近的谢利叶来的队伍——他们是由两种性别的人员组成的，前来帮助种植樱桃者。

第二、是乡的种花小组——他们前来种植一行一百法尺长的锦葵和西番莲。这些作物构成了附近道路的远景，并且与邻接果园的菜田形成四方形的边缘。

第三、是蔬菜谢利叶小组——他们前来培植这块田里的蔬菜。

第四、是百花谢利叶小组——他们前来耕作位于菜田与樱桃园之间的宗派祭坛①。

---

① 在这种田野的祭坛上，把宗派的庇护者　　即工作成绩卓著并以某些有益的方法使宗派致富者——的雕像和半身像放在用花朵或灌木丛堆成的顶端。这是宗派即劳动谢利叶的神话式的半神。考里班特在半神前焚起香来时，一项工作活动即行开始。由于劳动是和谐制度的心目中最高尚的作业，所以人们关心能引起热情的一切动力。如把用来报答在劳动方面对人类有功的男女的神话般的崇敬同劳动结合起来。——原注

第五、是青年草莓小组——他们在工作活动快要结束时前来，他们刚刚耕种过附近森林中长满草莓丛的地方。

在五点四十五分，法郎斯特尔的悬吊式大车把所有这些小组的点心运来。从五点四十五分起到六点十五分，在培植樱桃者的夏宫内进餐。然后，各小组形成了友谊联系。它们谈妥以后每天的劳动集会或其他集会之后，即行散去。

不止一个文明制度时期的人要说，他不愿意派自己的妻子或女儿参加这种集会。这无异于用文明制度的行为来判断协作制度的行为。父亲们最希望在劳动谢利叶内看到自己的妻子和女儿，因为他们将会知道，那里无论发生了什么事情，人们都不会不知道的。妇女在那里非常谨慎持重。她们相信，她们所作所为会被父亲、丈夫和对手所知晓。这也是文明制度的家庭内所没有的事情，因为在文明制度的家庭内，父亲如果想监视妻子和女儿，就会受他周围所有的人的骗。

由于在和谐制度下结婚非常轻而易举，甚至连陪嫁都不要。姑娘们在从十六岁到二十岁这段期间总会得到安排。在此之前，可以让她们享受充分的自由，因为她们自己会互相监视，这一点将来在专门的章节中可以读到。要知道在妇女身边再没有比她的情敌的眼睛更可靠的看守人了。

我介绍读者看一篇论文，以便了解三种农业的三种方式配合的细节。在那篇论文里，可以找到对创办人大有教益的种种意见。谈到了关于小组的联婚，关于把两性一同列入劳动谢利叶内，关于利用这一点来达到进一步目的——分配上的意见一致——的办法等问题。如果没有这种分配上的意见一致，则在分配红利时发生争执之后的第二天，整个协作机构就会垮台。

三种农业方式的审慎的结合，是使善与美结合起来的手段。这些方式甚至连文明时期的农学家们也不知道。他们只会可笑地模仿这三种方式，即：

通盘的方式：把森林或田地堆在一起。他们那些被诗人谬加赞美的田园呈现一片单调景象，森林则乱七八糟。由于缺乏耕作栽培，树木很少结果，一片混乱。因为在文明制度时期，农业并不扩大到把森林包括在内。在这方面，我们还是蒙昧人。这是蒙昧时期的错综复杂的结合体的特征，正如军事法典是野蛮时期的错综复杂的结合体的特征一样。

中介性方式：它只能在我们的娱乐场所中采用，如在国王的花园里，在提伏里[①]，在市郊的别墅里那样，而且它只包括不大的面积。它在那里占支配地位而没有与其他两种方式相结合。更坏的情况则是：没有产品，没有善与美的结合。因此，只不过是对它的用途的一幅讽刺画而已。

衔接方式：在我们的农业中只看到反衔接式导致穷困和丑化的分散。三百户农家在不同的地点种三百垄白菜，而这些不同的地点中很难有三十处是适合于种这种作物的，并且在他们的三百个菜园里，最多只能找到这一蔬菜的十种可怜的品种。谢利叶则仅有三十个白菜园，分散在有利的地区。它会在那里很好地种植一百种白菜。因此，在农业方式的运用方面，也同在经济体系的其他任何部门一样，我们现在正处于与大自然的意图背道而驰的状况中。

① 提伏里，地名，在罗马以东。——译注

第十二章　房屋的统一安排

在建筑事务上预防专断是非常重要的。每个创办人都想按照自己的奇思妙想来安排房屋。需要有一种在各方面都能适应情欲谢利叶的活动的办法。我们那些不了解情欲谢利叶的建筑师，是无法决定适当的计划的。可是，如果在有关安排的措施上把物质方面加以歪曲了，那么，在属于情欲的方面也会发生这种歪曲的情况的。

文明时期的人通常有爱好错误东西的生性。他们肯定宁愿采用最糟糕的安排。在"新和谐"地方就发生这种情况。在那里，创办人欧文正是选择了他本来应该避免的建筑形式——四方形，即单调透顶的形式。这就等于抓到黑票的民兵一样，老是运气不好。四方形的一个不方便之处是：喧嚣的拥挤的集会、抡汽锤的工人、吹风笛的学生，无论被安置在四方形的什么地点，四方形一半以上的地方都会听到他们的声响。我还可以列举二十种别的情况，来说明四方形会在交往方面引起混乱。

只要看一看这个建筑计划（Co-operative Magazine：January 1826[①]），就足以判断出：拟制这个计划的人，没有关于协作机构的任何概念。不过，他的正方形对于像他所创办的那种寺院式的集会，倒是很合适的，因为这种集会的实质就是单调乏味。

妨碍有成果地利用文明时期的房屋的主要原因是：在这种房

① 这是1826年1月份的《合作文集》，是英国合作杂志的第一册。该杂志由英国合作协会协助出版。——译注

屋内几乎不可能安排谢利叶宫，即供情欲谢利叶交际用的一些大厅和房间。现有的畜圈也有同样的缺点。不过，某些现代化的建筑可以供小规模的法郎吉利用，而对于规模完备的法郎吉则不行。我现在提出一个规模完备的法郎吉的平面图。

双线代表房屋结构，白色地方表明是庭院和空地。

虚点所组成的曲线和直线表示有双重河床的溪流。

沿直线 L-L 有一条大路在法郎斯特尔与畜圈之间通过。不过，在试验性的法郎吉内部要非常注意避免铺筑大路。反之，这种法郎吉却必须用栅栏加以围绕，以防范捣乱分子。

P——是法郎斯特尔中央的检阅广场。

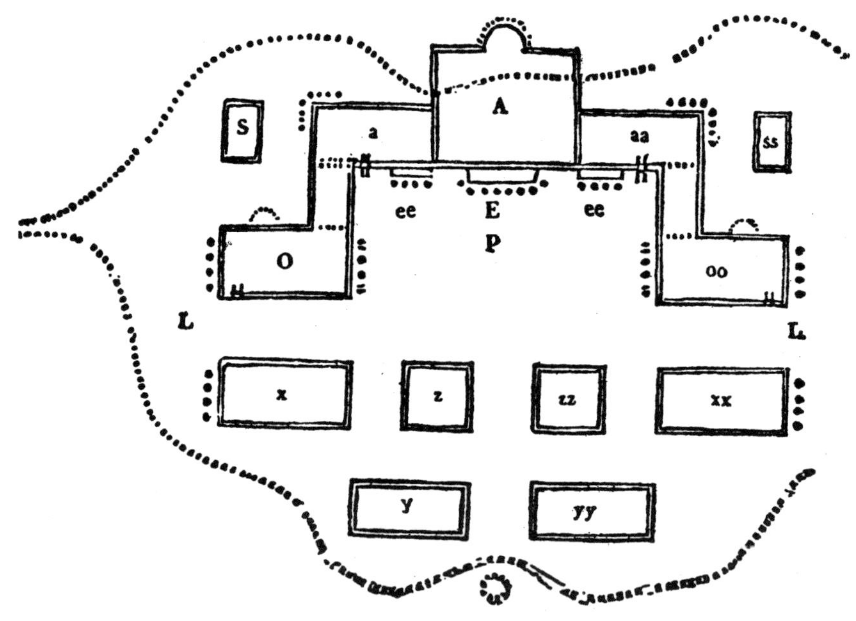

大规模法郎斯特尔的平面图

（傅立叶亲手画的草图）

P 广场长度—200 法尺。整个前沿线长度—360 法尺。

A——是荣誉庭院,作为冬季散步的场所。这个场所种有树脂多的、具有常青簇叶的多荫的植物。

a,aa;O,oo——是位于人住的房舍之间的庭院。

粗点……——是按不定形式划定的柱廊和柱列,在圆形建筑的十二根圆柱之外有很大的间隔。

x,y,z;xx,yy,zz——是农业房舍的庭院。

II,II——是四个关闭的并有暖气设备的门廊,不向外突出。

E,ee——是三个突出来的大门,供进入做各种活动之用。

::::两幢房屋之间的这种双点,是供做宁静工作用的,可以把教堂、交易所、评判会、歌剧团、守望楼、自鸣钟、电报局和信鸽安置在这里。

有一个侧翼需要拨出一块地方,供各种嘈杂的和使邻舍感到不方便的作业使用。

正方形 A 的突出的一半,即房屋的后部,专供富有阶级住宿。他们在这里远离嘈杂声音,接近主要花坛和冬季的散步小广场——这是文明制度时期的都市所没有的一种令人愉快的结构,而在所有这些城市里,差不多都是坏天气多于好天气。

连接两翼 a,aa 两个庭院,一个供厨房用,另一个供马厩和豪华的车辆配备用。两个庭院都必须尽可能有树荫。我在略图上没有把过道的连环拱廊标出。

S,ss 两幢房屋,如果希望使教堂单独在一个地方的话,一幢可以供教堂用,另一幢作歌剧大厅用。使歌剧大厅单独在一个地方是明智的。两处都有通法郎斯特尔的地下道路。

位于每一翼中央的O,oo两个庭院,一个供商队作旅舍用,另

法郎斯特尔的主要建筑群的草图

一个供嘈杂的工厂——粗木工、锻工、钳工——和喧嚷的小学用。

依靠这种安排，会避免我们文明制度时期城市的种种不便。这些城市的每条街上，你都会发现听觉的灾祸：锤工、铁器商人、学笛子的学生发出的声响使周围五十家人震耳欲聋。为了商业的自由，石膏商或煤商则用白粉末或黑粉末笼罩了这些家庭，使他们不敢开窗子，使店铺和四周变得一片漆黑。

供商队作旅舍用的一翼，包含有接待外来人的交际厅。之所以把他们安置在这里，是为了使他们不至于拥挤在法郎吉的中心，使他们分散到农舍去，到田野小组和园艺小组去，而不至于堵塞大厦内部的通路。

所有的儿童，不管是富的或是穷的，都住在底层与一楼三角的夹层，以便受到夜间照管人员的服侍，这也是因为儿童在许多交往方面，特别是在夜间，应该与成年人隔开。在谈教育问题的第三编内，将指出这样做的必要性。

家长大多住在最低层。

法郎斯特尔伸延过长，会使人们来往速度减慢。因此，正如从图上可以看出的那样，把居住的楼房增加一倍是适宜的：有些房屋（X），面积为四十法尺乘八十法尺，还可以再分为两个或四个形式多样的单独房屋。

在这种双重房屋之间，将要建立两种交通道路：第一种是地下道路；第二种是第一层的走廊过道。走廊是由像 a 和 aa 这种在房屋衔接地点的圆柱支撑的。

为了节省墙壁和土地面积起见，盖高层楼房是划算的。这种楼房至少要有三层，外加一层顶楼。再把最低层和夹楼加在一起，包括顶楼上的流动性劳动军的单身营房在内，便有六种级别的住处。

必须避免像我们的寺院、宫殿、医院等那种单排房间的建筑。为了促进人们的交际往来，一切住房都应该具有双排房间。房间要相当深，以便安装壁龛和厕所。这将大大节省房屋。

走廊街是最重要的部分。见过巴黎博物馆的罗浮宫走廊的人，可以把它看成是和谐制度的走廊街的模型。这种走廊街同样是用镶木地板铺砌的。在第一层，它的窗子也和教堂的窗子一样，高而且宽，呈拱形，以避免三排小窗子的形式。可是在试验性的，即使是大规模的法郎吉内，也还要大大降低这种豪华程度。

最低层将有一些通往走廊街的过道。不过，这里的走廊街不能像在第一层那样连接不断，因为在第一层中，它绝不会被交叉路和入口处所切断。暖气管和通风管使这种走廊街四季温暖如春。劳动军经过时（在试验性的法郎吉内看不到这种事），可以充作餐厅。这种上有顶篷的通路，在协作制度下特别需要。因为在这里，小组每次工作只应持续一小时半或最多两小时，人们走动非常频繁。有顶篷的广场和通路是一种令人愉快的设施。在文明制度下，甚至国王都没有这种设施。你走过他们的宫殿时，会淋雨或挨冻。你走进法郎吉时，最简陋的车辆都可以从有顶篷的门廊通到室内门廊。室内门廊像前厅和楼梯一样紧紧关闭着，并装有暖气设备。

我不再谈单身营房，即设在最高层的大批小房间了。这些细节叙述起来永远没有个完。

谢利叶宫即情欲谢利叶的集会地点，与我们的社交厅没有丝毫相似之处。在我们的社交厅里，人们的交际往来是混乱地，毫无层次地进行的。我们组织的任何一种舞会和聚餐，都是单一的集会，没有部门之分。协作状态不容许这种无秩序的情况。谢利叶永远具有三个、四个、五个部门，要占用同样多的毗连的大厅。每个谢利叶宫都必须有几个房间和办公室与它的大厅接连，供每个部门的小组和分组用。例如，在宴会谢利叶宫即餐厅谢利叶宫内，需要有几个彼此很不相等的大厅。

一个是供家长用的，

一个是供儿童用的，

三个是供贫苦阶级用的，

两个是供中产阶级用的，

一个是供富有阶级用的。

这里还没有计算商队旅舍的大厅，以及预定膳食所必需的或者愿意与等级膳食分开来用餐的伙伴们所必需的小房间和小客厅，虽然膳食都是由同一个售餐处供应的。

住宅是由管理处出租和预先拨给每个谢利叶成员的。住宅的排列必须按照组合次序，即：如果住宅有二十种价格，从 50、100、150 到 1000 不等，那就必须避免价格不断递增的次序，因为按这种次序，就会使所有租金昂贵的住宅都集中在中央，从中央到两头的价格逐渐下降。相反地，必须按下列次序分组排列住宅：

按照复杂级别的安排

两小翼的两幢楼房内的住宅价格	50、100、150、200、250。 150、200、250、300、350。
两翼的两幢楼房内的住宅价格	250、300、350、400、450、500。 400、450、500、550、600、650。

中央的住宅价格 $\begin{cases} 550、600、650、700、750、800、850。\\ 700、750、800、850、900、950、1000。\end{cases}$

例如：为了使这些双重的递增次序联系起来，必须使一翼的住宅按下列办法依次排列，有价格的交替：250、400、300、450、350、500、400、550、450、600、500、650。简单的递增或递减的级数，会有很大的不便。它会伤害自尊心，使和谐的各种杠杆陷于瘫痪。因为它会把整个富有阶级都聚集在中央，而把所有的小人物都聚集在两小翼。其结果会是，两小翼丧失人们的尊敬而被认为是低等阶级。阶级是应该划分的，但是不应该相互隔离。

如果用组合级数来安排，那么，住在中央 A 即豪华地区的某个人，可能还不及住在两翼住宅的人富裕，因为两翼交纳 650 法郎租金的主要住宅，比中央交纳 550 法郎租金的最差的住宅租价高。如果像现在每个城市的情况一样，法郎斯特尔有平民地区，有遭受嘲笑的地区，那么意义最重大的和睦融洽——三个阶级（富有阶级、中产阶级和贫苦阶级）的融合，便会被忽略掉。这个暗礁要靠组合级数的方法来绕过。

四十年后，这一切都作了正规安排的法郎吉，将有三四个庄园，设在本地区人们常去的地点。当四周的核心队伍为了从事某种工作而在这种地点集会时，早餐或晚餐就会送到那里去。因为他们如果回法郎斯特尔去进餐，便会浪费时间。法郎斯特尔可能不在他们的归途中。

每个谢利叶在距其农活不太远的地点，还将有自己的夏季别墅。每个小组则将有自己的望楼即小栈房。不过，在试验性的法郎吉内，这一切豪华的设施不会样样俱备。有一些敞棚和简单的遮棚就行了。不过必须努力妥善安排法郎斯特尔和诱人的手段，例如有带顶篷的通路等。

这种带顶篷的通路，对富人来说，将是一种非常有力的诱惑。富人们从头一天起就会对文明制度的房屋、大厦和城市，对泥泞的街头和对一个早晨得厌烦地上去二十二次的马车充满反感。他们认为，雨天或寒冬在镶木板或瓷砖地上走去参加各种内部会议，在根据气候变化而调节温度的走廊里走路，令人愉快得多。对于好奇的自费参观者们来说，这是第一种诱惑，来促使他们把所有的工厂、畜圈都一一走遍。他们将在那里赞赏各个小组的灵巧本领及其美好的外观，赞赏他们按地段和等级安排的工作。过三四天后，他们就会开始参加这些小事情当中的许多项。甚至在小规模的法郎吉内，富有阶级中的应征者的人数都会超过所希望的人数。

还要谈一谈建筑材料。在这方面，必须本着节约的精神办事，要用砖和石来建筑。因为，即使在创办规模完备的法郎吉这种初步试验中，仍不可能确定适合于每个谢利叶宫和每个畜圈的规模。只有开始了解到法郎吉最好专门从事那一类工作时，只有根据几年的经验可以确定每个地区的竞争项目和各种方便时，才能确切估计这种规模的大小。

过三四年后，每个法郎吉内都会有许多新的相互关系和它起初所不能组织的新的情欲谢利叶。因此，最初的建筑，经过十年后，会很不适用，而经过二十年和三十年后，这些建筑会更不适用。那时全世界所有的法郎斯特尔将改建得更加富丽堂皇。因为，人们根据经验会知道，在协作制度下，在建筑方面如同在所有各方面一样，奢华是引力的播种，因而也是致富的途径。

我略去这个计划的许多细节。我关于创办小规模法郎吉时担任领导者所必须知道的细节，已经说得够多了。法郎吉的股东们如缩小这个计划时，必须在安排上尽可能接近这个计划。

第四概述　准备工作的纯理论部分

老调：我本应在这里刊载两章。一章是关于创办小规模法郎吉时会遇到的暗礁。另一章是关于领导上最初应该避免的缺点。

这两方面的知识，对创办人说来虽然非常重要，但我为了缩短叙述却不得不略去这个内容。如果篇幅许可，我在推理中再加以叙述。

第十三章　对人们在动物界中更喜爱的谢利叶的研究

如果试验性的法郎吉企图就可能进行的各项活动都组成谢利叶，这个法郎吉就不会很好发挥作用。必须在活动的种类方面进行选择：我就要指出这种选择应该遵循的规则。

最初，很多生产资料将感缺乏，例如，种植得井然有序的果园和森林、在协调制度下驯养得适合于和谐状况的牲畜以及灌溉渠，等等。然而，必须组成大批谢利叶，因为理论指出：

对于充分和谐和完美一致的法郎吉来说，——要有谢利叶405—$\frac{5}{9}$，

对于以它最初几年的微薄的能力所草创的和谐组织来说，要有

……135—$\frac{3}{9}$，

对在最低近似值序列上进行的最低限度的试验来说，要有……45—$\frac{1}{9}$。

让我们好好考虑一下那些可以选择的一整批谢利叶的这个配合问题，以便把试验性的法郎吉提高为最高限度的草创的和谐组织。在这个法郎吉内至少组成一百三十五个甚至一百五十个到两百个机构良好的谢利叶。选择的对象应该是：

第一、动物界比植物界优先，因为动物界可以在冬闲时保持谢利叶的经常活动；

第二、植物界比制造工业好些，因为它更加诱人，而且会直接有助于和睦融洽；

第三、炊事工作，因为炊事工作是一种经常工作，是没有空闲的工作，是在劳动引力方面具有主动精神的工作，是与生产和消费有关的工作，是最能保持计谋情欲精神的工作；

第四、最后，诱人的工厂工作又比纯粹赚钱的工作强些，因为创办人的政策应该是创造美好的情欲的平衡，而不指望得到同协作制度不符的利益。如果这种利益不引向下列目标，那么，这种利益便会变成欺骗。这个目标是：迅速发挥劳动引力机构的作用；从打第一仗起，从进行全面活动的第二个月起就挫败文明制度，就靠辉煌的成就来从所创办的事业中获得报酬和利益，从好奇的和其他的人们那里获得捐献。

这些基本原理确定后，我要转而论述在试验性的法郎吉里最合适的种种活动。而这种法郎吉，由于有许多引力的空白点，由于它孤孤单单，独一无二，因而会遇到重重的障碍。

我们先从栖息在陆地上的动物界谈起，从各种家养的和生产性的品种谈起。

这一界是最缺乏有益的品种的动物界之一。我们的地球住着两种有害的创造物。这两种创造物为我们提供的可以役使的有价值的禽鸟和四足兽数量非常少。法国几乎只有十六种禽鸟和四足兽。其中有些数量太少，不能进一步划分为不同品种，以致不足以成立一个小组谢利叶来管理。这十六种禽鸟和四足兽是：

犬、羊、鸡、鸭、

马、山羊、雉鸡、鹅、

驴、猪、鸽、火鸡、

牛、家兔、孔雀、珠鸡。

这些种类的禽鸟和四足兽(其中除掉鸡)也用不了十五个劳动谢利叶。这些谢利叶由照料三个、四个、五个品种的数目相同的小组组成。驴、羊、家兔、孔雀、珠鸡，只要不是根据饲养级别组成谢利叶，则每种顶多占用一两个小组。按照饲养级别组成的各个谢利叶，则以饲料和喂养的差别为基础。它们为建立应用于同种的动物的良好的不同的生活制度而斗争。这就是应该遵循的途径。

这些根据不同的生活制度而组成的谢利叶，是人为的，因为它们不是在品种的天然差别的基础上建立起来的，而是在喂养和饲料的差别的基础上建立起来的。这是一种接枝的谢利叶。它们人为地把谢利叶秩序引用到自然界没有提供办法来建立这种秩序的地方。

(注释：我把孔雀也列为农家生产性的家禽，因为罗马的美食家们曾经非常赏识孔雀。我们看不起孔雀，正如捷克人的河里虽然全是河虾，他们却看不起河虾并且不吃河虾一样，真是咄咄怪事。然而，虾却是在美食方面比波希米亚人高明得多的巴黎人爱吃的菜肴。）

天鹅和猫没有算作为生产性动物，虽然天鹅绒非常有用处，而猫肉，即使不闹饥荒，吃起来也很有滋味。猫同家兔不相上下。在被围困的城市中就有人找猫吃。

骆驼、水牛和野牛都不是法国或英国土生土长的动物。前两种不很吸引人，不会成为试验性的法郎吉考虑饲养的对象，因为这种法郎吉中不应该充斥种种大动物。照料大动物要花很多劳动力和时间，会妨碍组织大批的谢利叶。

其他动物，如鹧鸪，比鸡还容易驯养。用狗就能看管成群的鹧鸪。但是这种动物完全被忽视。可能鹌鹑也像野鸭一样，在第一代养不驯，在第二代或第三代就会养驯的。为了照料鹧鸪和鹌鹑，将组成十分诱人和非常有益的谢利叶。

在布满我们的地球的两种创造物中，生产性昆虫贫乏得令人愤慨。只有蜜蜂一种才能占用一个养殖方法多种多样的谢利叶，即人为地建立的、接种的谢利叶。我不来考虑胭脂虫这种热带昆虫了。我不知道这种胭脂虫和代替它的红虫活的时间是否长得足以占用一个情欲谢利叶，或只是成立一个临时小组就够了。

在任何意义上，养蚕对试验性的法郎吉都不适合。这种工作令人厌恶，而且在这样的时期，即正当果园、畜圈和鸽舍非常吸引人的时候，当三个有财产的阶级为了合并而开展使用心计的活动、开始策划、因而必须提防任何会减慢这些活动的东西的时候，会发生有使青年分心的弊病。同时，这种工作还会把人们从那时候会遇到的温室工作中吸引开。而温室工作与整个农活制度联系得非常好，并且还有只占用一个无限小的谢利叶这个优点。

大四足兽——牛、马的饲养，是不大适宜于试验性的法郎吉的使用心计的精神的。这种法郎吉没有像在和谐制度下培养出来的人所具有的那种熟练技能和知识，因而会在这种工作上花费过多的时间。况且，这种法郎吉还不会有被和谐制度的畜牧业制度改良了的牛马。而看管上千头这种改良了的牛马比看管我们现在的一打牛马还容易。因此，照管牛马大都要一支靠由一百个雇佣农工组成的队伍。这个劳动部门非常需要这种工人，因为法郎吉将比现在的村民拥有更多的牛马，特别是供儿童骑队乘骑的小马。

总之，家禽和四足兽将只占用很少的谢利叶。为了增加谢利叶的数目，必须采用我称之为工作制度多样化的谢利叶或接种谢利叶的做法，即在照料同一种动物上，通过饲养法的差异，在不同的小组间产生党派精神以及意见分歧和竞争。这也就是要把一系列方法同工作联合起来，而单靠这种工作本身并不会引起谢利叶之间的竞争。

尽管有这些方法增加动物方面的劳动谢利叶，但是我并不认为这样就能使劳动谢利叶的数目超过二十，因为必须从这个数目中减去养鸡谢利叶，而鸡比任何别的家禽能提供更多划分类别的机会。将以养鸡工作为内容组成最高级的谢利叶，即无限小的谢利叶。

我认为养犬是动物谢利叶的业务。犬的驯养将占用不同的小组和派别，因为现在由仆役和信差所担任的许多职责将由犬去做。每个法郎吉每小时都要派犬到邻居那里去一趟，送去和带回不很贵重的邮件袋。鸽子将在远程服务方面履行犬在近程服务方面所履行的职责。

协作制度将把那些由于文明制度的人的残暴或偏见而退避到水里和森林中的多种动物提高到驯化的程度。像我们具有已经驯熟的家兔的兔场一样，协作制度将会有驯熟了的野兔的兔场。有人会提出异议，认为这种动物倔强，不易驯服。不错，在第一代，它们也和野鸭一样，是倔强的。但是，到了第二代，由于采用文明制度的人所不知道的两种办法，它就会被人驯服。这两种办法是：

第二代和第三代在家养的条件下会改变本性；

实行统一的措施与和谐的方法。

正是由于这两种办法配合采用，协作制度将会像我们现在很容易有鹅群那样，有不同的水鸟群和林鸟群。虽然在禽鸟中，野雁疑心最重，最难接近，最使猎人泄气，但是它毕竟还是同家鹅一样的禽鸟。

在四足兽中，协作制度将饲养成群的斑马、克瓦加野马和野驴。这些动物，像我们现在的马一样会被很好地编进骑兵队。协作制度将会有成群的淡褐色的骆马和成群能够建造它们水中房屋的海狸。也许还会有驯熟了的鹿。

协作制度同样将会在特殊水塘和鱼池内养育许多杂交种的鱼，二十种逐渐习惯于淡水的海鱼。还会有养殖鳕鱼、鲭鱼、鲆鱼和鲽鱼的鱼池，而这些鱼在本地甚至没有见过。驯养条件与自然条件的差别，会使肉质滋味变化，像从野猪到家猪，从野鸭到家鸭有肉质滋味变化一样。

就当前的能力而论，我们只应该有大约占用二十个谢利叶的家禽（除鸡外）和四足兽，其中包括了接种的即人为的谢利叶。

此外，还可增加十个别的谢利叶：

两个狩猎谢利叶，

两个捕鱼谢利叶，

三个捕鸟谢利叶，

三个池塘养鱼谢利叶，

总计会有三十个饲养动物的谢利叶。

鱼类很快就会提供更多的谢利叶的工作，但只有在这个同林业一样与文明制度的经营方式格格不入的动物饲养部门中出现不同领域的竞赛时，才会有这种需要。同时，鱼类虽然是最有益于健康和最受人欢迎的食品之一，但却是所有食品中最便宜的一种，因为它以繁殖出来的过多的鱼类为食物。可是我们既不善于得到鱼类的好处，也不善于得到果木的好处，我们只从果树上得到叶子或四分之一的果实而已。

第十四章　关于植物界、产品储存和一般管理的劳动谢利叶

如果对合适的植物谢利叶逐一加以考察，便会过于冗长。我只提一提紧密性这一规则和一项指示。根据这项指示，对于所有不能提供在相近的色调方面递增得很好的、紧密相连的谢利叶的植物，不予重视和置之不理。

植物种植（包括造林，培养草地，在保暖和通风的温室里栽培作物），在春夏季可以占用五十个谢利叶。在文明制度下，人们只知道建造温室。人们的思想在这方面也和在其他许多方面一样，完全墨守简单化的成规，即简单方式。这对文明制度的智慧说来是有典型意义的。复杂的温室，即既保暖又通风、两者结合利用的温室，如同禽舍一样，对所有三种性别的人们说来，而主要是对于富有阶级说来，将是一个引力极强的部门。因此，必须多关怀这一类劳动组织。

栽种和混杂得很有条理的树林和草地怎样培植，是个很大的细目。每片草地或树林都会种上对它合适的品种，将设立肥沃田野谢利叶。这些谢利叶在种植每一种植物的地段周围都要栽上花草和灌木，做成祭坛和边饰。这种奢华是引力和使用心计的一个极有价值的部门。

诱人的制造工业，即使在估计要创办大规模的法郎吉的情况下，需要的谢利叶也不会多于十个到十二个。

初步估计的总数是：

动　物　界——三十个谢利叶	一百个谢利叶。
植　物　界——五十个谢利叶	
制造工业——二十个谢利叶	

要达到一百三十五个谢利叶这个数字，还需要组成四十个谢利叶。让我们来考察一下能提供这么多谢利叶的工作的家务劳动吧（炊事除外，因为炊事是要另作计算的）：

在这些谢利叶中，第 1、2、3 谢利叶管谷物、蔬菜和牲畜饲料的仓库；第 4、5、6 谢利叶管储存啤酒、苹果酒、醋、烈性酒等的酒窖、次酒窖，以及供应好奇的自费参观者的极丰富的小酒窖；第 7、8、9 谢利叶管水果窖：将购买大量的水果来制造罐头。这件事至少要占用三个谢利叶；第 10 谢利叶管蔬菜储存处（这是把经过加工的蔬菜存放在青草中，或地下，或器皿中的地点）；第 11 谢利叶管油坊；第 12 谢利叶管种子总仓库；第 13 谢利叶管牛奶场（不包括制干酪坊）；第 14、15、16 谢利叶是在餐桌边服务、打扫房间的餐厅女工和侍女谢利叶；第 17 谢利叶是保管从镜子到小锅等用具的家具保管女工谢利叶；第 18、19 谢利叶管供水、包括照管抽水机和水管；第 20 谢利叶是在婴儿谢利叶宫中服务的保姆谢利叶；第 21 谢利叶是乳母、包括补充哺乳和代替哺乳的乳母谢利叶；第 22 谢利叶是为使劳动禀赋像花一样的绽开而教育两岁到三岁的儿童的男家庭教师和女家庭教师谢利叶；第 23 谢利叶是为了发扬个性、评价性格和气质方面的优点而教育三岁到四岁半的儿童的男导师和女导师谢利叶；第 24 谢利叶是负责包括看护在内的各种医疗工作谢利叶；第 25、26 谢利叶是管理比文明制度下普及得多的教学事业（我这里所指的是农业教育和工业教育）的谢利叶；第 27、28 谢利叶是儿童队和小团队，即教育方面的主要谢利叶；第 29、30、3 1 谢利叶是管声乐和器乐的和谐的谢利叶：歌咏谢利叶、弦乐器谢利叶、管乐器谢利叶；第 32 谢利叶是管剧院，需要一个按戏剧种类细微差别安排的谢利叶；第 33 谢利叶管各种歌剧；第 34、35 谢利叶管舞蹈和体操；第 36 谢利叶管定期劳动义务；第 37、38 谢利叶是管生产动物产品和植物产品的两个中间类的谢利叶，也可以有四个谢利叶。

这四十个谢利叶构成对上述一百个谢利叶的补充，因为草创的和谐制度组织最低限度需要一百三十五个谢利叶。很遗憾，我要略而不谈这些谢利叶的每一种功能，而只谈谈这些谢利叶的功能的一个片段。

劳动义务（第四十种谢利叶），包括一切孤独的、没有吸引力的各种作业，例如做邮差和信使，在维持秩序的望楼上站岗，在电报局值班、发射礼炮或做悬旗的值班，在钟楼上值班撞钟，夜间在法郎斯特尔和商队旅舍看门值班，在法郎斯特尔和畜圈值班、吹起床号，以及担任夜间守卫，在消防队值班和充当灯塔的守卫等等工作。

劳动义务执行者的谢利叶，除了获得富人们为了免役所出的豁免捐（如同他们现在所做的那样）外，还获得极大的红利。不过，这种赎金只给整个谢利叶，而不给个人。因为，雇佣个人服役在协作制度下是可耻的。

此外，还要用各种优待来鼓励劳动义务执行者。例如，供给他们第二级膳食（通常他们享受第三级膳食）；希望做到使大概两星期轮到一次的劳动义务日成为人们愉快的一天。

这些慎重措施在文明制度的人们看来，似乎完全是多余的，因为文明制度的人们都已经习惯于把压迫看成是道德的智慧。他们会忘记，这里每一页说的都是创造劳动引力、实现分配方面的意见一致和使所有三个阶级融合。因此，必须想尽方法既不贬低任何作业，也不激起任何阶级的不满。这就必须用可靠的办法来把愉快普及到令人厌恶和受人卑视的工作中去。

这里我把已经提出的管动物界工作的规则重复一遍：少搞照料大动物（马和牛）和大植物（树木）的工作，因为这种工作会使我们经验不多的一代花费很多时间。不过，也不应该像现在这样忽视它们，但目的是要组成大批很好地贯彻使用心计的精神的谢利叶。种小花草和种菜的谢利叶差不多也和种橡树和枞树的谢利叶同样有利，而橡树和枞树的种植却要花费多十倍的时间。

除了我已经指出的这一大批自由的谢利叶外，法郎吉还应该至少有四个匀称的谢利叶和四个无限小的谢利叶，作为机构的中枢。

这对试验性的法郎吉说来，将是一个空白点，因为试验性的法郎吉只能组成一个匀称的谢利叶，即按年龄和三十二个队所组成的谢利叶。此外，最多只能组成两个无限小的谢利叶，即可以无限地细分为“次谢利叶”级序的谢利叶。鸡舍就需要占用一个这样的谢利叶（这种谢利叶的级序，不能达到第八级，最多只能达到第五级）。

可以组成第二个无限小的美食谢利叶。美食是我们习俗所不反对而只是道德所反对的一种享乐。

我们到此为止，只把试验性的法郎吉所能组成的谢利叶估计为大约一百四十个。但是，我已经声明过，还有一个很重要的部门应该估计到，即炊事谢利叶部门。这个部门行将使谢利叶的总数达到二百个，因为炊事可以设立六十个谢利叶。这六十个谢利叶，由于大部分都整年不停地工作，因而尤其显得可贵。

取自动物界或植物界的食品，几乎没有一种不能占用一个以至几个情欲谢利叶，并且激起人们对膳食的兴趣。鸡和猪、土豆和白菜，每一种都要占用几个谢利叶，而在把烹调方面上升级别的使用心计同生产方面上升级别的使用心计结合起来时，谢利叶的数目甚至将会增加一倍[①]。

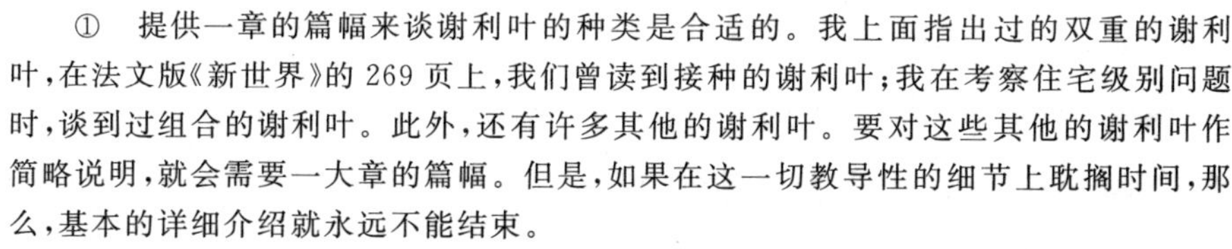

① 提供一章的篇幅来谈谢利叶的种类是合适的。我上面指出过的双重的谢利叶，在法文版《新世界》的 269 页上，我们曾读到接种的谢利叶；我在考察住宅级别问题时，谈到过组合的谢利叶。此外，还有许多其他的谢利叶。要对这些其他的谢利叶作简略说明，就会需要一大章的篇幅。但是，如果在这一切教导性的细节上耽搁时间，那么，基本的详细介绍就永远不能结束。

例如，必须组成分支的谢利叶，从所有同类的谢利叶汲取东西。如果说，事关选种工作，那么，每个谢利叶就要搜集和储藏自己的种子。但管种子总库的谢利叶就要从各谢利叶提取种子，以便把所有经过精选的种子都集中起来出售。因此，分支的谢利叶乃是同类谢利叶的总茎干。

考切布说，巴黎承办家庭筵席的人会用四十二种方式做鸡蛋食品。他只在巴黎发现这件令人注意的事情。鸡蛋因此在膳食中能够占用三个双重的谢利叶，其中每一个谢利叶都会有十二个到十五个小组。

但是，人们所以将会得到这样多的谢利叶，只是由于接受了和道德家的基本论点相反的原则，采取了使嗜好和情欲达到极度精致这种手段；没有这种手段，各种不同的滋味便丝毫不会受到重视，谢利叶也就无论在食品方面或在烹饪方法方面都不能组成等级差别。如果不加区别地食用二十种食品中的每一种，不分味道好坏和烹调方法的差别，那么，种植同一种作物的二十个品种的二十个小组又怎么能够互相使用心计呢？

哲学家极端鄙视的炊事工作，会对农业竞赛产生像果木接枝一样的效果：会使其价值增加一倍。农活方面和饲养牲畜、家禽方面的使用心计，由于同烹饪工作方面的使用心计相联系，将使自己的强度倍增，从而产生双重的谢利叶互相激励。这是劳动引力方面的强大动力。

在目前情况下，农业受到两种同协作膳食的这些美好的属性相反的恶弊的损坏：一种恶弊是由于想挣钱和由于必要才从事令人厌恶的劳动；另一种恶弊是只让游手好闲的人享受精美的膳食。从事农业的人，既不会由于自己的劳动有特殊引力而使用心计，也不会由于劳动方式方面的花招而使用心计，更不会由于食品烹调问题的争论而使用心计，因为他们尝不到食品，或者只吃那些被扔掉的东西，而且这些东西是胡乱烹调出来的。法郎吉则相反，每一种动物食品或植物食品都必须生产出相当的数量，以便让第三级膳食也能够享受到这种食品，否则在这种食品不足的情况下，享用第三级膳食的人们就不会在这种生产上使用心计了。

因此，我们的农业机构，由于缺乏生产上的使用心计，由于缺乏感觉上的精细，因此在各方面都是不正常的。感觉上的精细限制在游手好闲的人那里，而这种感觉上的精细在他们那里是完全无用的。因为它只会给这些人所鄙视的、并且为这些人的嗜好服务的人们带来悲惨处境。

文明制度机构的这一根本缺点，人们把协作的理论全部读完后，会更加感觉得出来。这里顺便指出这一点是适当的，即：道德所运用的方法总是与自然界意向背道而驰。这是在关于情欲引力的论文中必须加以证明的主要论点，因为道德和引力是两种水火不相容的东西：一个希望靠扼杀情欲来表现出社会的一致，而另一个则靠发展情欲来达到这一点。

第十五章　牟利性工业和产业性工业的选择

这种选择是棘手的活动之一。问题在于要在工业生产和农业生产之间建立互相适应的关系，从而使这两种劳动互相促进。如果不遵守宁愿促进劳动引力的发扬而不指望金钱利益的这项规则，那么，这两种劳动彼此就会发生冲突。而不遵守这项规则，则是文明制度的任何一位领导人都会染上的一种恶习。

根据这个规则，在选择法郎吉的工业生产时，必须注意使每一种生产都和农业有双重的共同性——

在导致使用心计的情欲的联系方面，

在当地利益的联系方面。

现在，我们要指出违反这两种方法的偏见。

工业生产在近代人的政治体系中备受赞美，与农业处于同等地位。而在协作制度下，则只被认为是农业体系的一种附带业务和补充，是服从农业需要的业务。

我并不认为在新制度下工业生产将很少受到重视，因为每个法郎吉都将有工业，而且任何人，不论富人或穷人，凡是在和谐制度下从幼年起受教育的，都将是不少的工业生产的热情工作者。但是，工业生产在产业中将只居第二位，而且，工业生产在不能促进与本乡农业有关的计谋活动时，尽管有利可图，也会被弃置不顾的。

谁建议在试验性的法郎吉内建立棉纺厂，谁就会犯引起反感的错误。因为这个法郎吉假定在法国、德国或英国创办，它就不至于种植棉花，而且它的邻人也不至于种植棉花，因此建立棉纺厂就是从事同当地农活和情欲没有联系的工厂生产。

当法郎吉由于有几年的实践，由于同邻近的一些法郎吉有联系和竞赛，由于有诚实的商业机构等而巩固起来时，上述这种工厂生产将都是可以容许的。那时，在每个法郎吉内创办依靠外地原料从事生产的工厂是适宜的。这对于该法郎吉来说，将是同遥远地区发生联系的途径。

但是，试验性的法郎吉由于没有别的法郎吉作为邻居，而且在引力上还有其他的空白点，因而机构脆弱，无法接纳同当地农业丧失联系的工厂。因为这种法郎吉还是摇篮中的婴儿，必须用和领导成年人不同的方式来领导。所以，这种法郎吉在工业生产方面必须专门进行以本地产品或邻人的产品为原料的生产，而且只制造同它的农业的使用心计有关的物品。

我们将按两种办法来区别试验性的法郎吉所应该从事的工业生产：为了使用和为了牟利。

我把日用必需品的各种生产叫做常用的工业生产，如到处都有工人——木匠、鞋匠、裁缝匠、洗衣妇等——所从事的生产作业。这种生产是对大家有益的，必不可少的，而不是为了牟利的，因为任何一个乡少了这种生产都是不行的。我还要补充的是那些为任何邻近地区都需要的工业生产，如马鞍工厂、制桶工厂、制帽工厂、刀剪工厂，等等。

牟利的工厂生产则是这样一种生产：它的产品应该是对外贸易的对象，而对这种生产的选择我们将不得不作出决定。我们对于这种选择首先要确定三个一般的原则。

第一、要为所有三种性别创造在含量上有一定比例的引力，因为并不是任何一种工厂生产都能同样适合于所有三种性别的。甚至必须遵守这样一种渐进程度：按儿童的嗜好来选定一种生产，按妇女的嗜好来选定另一种生产，再按男子的嗜好来选定第三种生产，以便使整个牟利的生产能为三种性别中的每一种性别都保持适当比例的引力。

第二、在有利可图的部门中要为妇女保留一半职位；必须避免像我们现在这样，派她们去从事那些吃力不讨好的业务，去扮演哲学给她们指定的那种奴隶的角色。因为哲学断言，妇女只是为了撇去瓦罐上的泡沫和缝补破旧衬裤而生的。

在协作制度下，妇女很快就会相信自然界指定她们担任的那种角色，相信自己是男性的对手，而不是男子的仆人。必须注意使这种作用在试验性的法郎吉内立刻产生。如果做不到这一点，人们便会看出，这种法郎吉的机构在各方面是不稳固的。

第三、要把每种工厂组成具有对抗性的谢利叶，组成有三四种管理方法的谢利叶。因此，必须以三倍数目和按三种制度来聘请充当教练员的工人。

既然招募这种工人是为了训练法郎吉的人员，培养充满计谋情欲的学徒，就必须防止每一类作业只有一个教师，——每一种生产都必须有三四个教师。因为在只有一个教师的情况下，培养工作是做不好的，就像巴黎理发师的情况那样，他们大多数都不会刮脸，完全没有掌握安放和使用剃刀的要点，更没有掌握使用他们这行技艺的许多辅助工具的要点。他们中间谁都不会使肥皂沫保持不冷。他们犯了二十种这类滑稽可笑的错误。当你就这类事责备他们时，当你告诉他们应该怎样做时，他们便会大吃一惊地说："我们从来没有听说过要这样做。"

因此，必须为每种作业尽可能招募那些对本行技术喜欢争论的工人，即那些具有雄心而能够创立学派、引起竞争和竞赛斗争的匠师。在试验性的法郎吉内是无法严格履行这条规则的。这样做就需要搜罗过多的工人，因为好工人很少，而由于他们往往既不善于传授自己的操作法，也不善于对之加以分析，就不得不吸收理论家和实践家。这样，便会花费太大，因此工作上不求改进，做到差不多就算了。

说明了选择牟利的工厂生产应该遵循的原则之后，现在我要指出我认为对试验性的法郎吉来说最可取的一系列生产。如果没有更好的意见，我就把它们指出来。

首要的牟利的工业生产

1. ——对于男子和男孩　　　精致木器生产……A
2. ——对于妇女和女孩　　　化妆品生产……B
3. ——对于男子、妇女和儿童　糖果甜食生产……C

次要的牟利的工业生产（对于所有三种性别）

4. ——干酪制造 ………………………D
5. ——猪肉制品 ………………………E
6. ——罐头食品生产 …………………F
7. ——花草种籽种植业 ………………G

中坚的　　⋊　　乐器生产

中间的　　K　　养禽业

注释：我在这里指出的只是经常性的工业生产，而不是像孵鸡暖室生产这样的短时期的工业生产。

让我们看一看，这种选择是否与引力的集体表现协调一致，是否能够满足上面提出的规则——形成工厂生产与当地农业之间在情欲方面和利害方面的两种联系。

1——A。精致木器生产。木工是任何年龄的男子都喜欢的，儿童尤其喜欢。使用小锯子、小斧头、小刨子、小鏇床、小凿子，是儿童最大的愉快。细木工的店铺差不多和甜食店铺一样，会使他们高兴。

这种工业生产在男性两个等级即父与子之间建立起情欲方面的联系，进而建立起当地利益方面的联系，即同当地产品相适应。因为，为了修饰所制造的木器家具的外观，就要利用当地的各种木材（在法国有胡桃木，樱桃木，榆木，梣木和槭木）以及外地的木材。此外，为了做家具内部的东西，还要利用橡木以及别种木材。

法郎吉在自己的精致木器工厂里使用某种木材。它了解到这种木材不足时，在营造森林和保管已经砍伐的木材时就会更注意避免这种不足的现象产生。这样，便建立起同制造品的两种联系，即情欲方面和当地利益方面的联系。法郎吉将希望制造出来的物品在双重意义上——作为自己的农产品和作为自己的工业产品——都非常出色。

2——B。化妆品生产是任何年龄的妇女，不论是成年妇女或女孩，都喜欢的。这种生产与种植花草联系非常密切，而种植花草在协作制度下则是妇女主要的事务。化妆品生产工厂还有一个优点，即可以使妇女对田间工作感到兴趣，使她们习惯于大规模的种植花草，习惯于在开阔的田野上，在活动天棚下种植花草。现在，她们只是在花盆里种花，丝毫没有表现出派别性的竞争和为本乡及其荣誉而努力的热情。

化妆品生产以及有关的农活，投合柔弱性别即女性的嗜好，正如木工投合刚强性别即男性的嗜好一样。此外，这两种工业生产都可以包含各种性别，因为每种生产都提供可以适用于另一性别以及适合儿童的作业。

3——C。糖果甜食生产。这种生产提供各种工作，适合于三种性别的爱好和不同年龄的爱好。

管理炉灶和照顾锅子是一种需要力气的、适合于男子的工作。

妇女将从事准备水果和其他原料、装罐等工作。

儿童在这里会有许多轻活可做，如包装、挑选、制模型等。

这种用糖、花、水果、植物、香料、甜酒做原料的生产，有可以满足不同年龄和性别的爱好的东西。这种生产结合外地产品来利用当地产品，与当地工业联系非常密切。

同时，试验性的法郎吉生产的糖果糕点在当地的销路毫无问题，可以销售给那些前来参观和居住三四天的有钱而好奇的人。如果法郎吉一次又一次花十万法郎去采购糖果糕点，当然会受骗。因为自己生产糖果糕点的费用只是采购这种食品所花的费用的一半，而且还会大大促进劳动引力。

如果这里没有错误的话，牟利的工业生产的选择就是这样。这种选择最符合试验性的法郎吉的基本要求。因此，试验性的法郎吉应该至少吸收一打优良的教练工匠到这三类生产中来。三个部门中每个部门吸收四个。

所有这些工业生产虽然都是极其适宜的，但是如果法郎吉的工厂由于肮脏而令人厌恶，毕竟还是不会激起任何引力的，正像我们现在的工厂，由于狭窄拥挤，不能造成愉快、奢华和令人兴奋的气氛。奢华是引力的第一个目标，是它的第一需要。因此，在没有奢华的生产中很难直接产生引力。这是我们文明制度所有工厂的缺陷。

但是，既然生产糖果糕点的法郎吉宫是为有豪华的服装和劳动工具的五六百名男子、妇女和儿童群众建造的，那么，也就能够使甚至锅炉房这种最肮脏的地方也变得漂亮起来。在锅炉房里各种大理石石板镶砌的炉灶安置得井井有条。墙壁常常粉刷成银灰色或肉桂色，周围的装饰常常焕然一新。其他没有烟熏的处所，也都会想尽办法来加以装饰。整个法郎吉宫将像我们的糖果工人在过新年时用糖制成的小教堂一样诱人。

建立这三种初等的工业生产，是为了使庞大的和很好地贯彻使用心计的精神的谢利叶冬天有事可干，以填补农业引力的空白。

现在谈谈次要的工业生产。这种生产虽然与农业接近，却也能与农业分离，形成独立的活动。

4——D。干酪制造，即各种干酪和奶油的制造。法郎吉本来可以向邻近城市销售自己的奶制品。最好是用奶制品做干酪。这种干酪的质量一定很高，因为法郎吉很关心牧场，会精心饲养好牲畜。

乳品工业的工作是妇女所喜欢的，这是她们专有的业务。这种工作儿童也同样喜爱。干酪生产也为男子提供各种不同的作业。

这种工业生产同饲养牲畜有密切联系。它很适宜于激起不同的饲养方法之间的竞争。把同一种牲畜分为三群，用不同的方法喂养。这三群牲畜的奶制成的干酪滋味不同，据此来判断饲养方法的好坏。如果把奶卖了，便无法知道用这些奶来制造干酪和奶油的效果如何。这种结果愈得到证明，不同的小组便愈热衷于自己的特殊方法。因此，这是一种能满足双重规则的工业生产：满足导致使用心计的情欲和满足当地的利益。

5——E。腌腊生产和浸渍生产，同样是与农业机构有密切联系的工作，并且是对妇女也具有引诱力的工作。她们在腌腊生产方面相当能干。男子乐于从事用盐大量腌制食物的工作。儿童也并不害怕同肠子打交道的工作。虽然如此，有一部分令人厌恶的工作，还是要吸收由一百名雇佣帮工组成的核心队伍来支援的。

这种工业生产应该算入诱人的生产之列。由于计谋情欲的作用，这种生产与喂养猪有联系。在法郎吉内，饲养很多猪。这些猪的食物是餐桌上和厨房里大量的残羹剩饭。同时，将创造出几种饲养方法。腌腊谢利叶将用质量不同的猪肉进行生产。饲料的多种多样使猪肉的质量有所不同。质量不同的猪肉味道也不同。

在这种生产中将出现浸渍业，来提供像汉堡的熏牛肉这类优美的食品。这种谢利叶非常有利于渐渐使儿童习惯于屠宰场的工作，以便能在两年后做到即使缺少那些对和谐制度的组织抱冷淡态度的雇佣屠夫也过得去。

6——F。水果和蔬菜罐头制造，这是一种非常盛行的、诱人的而在法国被极端忽视的生产。法国甚至不能像德国那样生产青豆荚罐头、青豌豆罐头、酸白菜罐头、做馅饼用的李子罐头，以及和谐制度的人们将常年食用的、甚至最低级、即第三级膳食用的其他许多水果罐头和蔬菜罐头。

法国除了制造酒酿水果罐头，以及像梨饼之类的蹩脚罐头外，几乎就不懂得制造什么别的罐头。试验性的法郎吉应该把制造罐头的各部门联合起来，并使其成为头几批人的主要工作。因为头几批人在法郎吉进入半活动时期以前就要加以安排。法郎吉将利用阿别尔①方式和其他方式使这种罐头生产谢利叶达到最大的规模，因为这种谢利叶不论对好奇的自费参观者的精美膳食说来，或者对本法郎吉平民的膳食说来，都是很有价值的。当都市里的大人先生们还吃不到贵重的水果和蔬菜的时候，这个法郎吉的平民将会吃到这种水果和蔬菜了。

① 阿别尔(1840 年卒)，法国厨师和制作糖果点心的师傅，他发明用罐头贮存食物。——译注

7——G。花子和菜子培育业。搜集、培育、分类和保存种子的技术，在文明制度下几乎没有人知道。农民既没有做这种工作的知识，也没有从事这种工作的资金。种子培育工作，竟交给少数爱吹牛的商人，交给像树苗商这类的骗子去做。

⋊——人们会惊奇，我竟把乐器生产，即管乐器和弦乐器的制造工作，作为主要工业生产来提出。人们会提出异议，认为这种生产不够满足两个必需的条件。

这是错误的。因为乐器生产也和精致木器生产一样，由于要使用各种木材，因而与农业有极密切的联系；由于要做镶嵌工作，要用木料、象牙和珠母等做豪华的零件，因而与妇女和儿童的能力也有很密切的联系。人们只要用珠母和木料的装饰就行了，而不要采用铜的装饰——这是我的假设。

这类工作之所以能造成情欲的联系，是因为在法郎吉内每个人六个月后都将成为音乐家。只有像法国人这种在听觉方面陷于不幸的民族是例外。而在意大利或德国，在组成协作制度后过三个月，每个人就都会成为音乐家，每个人会弹奏种种乐器，并且对乐器生产表现出很大的兴趣。这种生产会强烈地吸引所有三种性别的人，并将促进音乐的发展。而音乐的发展对于和谐制度的教育事业则具有重大的意义。

谈到钱财的利益，我注意到，在协作制度建立初期，没有什么比乐器更贵重的东西。在三年内不可能储备很多的乐器并且一下子都找到

一百万架风琴、

两千万只小提琴和中音提琴、

六百万只低音乐器和大提琴，

以及管弦乐队和铜管乐队按比例所用的其他各种乐器。

因此，乐器的制作很值得选择。就劳动引力和收入而论，也都很有利，而且，这种生产以后可以不去管它。

K——养鸟业，即饲养大小不同的美丽的禽鸟。这也是一项与我已经提出的条件非常符合的工作。它的产品有无限的价值，因为每个法郎吉都需要各种鸟棚。这是一个强有力的引力部门和使出身富有阶级的儿童习惯于灵巧熟练地照管鸽棚。在文明制度下，人们鄙视这种职业，因为当你在巴黎的卖鸟商人的肮脏发臭的小铺子里看到不管是叫的或者鸣啭的禽鸟都塞在狭窄的笼子里、混在一起、拥挤不堪和受到传染病的侵袭的时候，鸟会使你感到扫兴和乏味。

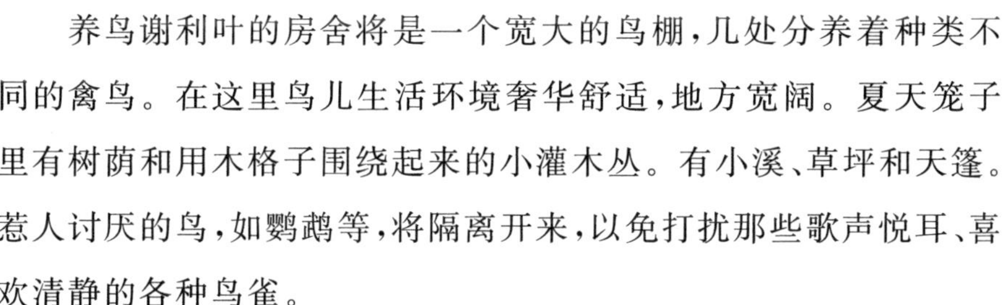

养鸟谢利叶的房舍将是一个宽大的鸟棚，几处分养着种类不同的禽鸟。在这里鸟儿生活环境奢华舒适，地方宽阔。夏天笼子里有树荫和用木格子围绕起来的小灌木丛。有小溪、草坪和天篷。惹人讨厌的鸟，如鹦鹉等，将隔离开来，以免打扰那些歌声悦耳、喜欢清静的各种鸟雀。

养鸟业是文明制度的人从来都不会大规模从事的一种产业部门，它却是试验性的法郎吉的珍奇项目之一。

有了这些牟利的工业生产，就足以保证第一个法郎吉用工业产品同周围将出现的其他法郎吉进行贸易。至于文明制度的人，法郎吉在初期不同他们进行贸易是无关紧要的，因为诚实的商业制度只能在法郎吉之间建立。同文明制度的虚伪的人进行任何贸易，无论怎样都不会激起有利于劳动引力的使用心计的精神。

某些创办人将会主张选择比D和E更卓越雅致的工业生产，例如女性非常爱好的刺绣和金银绦带的生产。但是从盈利的观点看，这两种工作非常吃力不讨好。此外，它们只能形成所需要的联系中的一种，即与情欲有共同性的联系，而不能形成与当地产品有共同性的联系。

因此，这两种工业生产不会在动物界和植物界经营的事业方面培养竞争的精神。而制造干酪和腌腊生产尽管是不文雅的工业部门，但毕竟适应妇女的嗜好。并且由于在饲养方法、乳制品和肉产品的质量方面有所竞争，因而与动物界和植物界的工作联系起来。

刺绣和金银绦带这两种生产有这样一个好处：它们对富有阶级和中产阶级在冬季是适宜的。但是这种好处只是建立在缺乏使用心计之上的，因为这两个阶级在家庭生活上非常缺乏使用心计的精神。在协作制度下就不会有这种精神上的空虚了。不过，这两种工业生产和其他研究起来太费时间的工业生产，都是可以容许的。

我并不断言，A、B、C、D、E、F、G、⋊、K所标志的九种工业生产是唯一适合试验性的法郎吉的。再说一遍，选择牟利的工业生产，即能够使小组谢利叶充满使用心计的生产，应该与当地的资源相称。当地的资源如何我无法预见。我只是想教会人们运用应该作为进行这种选择的指南的规则，即在谢利叶成员及其农活之间建立双重联系：计谋情欲的使用心计以及同当地利益的结合。

第十六章　变形的谢利叶和被阉割的谢利叶的区别

现在，我们从牟利的工业生产转到日用的工业生产。这种日用的工业生产可能提供一打谢利叶从事的必不可少的各种活动，如洗衣业、木材业和皮革业。

这些就是我现在要指出的谢利叶。它们大部分都有缺陷，很少与第六章规定的三种规章中的两种规则——紧密相连的级别和分段进行——相符合。这是在协作制度创始十五年到二十年期间不可避免的缺陷。

不紧密相连的作业，在试验性的法郎吉内会达到五十种和一打谢利叶。试验性的法郎吉既不愿受城市工人的骗，也不愿在需要钉一根钉时才去征集这些工人。如果这样做，就等于在法郎吉内塞满文明制度的人。为了确实使自己能避免这种情况，它将聘请各种家务工作的教练员。家务工作分四五个方面，如木材、皮革、五金、布匹等方面的工作。这些不同种类的活动可以组成下列谢利叶：

A——木材方面：粗木工、细木工；

B——同上：箍桶匠、编筐匠；

C——皮革方面：鞋匠、制手套匠、制裤匠；

D——混合材料方面：鞍匠、皮件匠、制箱匠；

E——铁器方面：锁匠、马刺匠、马蹄铁匠；

F——混合材料方面：马车工匠、大车匠、铁匠；

G——装饰方面：制女帽匠、刺绣女工、制金银绦带女工；

H——布匹方面：裁缝匠、女裁缝匠、女修理匠、女织补匠、女紧身衣裁缝匠；

J——五金方面：锅匠、火炉暖气安装匠、洋铁匠、制灯匠、铸工、抽水机制造匠；

L——混合材料方面：刀剪匠、美术鏇工、武器匠；

M——同上：钟表匠、首饰匠、金匠；

N——布料方面：衬衣女裁缝匠、织布女工。

还有一些作业由于彼此之间联系太少因此很难把它们归属于某一种谢利叶。这些作业是：

1. 制帽匠，
2. 织毯工，
3. 羽毛加工匠，
4. 制草垫匠，
5. 假发匠，
6. 干洗工，
7. 纸板工，
8. 毛皮匠，
9. 印刷工人，
10. 雨伞匠，
11. 包装工，
12. 玻璃匠，
13. 仪器制造匠。

大规模的法郎吉需要这一切作业。法郎吉为了印刷自己的交易所通报和其他小东西，为了修理壁钟或怀表、烟盒、羹匙、剪刀和帽子，都要求助于城市工人，这会是件很讨厌的事。第二，三批招募来的教练员应该培养干这种行业的学徒。法郎吉不采用织布厂，但要有一个小组来激发人们对这种工作的爱好，使某些儿童身上的这种天生的爱好像花一样的开放。

但是，在文明制度状态下教养出来的一代人，只会慢慢对日用的工业生产产生热烈的爱好。因此，这些工业生产在头几年不能就上述1—13各个数字所指出的每一种作业，甚至就从A到N各字母所标出的每一类工作都提供正规的谢利叶。在A—N十二类谢利叶中，有些谢利叶的各个小组之间缺乏紧密的联系，而且使用心计的精神也不会很好地贯彻。这是一种被阉割的谢利叶，即在和谐制度的动力方面以及在情欲的平衡方面不完善的谢利叶。在第一代人期间，由于迫切需要，只好满足于这种不完善的谢利叶，即被称为被阉割的或不紧密相连的谢利叶。

1—13各种作业只能勉强形成个别孤立的小组。它们彼此之间没有联系，但是每一种小组到三十年以后都需要建立谢利叶，因为在协作状态下教养出来的儿童，除了在分段进行的操作外，都将参加非常多的作业小组。因此，对于不很普遍的作业，如包装工或雨伞匠的作业，法郎吉很容易有数十个由三个成员组成的谢利叶。

采用被阉割的和级差调整得不好的谢利叶，是没有经过锻炼的创办人常犯的错误。把这个问题预先告诉他们是重要的。这个问题已经在第七章中略微谈到。

被阉割的谢利叶与变形的谢利叶之间的差别很小。我们把那种配合协调得不好、级差调整得不好，但是可以纠正的（如在第七章中所看到的那样）谢利叶，称为不正常的谢利叶。

被阉割的谢利叶有同样缺点——级差调整得不合理，但是没有可能来补救这种缺点。因为这种谢利叶是由种种不可缺少的活动组成的，虽然这些活动彼此并不接近得足以由它们来形成紧密相连的、在级差上调整得很好的谢利叶。我曾经在第七章中举出过不正常的谢利叶的例子，现在再补充一个例子，来表明建立得很有次序的被阉割的谢利叶。

普通五金工作

上升的过渡＝制灯匠

上升翼：
- 洋铁匠。
- 锅　匠。
- 武器匠。

中　心：
- 锁　匠。
- 马蹄铁匠，马刺匠。
- 斧　匠。
- 大车匠。

下降翼：
- 马车工匠。
- 抽水机制造匠。
- 制箱匠。

下降的过渡＝刀剪匠。

在这里，各种作业的级别分得很好，但彼此间距离远，组成了种类的级差表，而不是品种的级差表。这种缺点是被阉割的谢利叶的特征。在这种谢利叶内没有紧密相连性，级差虽然有规律，但是很松散。因此，这种谢利叶的小组无法表现出邻组间的友邻竞争和逐级的意见分歧。这是一些在级差方面比较低级的谢利叶，因为其级差是由种类组成的，而好的级差则只是由彼此很接近的、互不相同的和互争高低的品种组成的。由于这里所有十二个小组的作业的差别过于明显，就不能制造分歧，所以这种谢利叶就是丧失计谋情欲（即彼此竞争的使用心计的情欲）作用的、被阉割的谢利叶。

在第一代期间，将不得不在日用工业生产，甚至在其他生产的一切作业中组成不完善的谢利叶，也就是含有级差大的各个种类的谢利叶。不过，在协作机构建立初期，这种机构总的来说也只能够是被阉割的和谐，因为它不会有自由恋爱的关系——这种关系只有在第二代或第三代才能确立，也不会有和谐家庭关系——这种关系只有在协作的第四代和第五代才能够诞生。

幸而在试验性的法郎吉内，农业谢利叶不致有这种会使一切陷于瘫痪的紧密相连性不足的缺点，而可以按照调整得很好的品种色彩的级差来组织谢利叶。因为这种级差能够使三种起杠杆作用的情欲得到充分发扬。

我刚才规定的关于选择和指导日用的工业生产和牟利的工业生产的基本原理，是与叫做政治经济学的这种科学的基本原理截然相反的。在政治经济学看来，任何生产都是有益的，只要它能创造出大批把自己廉价出卖给征服者和工头的饿殍就行了。过火的竞争总是会使这种平民在有工作可做时工资少得不能再少，而遇到萧条情况时则一贫如洗。

协作制度把工业生产只看成是对农业的补充，看成是漫长的冬闲季节和赤道大雨时期避免发生情欲冷却的一种手段。因此，全地球的所有的法郎吉都将拥有工业生产。它们将力图使工业产品达到最完美的程度，以便使这些产品经久耐用，使制造产品所需的劳动时间缩短到最低限度。

让我们就这个问题提出一个任何经济学家都不承认的基本原理。这个原理是与论述引力的种类和定量的第八章相联系的。

上帝为工业劳动分配了引力的定量。这个定量仅仅相当于协作制度的人所能付出的工作时间的四分之一。其余四分之三的时间应该用于照料牲畜、植物、膳食、劳动军，以及用于与工业生产劳动不同的其他各种劳动。我没有把日常膳食列入这种其他劳动中。因为这种膳食是日常生活的服务。

如果某个法郎吉希望超过工业引力的定量，使这种劳动超过生产劳动时间四分之一的界限，并且把能够用于非家务工作的时间的一半拨给工业生产，那么，便会看到，工业引力和农业引力将要相继遭到破坏。因为农业谢利叶会丧失三分之一的活动时间，因而也会丧失三分之一的成员，而谢利叶的紧密相连性和积极性也就会以同样比例消减。

这样，如果像文明制度的人们一样，干事毫无秩序，不遵循产业定量同自然界所分配的特殊引力的定量之间的比例，整个劳动引力机构便会搞得乱七八糟。

不仅如此，而且如果像现在这样制造一些质量低劣和对整个社会具有破坏性的产品，这个比例在一切工业生产部门中便都会是不正常的了。因为布匹和颜料质量低劣，会使衣服应有的穿用时间缩减一半或三分之一，或四分之一，以致势必要按同样的比例来增加生产量，而且要按同样比例来把一定数量的人口用于农业的时间和劳动力的总数加以缩减。

诡辩家们会回答说，这将是增加人口的办法。而这正是和谐制度下人们希望避免的缺点，因为从地球将来达到满员（约有五十亿人口）的时候起，人们将只专心于从事保证地球的居民的幸福，而不增加居民的人数。如果破坏引力的平衡，剥夺农活的时间，使得工业生产占用的时间比自然界所规定的多出一些，那么，这种幸福便会遭到损害,因为自然界想通过把谢利叶使用心计活动组织得能够使各种产品都臻于完美,来使工业生产工作占用的时间减少到最低限度。

正是根据这个基本原理,工业生产将不像现在这样都集中在穷人麇集的城市中,而将遍布全球乡村和法郎吉中,以便使人们在专心从事工业劳动时,永远不至于脱离引力的途径。因为引力企图把工业生产用作农业的辅助及变体,而不是作为一个乡或乡里任何一个居民的主要活动。

在结束关于组成谢利叶的这些基本概念的叙述时,我们要确定所有这些规则与一项总的法则的联系。这项总法则就在于要保证使三种起杠杆作用的情欲在所有各种活动中都能充分发扬。人们如果打算削弱最诱人的生产——农业生产——而来扩大工业生产,便会得到一种荒唐的结果,便会使三种情欲削弱,而这三种情欲的活动则是劳动引力以及应该从这种引力中所取得的一切利益的保证。

对第一部分的补充

诽谤者们的骗局：欧文派

人们已经可以看出，我的协作理论绝不会陷入体系制造者的专断之中。这个理论以汲取于自然界的、符合情欲要求和几何学定理的特殊方法为基础。因为情欲谢利叶的结构在任何意义上都是几何学的。在谈分配和类比的几章中，这一点会得到证明。

现在我们可以仔细看看十九世纪在这方面前后不符、自相矛盾的地方。十九世纪在改变人类命运所系的问题上，在协作社方法的发现上，竟然信赖用博爱的词句把自己装扮起来的吹牛大王，而没有在理论上或者在实践上对这些问题制定出任何应该遵循的规则。

人们看到，需要发明一种方式。这种方式就是情欲谢利叶。这是一个发现。这个发现要求对与文明制度格格不入的动力的种种安排和利用深入地进行探索。

如果人们希望有步骤地行动，就应该向罗伯特·欧文先生或别的野心家们要求发明创造，而不是向他们要求诸如宣布财产公有、取消拜神仪式，以及突然废除婚姻之类的章程或者奇思怪想。这是政治蛮干者的怪癖，不是什么新办法。然而，十九世纪正是对这种幻想已经信任了二十年。

让我们注意，罗伯特·欧文一开始就采取了与协作社的意义背道而驰的行动。他不懂得农业应该成为协作结构的基础，以致连一阿尔班[①]的耕地都没有就在新拉纳克聚集了两千多名纺织工人。他在铸成这个大错时,竟夸耀已经按照他的办法改变了人民的信仰,并且向国王介绍自己是社会世界的假定的革新者。他的科学只不过是诡辩家的学说而已——在各方面冒险,正如孤注一掷的赌徒在新奇的事物上进行赌博一样;audaces fortuna juvat[②]。特别是——大声疾呼地传播自己的博爱,——这种假面具总会使某些人上当的。

在进行了这样多试验之后,在四十年中看够了所有用这个称号怪模怪样地打扮起来的野心家之后,我们的世纪怎么能够让自己再来受慈善事业的伪币的欺骗呢?真正的博爱者要说:"应该试图进行协作社的试验,但同时还应该对符合本性的做法进行探讨,并且悬赏征求这种发现。"

这种正当的步骤永远不会被那些并没有实实在在的办法却希望起某种作用的人采纳。欧文先生宁愿冒充发明家去建立一个体系。这个体系乃是公谊会创始者潘恩体系的复本。我在别的地方曾经把它们作过一个对比。让我们留意一下在欧文方法上的政治蛮干之徒的行径。这类政治蛮干之徒决心孤注一掷,进行骇人听闻的试验,而不去预见其后果。

例如:在关于爱情关系自由的问题上,他不了解,当新的分支体一旦稳固,它必然会举办的集团爱情的狂欢的后果将会怎样。他在自由恋爱关系的结构方面,如同在废除拜神仪式的后果方面

① 旧时的土地面积单位,约20至50公亩。——译注
② 拉丁文谚语:运气帮助大胆的人。——译注

一样，似乎所知不多。在只许恋爱有半自由以前，就必须采用一种甚至在和谐制度下的人只有经过十五到二十年的活动之后才能创造出来的那种平衡力量。

何况，恋爱关系制度所能容忍的变动，只有在政府、僧侣、父辈和丈夫需要这种变动之后才能发生。当这四类人一致投票通过某种新事物时，才能相信这种新事物是有益无害的。

毫无疑义，现在婚姻制度产生许多罪恶。我曾经在插曲中举出很多。所有这些乱七八糟的现象并不是主张废除婚姻的理由，而只是把它重新纳入有条理的序列的理由，以及在婚姻问题上建立包括七级、外加中间级和中枢级的正规谢利叶的理由。

而且，如果只是谈到第一级和第二级，不生育的婚姻比会生孩子的婚姻的关系更不巩固，这难道不是很明白吗？这就是第一级与第二级的区别。还要确定其余七个级的区别。我先抛开这种详细情况不谈，而指出这一点：甚至当认识到在婚姻方面所应该建立的全部九个级时，还必须懂得和安排这种会带来平衡与和谐的事物状态，以防止滥用自由和权力。这是诡辩家欧文所没有预见到的。他想一下子就实行解放，解除恋爱问题上的束缚，仿佛我们是在塔希提岛、哈姆、朗萨罗特、爪哇、拉普兰，以及在习惯和偏见都已经建立了平衡力量的其他地方似的。

我们不要去重视这个讨论，因为它只是人们在和谐制度下生活了三十年以后才应该开始研究的问题。在协作制度的第一代期间，让恋爱关系仍然处于作为文明制度的特点的普遍虚伪和欺骗状态乃是必要的。恋爱和亲属关系是两种最后才能进入诚实制度的情欲。那些像欧文先生那样想在情欲自由方面来进行同 1791

年哲学家们在突然解放黑奴方面进行过的同样鲁莽试验的人，完全不知道这种困难。

正是这些大批涌现的诡辩家预先安排好要来反对真正的发现者，并且使我们的世纪陷入非正义的诽谤的深渊。这种诽谤是比任何时候都更占支配地位的乖僻。然而，这都是文明制度性质所固有的缺点。最宝贵的发现，在它作出的时候都会遭到反对。咖啡和土豆曾经遭到法律的禁止，并且被列为毒品。轮船的发明者富尔敦和煤气照明的发明者勒蓬，在巴黎竟找不到一个听他们的话的人。

根据诽谤家们最近犯的这些过错，便可以估计他们的判断应该受到多少信任。他们自命为启蒙运动的拥护者和黑暗势力的敌人。他们责难某位部长，说他是新欧马尔①。他们责难某种社会，说它是摧残者的集团。可是，当他们发表言论，说在引力计算方面不会有任何发现的时候，当他们鼓动人们不要阅读那种以完备的形式阐明牛顿只提供了一个片断的理论的书籍时，他们自己又是什么人呢？

十九世纪表明自己是十五世纪以及迫害哥伦布和伽利略的那个时代的当之无愧的继承者。那时，迷信曾经反对新的科学。而现在，那些冒充是迷信之敌的人又来反对新的科学了。这就是他们对智慧知识的所进一步表现出来的虚伪的热情的秘密。这就是他们的高度飞跃。他们攻击迷信势力，只是为了取而代之，为了同

① 欧马尔（6世纪末），叙利亚、波斯、埃及的征服者。相传他曾在亚历山大城纵火焚毁了一座著名的图书馆。——译注

样进行压制，而且比迷信势力有过之而无不及地进行压制。

多么奇怪的前后矛盾啊！把引力计算方面的首倡者，把用渊博的学识来考察只具有纯粹奇怪特性的无用的部门的牛顿捧上了天。我们知道每个行星的重量有什么用呢？引力领域内还有两个重要部门尚待研究，即：

有益的，或情欲引力的理论；

愉快的，或类比和因果关系的理论。

按照诽谤家们的说法，谁提供这两种科学，谁就是粗野的畜生。而诽谤家们之所以赞美牛顿，是因为他考察了无用的部门，考察了引力领域中物质效用的部门。在引力领域内，牛顿却不能够说明任何一种因果关系。如果问牛顿主义者，为什么上帝给了土星七个卫星，却给了体积比它大一倍的木星四个卫星，为什么它给了土星光圈，而没有给木星光圈？他们对这个问题是不能作出任何的回答的。

虽然如此，他们的科学由于具有数学的准确性，仍然是很卓越的。不过，这门科学只是一种限于说明后果，不能说明原因的萌芽而已。当发现这个因果关系的理论的时候，就应该或者谴责牛顿，因为他只不过开始研究引力，或者庇护比他更值得支持的继承者，因为这个继承者考察了有益的和愉快的两个部门。其中一个导向社会的幸福，而社会的幸福，就另一种意义来说，当然比科学本身更宝贵。

让我们补充这一点：类比的计算虽然是愉快消遣的部门，也毕竟还有它有益的一面。因为正是应该把所有这些大部分还没有人知道的自然解毒剂，例如防治痛风、恐水症、癫痫，以及目前还是医疗技术的暗礁的其他病症的解毒剂的发现归功于这门新的科学。下面这点对我们的世纪说来,特别对法国说来,是一种诱惑:对发现者暂时放弃恶意的态度,对于最宝贵的发现,如果不是积极庇护,那么至少应该半信半疑地接待。根据任何不偏不倚的人都会赞赏的一些考虑,这种接待是有理由的。这就是简略的叙述:

“这是人们第一次向我们提出关于协作社问题和关于情欲和谐的结构问题的精确的理论。前者被认为是无法解决的,后者被当成是不可解的谜。如果这个理论切实可行,它会给予我们自古以来枉费心机梦寐以求的好处——通过向贫苦阶级让步,以便使他们能过最低限度的生活的这种途径来消灭赤贫现象;依照协议来废除奴隶制度和奴隶买卖;建立真理和正义的统治。这种统治建立在利益的基础之上。而真理和正义将在新制度下变成获利的道路。因此,这样的做法是审慎的:仔细考察这个理论,指出它的不足之处,请比较能干的人来纠正它,如果他们能够这样做的话。没有这种可能时,就对它进行实际的、绝不会有危险的试验,因为它研究的对象仅仅是农业和家务工作。由于它建立协调和节约制度,这些工作显然都会得到好处。”

一些有才智之士谈到这里就提出异议说:“如果作者能采取常用的形式,并且对现代庄严的哲学表示敬意的话,我们听听是可以的。”瞧,这就是所有诡辩家的诡计。如果发现者采取了这种假仁假义的作风,人们就会非常怀疑他。那时人们就会有充分理由认为,他和别人一样,只不过是个一心想向上爬的江湖骗子而已。所有这些科学的走私商人都善于打学院式的官腔。这种腔调是谬误与花招的通行证。这里的问题在于唤醒文人雅士们,要他们警觉自己抱有的幻想,警惕上当受骗;向他们证明他们将是第一批因轻信体系制造者而牺牲的人。

人们谈论协作社二十年以来　如果他们采取了措施来达到目的,如果他们不对诡辩家欧文表示愚蠢的信任,他们便会得到真正的理论。实验本来就会决定大的转变。文明制度和野蛮制度的混乱世界早已会消失。学者和艺术活动家本来会过着十分富裕的生活,而不会被迫痛骂书报检查和蒙昧主义了(其实,他们自己就是用蒙昧主义来反对发现者的)。他们本来会享受充分的自由、财富和荣誉,再不会受到欧马尔之流的严密控制了。

为了使他们从这种欺骗,从这种选择奴隶角色和贫困的怪癖中醒悟过来,难道一定要我向他们屈膝下跪吗?我愈是低声下气奉承他们,他们就愈不相信我。不久以前,当普遍体系时髦盛行的时候,我们看到,某个口若悬河的诡辩家曾经对学者们奉承谄媚,指名道姓地把他们全都颂扬了一番。可是他也没有能够引起他们对他的总体系给予信任(他在总体系中只是忘记了对人或情欲和引力进行研究,对文明制度、野蛮制度和蒙昧制度三种结构及其固定的、变化的和组合的特点进行研究,以及对文明制度卑劣行为如欺骗性商业或倒行逆施的竞争和倒行逆施的流通进行分析;以及他同样忘记了关于未来的和以往的命运的理论,关于运动领域内的因果关系的理论,等等,等等)。

学者们责备他,说他并没有说过什么新鲜的东西,说他只是用另一种说法重复了他以前其他几百人早已说过的话。这种责备是理所当然的。如果我用他们那种往往很少有什么益处的学院派的形式来装扮的话,我也就会让自己置身于这些滑头的体系制造者的行列中了。上面所说的那位作者只博得了十分庸俗的祝贺，祝贺他善于使人阅读他的东西，善于逢迎科学院的有权势者。

谄媚的腔调绝不是发现者所习惯的。他们没有演说家那种随机应变的灵活性，但是具有正直和坚强的性格。贺拉斯赞赏具有这种性格的正义之士：non civium ardor prava jubentium mente quatit solida[①]。我的这个题目并不包含对谄媚的腔调的论述。问题在于再向人们指出：他们不相信天意；他们探求神圣法典的愿望和积极性不够；他们缺乏慈悲心；他们对于那种会把奴隶制度、贫困和人类其他灾难一劳永逸地加以铲除的发现漠不关心。

在这里，唯一恰当的腔调是说教的腔调。人们不要求鲍修艾[②]、布尔达鲁[③]那些人去阿谀奉承邪恶的时代。人们称赞他们敢于大声疾呼，反对那些把我们引入歧途的虚伪的学说。即使我没有他们那种雄辩的口才，我也应该学习他们的行为，鄙视科学江湖骗子们的庸俗的灵活性，保持那唯一适合发现者的、以数学的和无法否认的证据为支柱的真诚和直率的态度。

学术界必然会遇到的暗礁——嫉妒心。人们不高兴地看到不知道哪里来的一位局外人竟得到了最好的猎获物。人的本能就是否定和扼杀他自己不能够得到的发现，攻击那个教门之外的发现者，因为这个人不顾精神的垄断，竟希望自己挤进特权者的行列，

---

① 深谋远虑的铁铮铮的男子汉，既不会在公民的强烈意志面前动摇，又不会在暴君统治面前屈膝，如果要他这样做的话……

② 鲍修艾（1627—1704 年），法国有名的教会政治活动家，专制政体的理论家。——译注

③ 布尔达鲁（1632—1704 年），法国有名的传教士。——译注

而不承认这条规律:

> “除了我们和我们的朋友之外,任何别的人是不会有智慧的……”

我知道,如果问题是关于普通的发现,违背这条规律将是不明智的。近代一位诗人维奥里·列鸠克说得很精辟:

> “如果您产生任何一种新思想,
> 您要善于小心地把它说成是
> 用其他方式修改过的他们自己的思想。”

因此,为了使自己的发现得到承认,作者应该向精神的垄断者们说:“我正应该把发现归功于你们的渊博知识。我正是从你们的学术著作中汲取了它的要素。你们创造了这门新科学的全部资料。我遵循你们明智的方法运用了这些资料。我把这个发现献给你们是偿还自己的债务,因为这个发现与其说是我的,还不如说是你们的。它只不过是从你们的花冠上脱落下来的装饰品而已,我应该物归原主。”

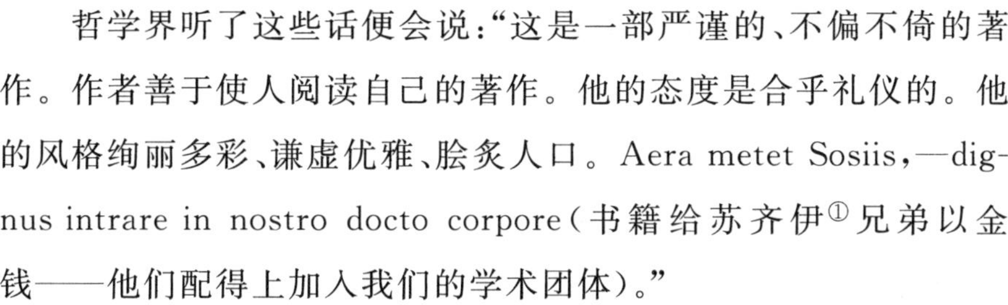

哲学界听了这些话便会说:“这是一部严谨的、不偏不倚的著作。作者善于使人阅读自己的著作。他的态度是合乎礼仪的。他的风格绚丽多彩、谦虚优雅、脍炙人口。Aera metet Sosiis,—dignus intrare in nostro docto corpore(书籍给苏齐伊[1]兄弟以金钱——他们配得上加入我们的学术团体)。”

如果我这样阿谀谄媚的话,就无异于欺骗学术界。为了学术界的利益最好还是坦率地向它说,在这个问题上,学术界和我将会有怎样的利益,并且要确定每一方面应得的一份。

---

① 苏齐伊兄弟是罗马著名的出版商。——译注

学术界的收益是无法估量的。除了已经指出的金钱收入外,他们还会有同样无法估量的荣誉的收获。我要把未经开采的矿脉交给他们。我的理论给他们打开了通向新科学世界的入口和我一个人甚至无法部分地达到的二十种科学的道道。我为自己仅仅保留了关于情欲引力的科学。而且在我之后,关于这门科学还有很多东西可谈。至于其他科学,我献出一把打开它们的钥匙。关于类比的科学本来需要写二十万篇洋洋长文。我限于能力只能写两百篇,因为我对于自然科学史的所有三个部门都不内行。我必须花三年时间专门研究这门学问。这一点我过去做不到,现在也做不到。

因此,学者们对于胜利品落到了一个无法消受它、因此不得不把它的大部分留给他们、只为自己保留发现者的荣誉的人的手里,仍然会表示满意的。命运把科学的矿脉交给我,这对他们是很好的效劳,比我更有学问的人则会独揽一切。

作了这番坦率的说明,还要他们提防在他们身上的那种诽谤和嫉妒的倾向。因为在这种错综复杂的情况下,这种倾向会使他们上当受骗。我现在让比我更受到信任的人说几句话,让责备他们被骄傲自大和器量狭小迷惑住心窍的人说几句话。孔狄亚克向他们说道:“以高度的鲜明性、高度的准确性来研究新科学是不会被所有的人理解的。什么书都没有读过的人,比那些进行过重大研究的人,特别是比那些著作很多的人,会更好地理解这些科学。”

这是针对骄傲自大和嫉妒说的。这两种东西把他们迷惑到这种程度,以致他们断言,仿佛以高度的鲜明性和高度的准确性形成的关于情欲引力的科学是不可理解的。我曾经看到,十五岁的姑娘们对于根据三种原因和三种结果加以阐明的（依据第五和第六章）情欲谢利叶结构有很好的了解，而经验丰富的学者们却断言，它是不明确的。这是因为他们不愿意了解。如果不是我还活着，如果他们能够为所欲为地剽窃的话，他们会很好地了解，并且歪曲我的理论，会力图把它部分地攫为己有，因为谁都不能够把它全部剽窃。那些声称在引力理论领域内不会有所发现的同代人的攻击，大大证明了我拥有这种发现。为什么他们不用这种学术裁决来反对牛顿呢？要知道，他们并没有像把哥伦布开除教籍那样，硬把牛顿开除教籍。后来当罗马的元老院更好地了解了情况之后，就赶快宽恕了哥伦布。协作理论的反对者们也会这样做的，因为他们对于否认自己的野蛮行为不会拖延的。

上面所说的孔狄亚克曾经注意到促使他们反对新科学的骄傲自大的习惯。而另外一位则注意到他们狭窄的器量。我现在把他针对当时诽谤家们侮辱一位著名人物的事所说的一段话，抄录如下：

“成了十八世纪的同时代人的有预见天才的培根，在自己的著作中揭示出真理的无穷无尽的宝藏的培根，曾经飞跃得太高了。他在当时的人和思想上面高高地飞翔着，以致不曾对当时的人的思想发生任何影响。就这一点而论，他是有过错的。”——茹伊[①]

现在也发生同样的情况：我的学说和培根的学说一样，绝不是过分高超。但是，我们的世纪也和培根的世纪一样，除了个别能否

① 茹伊（1764—1846 年），法国自由派作家，在复辟时期曾经红极一时。——译注

遇到的特殊人物之外，过于低下，不能理解。Pauci，sed boni（量少质精）。我只是在寻求像培根和孔狄亚克这种人物，因为他们曾经给自己所处的时代以明智的劝告，劝告重新培养人类的理解力，把人们从哲学方面所学来的一切统统忘掉，因为这时的哲学家比耶稣责难他们为黑暗势力的时候还更加黑暗。当时耶稣曾经说过：“律法师和法利赛人，你们有祸了，因为你们把知识的钥匙夺了去，自己不进去，正要进去的人，你们也阻挡他们。”（引自《路加福音》第十一章）

我们今天的律法师们还是耶稣时代的那种样子。牛顿向他们提供了引力科学的钥匙，他们把它夺去了，但自己却没有本领深入到里边去，比牛顿更向前迈进一步；没有本领来研究这种几何学所不曾考察过的部门。他们现在却希望窃取这些部门的知识，并且对那些给世界带来了使牛顿的计算学得以继续发展的理论的人，带来了情欲引力和协作统一理论的人，带来了这种如果没有它、则所有其他科学便只不过是理性的耻辱的科学的发现者，竟公然加以诽谤。现在被剥夺了生活必需品的大众的处境，还不如那幸福地生活在自由的、无忧无虑的状态中的野兽。只要这种现象存在，这些科学的成就对我们又有什么用处呢？

批评家们说：“我们同意这点。不过，在您的理论中应该慎重地对待深受尊敬的科学，例如温存的道德。它是人类交往的仁慈而纯洁的朋友。”唉！道德正就是由于与交往和欺骗勾结而变得受人鄙视。她在最后时刻背教变节。当它根据在文明制度下几乎不可能通过诚实的途径获得财富的这一观点来宣传鄙视财富时，它的过错是情有可原的。当它与重商精神妥协时，便丧失了自己享受尊敬的权利。如果它能通过探求诚实制度的方法来对重商精神进行攻击，它就会为自己开辟一条摆脱文明制度的美妙出路和进入社会进步的光辉灿烂的境界。可是它怯懦地向交上红运的恶习让步，对金牛犊顶礼膜拜，——它怎么能够奢望受人尊敬呢？

我承认，人们一天不了解引力理论或情欲和谐发展的理论，他们就只能满足于被称为道德的压制方法。但是，从这时起，道德已经成为无用的东西，也就谈不上光荣的投降了。因为它摒弃光明，摒弃这种唯一能够保证得到奖励的协作理论，因为它从来没有履行过自己的职责，例如大胆考察文明制度及其特点和探求人类交往的诚实方式等。它只是把希望建筑在推销体系上。人们看到，这些体系每年约有四十种都是为贩卖道德服务的。

1803 年有一家报纸惋惜这方面收获不大。它写道：这一年内，我们只有十七篇关于道德的论文。它指的是法国。如果加上其他国家，那么，甚至在萧条时期，每年也至少达到四十篇论文。贩卖或制造道德这种事在英国、德国和意大利非常活跃。由于所有这些关于道德的论文互相矛盾，每篇都推翻在它之前最新发表的那篇的论点，因此，一个人每年至少必须改变自己的行为和习俗四十次，才能成为对仁慈而纯洁的道德训示唯命是从的人。此外，还得花很多钱去购买数不清的争论道德的文章；还得有很多时间和耐心去阅读；还得有很好的脑袋瓜去理解。因为这些文章的作者彼此并不了解。难道这些文章会向我们阐明，怎样才能既做人类交往的朋友，又做阴险的财富的敌人吗?！要知道，这两个道德的教条，和所有其他教条同样合理，具有同样的性质。难道其中有一条不被它的作者怀着惋惜的心情来看待吗?塞内克[1]教导我们要从即日起就放弃财富,要立刻接受哲学而不要等到明天,但他自己却积累了一亿法郎的财富。由此可见,道德永远只是一种演说家的花招和野心的假面具。任何一个蓄意从事某种欺诈勾当的伪君子,都是小心翼翼地拿关于道德的议论来作掩护的。

人们回答说,道德虽然给假仁假义作了掩护,但是它本身却是好的。不,它是罪恶的,这是因为:一、道德把那些试图拿它的学说在实践中准确地应用的人引向毁灭,却把那些拿它作假面具而不是作行动指南的人引向发财致富;二、它的教条是相互矛盾的,其中大部分是行不通的。例如命令人们爱好和支持庄严的真理的这一教条就是这样。不妨让一个人到某一个沙龙去讲一讲使在座的人闻而生畏的老实话,揭发在座的某个太太的不正当的男女关系,最后,揭发所有在座的人的阴私。于是大家都会对他群起而攻之,异口同声辱骂他。不妨让他想起要揭露真相,揭露关于挥霍国帑的全部真相并且因而牵累达官显贵,于是他就会懂得,实践庄严的真理会使他落到什么下场。道德的一切教条都同样是行不通的。

难道事实不是屡屡证明,道德总是把人引导到与它的诺言相反的结果吗?证明一个民族关于道德的论文发表得愈多,它便愈加陷于堕落的深渊吗?因而,无论在实际上或者在学说本身,欺骗的科学总是互相矛盾的。它的下场是很糟的。它晚年与万恶之源的重商精神同流合污之后,便出卖了自己的贞操。宗教就没有沾上这种可耻的污点。

---

① 塞内克(公元前 2 至前 4 年—65 年)古罗马哲学家。——译注

但是,为什么要说这些俏皮话来攻击温厚的道德呢?因为伪君子们依靠道德来诽谤引力理论。他们嫉妒地看待这种即将提供狡猾的道德曾经许诺但不能兑现的幸福的科学的诞生:建立真诚、正义和善良风俗的王国,使那些在实践中应用真诚、正义、善良风俗的人们发财致富,使那些企图在生活中弄虚作假的人们破产和受辱。

这些诽谤者中的某些人也希望用宗教精神来滑稽可笑地打扮自己,硬说引力的理论与宗教不是完全一致的。我不来答复这些伪君子,《福音书》已经答复了他们。耶稣的话使他们狼狈不堪。我要写一篇专文来论述这个问题。

正因为我的理论在每个问题上都与宗教的方向是一致的,所以它必然同近代的这些律法师和法利赛人,同这些狡猾的道德家,同这些大讲特讲美德的小丑们的看法是不一致的。因为耶稣曾经彻底揭穿过他们,并且骂他们是黑暗势力派,是野蛮的诡辩家。这些野蛮的诡辩家装出一副仿佛是在寻求光明的样子,实际上却勾结起来,以便在光明一出现时就扑灭它。他们现在的所作所为比在耶稣时代有过之而无不及。难道他们会忘掉诽谤神圣智慧的杰作和这种应用于生产活动的协作一致和情欲和谐的法典吗?

如果道德家是好心的,并且硬要表现得这样,那么为什么他们不接受挑战,不同意进行实验以便看看经验是赞成他们的科学还是赞成我的科学呢?既然他们预言,他们的行为会产生善,我的行为会产生恶,他们就应该通过实验来挫败我。这对他们说来会是一个辉煌的胜利。我的目的和他们伪装要追求的目的仿佛是相同的:建立真诚、正义和真正美德的王国。人们很快就会看出,这两种方式中究竟哪一种会达到目的。

如果我的方法是正确的，那么它就应该在充分运用的六个星期之内解决争论。他们的方法在许多国家内不是进行了六个星期，而是进行了三十个世纪，结果只获得恶的发展。何况，他们至少对冒牌的协作方法和罗伯特·欧文的方法提供了进行二十次试验的机会。他们依靠报纸上的经常鼓吹，保证了它的作者获得创设大量机构的捐款。但是，大家知道，这些机构都遭到了失败。因为没有一个奴隶主会为黑奴而接受它，也没有一个集团会接受它。

因此，他们正同在经济的分散制度上一样，在协作社制度上也弄错了；他们的手段显然是虚幻的。这对同他们的理论相对立的、并在几个星期内发生作用的那个理论来说，是个有利的假设。如果他们不接受挑战，那么，这将证明他们没有诚意，证明他们对真正的社会进步漠不关心。

让我们就他们陷入荒谬的立场这一点向他们提出警告。一个偶然的事件就会使他们全体突然改变以前的主张。只要一个有名望的和希望扮演重要角色的作家抱着怀疑的态度表示赞成考察和试验，丢脸的诽谤家们便会提出意见，主张不要等待那会使他们受到嘲笑的试验而赶快放弃自己原先的声明。当伊萨培拉的忏悔牧师比学者们更加通情达理地表示拥护考察时，那些批评哥伦布的人便陷入狼狈的境地，诽谤者们立刻就全部破产。

在这里，怀疑的作用，对作家说来是可靠得多了。因为哥伦布还要冒两种风险：船舶在大海里遇险，以及有走错路和探索得不到结果的危险。但是，在劳动引力的试验中不但不冒风险，而且还会得到在任何情况之下都有巨大收入的保障。作家根据笛卡儿的训诚——怀疑和试验,提出这种试验时,便会获得最辉煌的成就。他在政治方面的成就,胜过圣奥古斯丁在宗教方面的成就。他推翻了虚伪的科学偶像,摧毁了腐朽的哲学建筑物。他将是社会变革的使徒。现在,我仍旧回到关于这种角色将给宣讲者带来巨额财富的问题上。

图书在版编目(CIP)数据

傅立叶选集.第1卷/(法)傅立叶著;赵俊欣等译.
—北京:商务印书馆,2017
(汉译世界学术名著丛书:120年纪念版:珍藏本)
ISBN 978-7-100-14511-4

Ⅰ.①傅… Ⅱ.①傅… ②赵… Ⅲ.①傅立叶(Fourier,Charles 1772-1837)—文集 ②空想社会主义—文集 Ⅳ.①D091.6-53

中国版本图书馆CIP数据核字(2017)第153971号

汉译世界学术名著丛书
(120年纪念版·珍藏本)
傅立叶选集
第一卷
赵俊欣　吴模信　徐知勉　汪文漪　译

商务印书馆出版
(北京王府井大街36号　邮政编码100710)
商务印书馆发行
北京新华印刷有限公司印刷
ISBN 978-7-100-14511-4

2017年12月第1版　　开本710×1000　1/16
2017年12月北京第1次印刷　　印张21¼　插页1
定价:105.00元